Medien – Kultur – Kommunikation

Reihenherausgeber

Andreas Hepp, Bremen, Deutschland
Friedrich Krotz, Bremen, Deutschland
Waldemar Vogelgesang, Trier, Deutschland

Weitere Bände in dieser Reihe
http://www.springer.com/series/12694

Kulturen sind heute nicht mehr jenseits von Medien vorstellbar: Ob wir an unsere eigene Kultur oder ‚fremde' Kulturen denken, diese sind umfassend mit Prozessen der Medienkommunikation verschränkt. Doch welchem Wandel sind Kulturen damit ausgesetzt? In welcher Beziehung stehen verschiedene Medien wie Film, Fernsehen, das Internet oder die Mobilkommunikation zu unterschiedlichen kulturellen Formen? Wie verändert sich Alltag unter dem Einfluss einer zunehmend globalisierten Medienkommunikation? Welche Medienkompetenzen sind notwendig, um sich in Gesellschaften zurechtzufinden, die von Medien durchdrungen sind? Es sind solche auf medialen und kulturellen Wandel und damit verbundene Herausforderungen und Konflikte bezogene Fragen, mit denen sich die Bände der Reihe „Medien – Kultur – Kommunikation" auseinandersetzen. Dieses Themenfeld überschreitet dabei die Grenzen verschiedener sozial- und kulturwissenschaftlicher Disziplinen wie der Kommunikations- und Medienwissenschaft, der Soziologie, der Politikwissenschaft, der Anthropologie und der Sprach- und Literaturwissenschaften. Die verschiedenen Bände der Reihe zielen darauf ab, ausgehend von unterschiedlichen theoretischen und empirischen Zugängen das komplexe Interdependenzverhältnis von Medien, Kultur und Kommunikation in einer breiten sozialwissenschaftlichen Perspektive zu fassen. Dabei soll die Reihe sowohl aktuelle Forschungen als auch Überblicksdarstellungen in diesem Bereich zugänglich machen.

Andreas Hepp

Medienkultur

Die Kultur mediatisierter Welten

2., erweiterte Auflage 2013

 Springer VS

Andreas Hepp
Zentrum für Medien-,
 Kommunikations- und
 Informationsforschung (ZeMKI)
Universität Bremen
Bremen, Deutschland

ISBN 978-3-531-19932-0   ISBN 978-3-531-19933-7 (eBook)
DOI 10.1007/978-3-531-19933-7

Die Deutsche Nationalbibliothek verzeichnet diese Publikation in der Deutschen National-
bibliografie; detaillierte bibliografische Daten sind im Internet über http://dnb.d-nb.de
abrufbar.

VS Verlag für Sozialwissenschaften
© Springer Fachmedien Wiesbaden 2013
Das Werk einschließlich aller seiner Teile ist urheberrechtlich geschützt. Jede Verwertung,
die nicht ausdrücklich vom Urheberrechtsgesetz zugelassen ist, bedarf der vorherigen
Zustimmung des Verlags. Das gilt insbesondere für Vervielfältigungen, Bearbeitungen,
Übersetzungen, Mikroverfilmungen und die Einspeicherung und Verarbeitung in elektro-
nischen Systemen.

Die Wiedergabe von Gebrauchsnamen, Handelsnamen, Warenbezeichnungen usw. in diesem
Werk berechtigt auch ohne besondere Kennzeichnung nicht zu der Annahme, dass solche
Namen im Sinne der Warenzeichen- und Markenschutz-Gesetzgebung als frei zu betrachten
wären und daher von jedermann benutzt werden dürften.

Lektorat: Barbara Emig-Roller/Monika Mülhausen

Gedruckt auf säurefreiem und chlorfrei gebleichtem Papier

Springer VS ist eine Marke von Springer DE. Springer DE ist Teil der Fachverlagsgruppe
Springer Science+Business Media
www.springer-vs.de

Warum Mediatisierung? Ein Vorwort zur 2. Auflage

Das Buch „Medienkultur. Die Kultur mediatisierter Welten", in dessen Zweitauflage dieses Vorwort einführt, steht für ein zunehmendes Interesse an Mediatisierung in den letzten Jahren. Dieses Interesse lässt sich nicht nur in Deutschland ausmachen, sondern auch international: Wenn gegenwärtig über die Relevanz von Medien diskutiert wird, geht es nicht einfach um einzelne Medieninhalte oder Medienereignisse. Vielmehr interessiert zunehmend die Frage, wie Politik, Bildung, Religion, aber auch Kultur und Gesellschaft insgesamt durch „Mediatisierung" gekennzeichnet sind. Gemeint wird damit einerseits, dass sich Medien zahlenmäßig verbreiten. Damit geht andererseits einher, dass medienvermittelte Kommunikation für verschiedene Bereiche des menschlichen Lebens prägend wird. Die fortschreitende Verbreitung von technischen Kommunikationsmedien zieht also an uns allen nicht spurlos vorüber. Eine solche Diskussion um „Mediatisierung" hat längst die Grenzen der Kommunikations- und Medienforschung verlassen. Man findet diesen Begriff – zumindest im deutschsprachigen Raum – mittlerweile ebenfalls in Zeitungsartikeln oder Blogbeiträgen, in denen beispielsweise über die Folgen der Etablierung „neuer Medien" diskutiert wird. Ein solches Interesse – gerade wenn es die Wissenschaft verlässt – wirft aber auch Fragen auf: Warum besteht dieses Interesse an Mediatisierung? Welche Position nimmt das vorliegende Buch in diesem allgemeinen Interesse ein? Und welche Perspektiven hat ein solches Interesse? Es sind diese Fragen, auf die ich im Folgenden eingehen werde.

Warum besteht ein zunehmendes Interesse an Mediatisierung?
Warum also diese Diskussion um Mediatisierung im Allgemeinen bzw. die Mediatisierung von Kultur im Speziellen? Eine Antwort darauf kann man sehr pointiert erst einmal so geben: Begründet ist dieses Interesse in der zunehmenden Vielfalt von Medien, mit der wir es zu tun haben. Denken wir nur wenige Jahrzehnte zurück: Wenn in den 1970er Jahren von Medien gesprochen wurde, dachte jeder an das Fernsehen, die Zeitung, das Kino und das Radio. Letztlich

sind diese alle Medien, die einerseits viel mit dem zu tun haben, was man „Öffentlichkeit" nennt. Anderseits sind es Medien, die der „Unterhaltung" dienen. Wenn wir heute von Medien sprechen, denken wir sicherlich auch noch an diese. Darüber hinaus und vielleicht noch viel mehr denken wir aber an Facebook, Twitter, E-Mail, das WWW, das Mobiltelefon usw. Diese Arten von Medien durchdringen unsere heutige Kultur insgesamt. Das betrifft nicht nur die Sphäre des Privaten, sondern ebenso andere Bereiche: Wenn wir genauer darüber nachdenken, dann sind mittlerweile sehr viele Berufe in dem Sinne „Medienberufe", dass man am und vor dem Computerschirm arbeitet, über Medien mit anderen Menschen kommuniziert usw. Aber auch – um ein weiteres Beispiel zu nennen – unsere Bildung ist in erheblichem Maße „Medienbildung" geworden. Oder könnte man sich heutige Schulen und Universitäten jenseits von technischen Kommunikationsmedien vorstellen? Medien haben demnach einen ganz anderen Stellenwert in unseren gegenwärtigen Kulturen bekommen.

Solche Zusammenhänge hatte auch Sonia Livingstone im Blick, als sie im Jahr 2008 in einer Ansprache als damalige Präsidentin der International Communication Association – dem weltweiten Dachverband der Kommunikations- und Medienwissenschaftler – den Begriff der Mediatisierung verwendete. Thema ihres Vortrags war die fortschreitende „mediation of everything", d.h. der Umstand, dass immer mehr mit und über Medien geschieht. Und hiermit machte sie auch eine Veränderung der wissenschaftlichen Auseinandersetzung mit Medien aus (Livingstone 2009: 2). Sie argumentiert, dass sich die Medien- und Kommunikationsforschung von einer Analyse wegbewegt, bei der Medien als eine der verschiedenen sozialen Institutionen begriffen werden, die einflussreich, aber unabhängig sind und deren Beziehung zu anderen Bereichen des menschlichen Lebens man analysieren kann. An die Stelle rückt gegenwärtig eine Betrachtung, bei der man die mediale Vermittlung von nahezu *allem* analysiert und sich damit befasst, dass sich zunehmend alle Institutionen in unseren heutigen Gesellschaften mit dieser medialen Vermittlung wandeln. Genau mit dieser veränderten Betrachtung verbindet Livingstone den Begriff der Mediatisierung: Mediatisierung steht – neben anderen Konzepten – dafür, dass wir uns auf neue Weise mit Medienkommunikation beschäftigen müssen und dabei stärker das Wechselverhältnis des Wandels von Medien und Kommunikation auf der einen Seite und Kultur und Gesellschaft auf der anderen Seite in den Vordergrund rücken, statt uns mit Medien als separierten Institutionen zu befassen.

Es kommt aber noch ein weiterer Aspekt hinzu: In dem Moment nämlich, in dem wir einmal einen solchen Zugang zur Gegenwart entwickelt haben, stellen wir fest, dass sich auch die Vergangenheit besser in dieser Perspektive beschreiben lässt. Waren es wirklich in den 1970er Jahren nur das Fernsehen, die Zeitung, das

Kino und das Radio, die Teil der gesellschaftlichen und kulturellen Veränderungen waren? Hat sich damals nicht schon die Kultur erheblich gewandelt, indem das Telefon ein allgemein zugängliches Alltagsmedium wurde? Hat sich nicht ebenso Kindheit verändert, indem mit Kassettenrecordern selbst die Jüngsten einen ganz anderen Zugang zu ‚ihren Geschichten' bekamen? War für den Wandel der Politik in der damaligen Zeit beispielsweise nicht auch schon der Computer grundlegend, über den ganz andere Informationen aufbereitet wurden als zuvor? Und wenn wir weiter zurückgehen, was ist dann mit weiteren Medien, wie dem Comic, dem Brief, dem Flugblatt usw.? Brauchen wir nicht so etwas wie eine „Mediatisierungsgeschichte", um den historischen Wandel einzuordnen? War nicht vielleicht der Blickwinkel, den die Kommunikations- und Medienwissenschaft hatte – ihre Fixierung auf Massenmedien und öffentliche Kommunikation – schon immer für ein angemessenes Verständnis der Rolle von Medienkommunikation für Kultur und Gesellschaft zu verkürzend? Solche Fragen kommen zwangsläufig auf, wenn man die Argumente um Mediatisierung historisch reflektiert.

Damit klingt ein weiterer Punkt an, der ein Aspekt des Interesses an Mediatisierung ist, nämlich die Rolle der Kommunikations- und Medienwissenschaft in der heutigen Gesellschaft. Es gibt Fachvertreterinnen und -vertreter, die die Frage aufwerfen, ob diese Wissenschaftsdisziplin im Hinblick auf den heutigen Stellenwert von Medienkommunikation so etwas wie eine „Schlüsseldisziplin" (Karmasin 2003: 55) der Gegenwart werden kann. Es ist schwer, diese Frage zu beantworten. Vielleicht ist sie einfach zu früh gestellt und müsste von Personen beantwortet werden, die nicht zur Kommunikations- und Medienwissenschaft zählen. Wichtig erscheint mir deshalb ein anderer Punkt, der mit dieser Frage zusammenhängt. Nämlich, dass, wenn die These des zunehmenden Relevanzgewinns von Medien korrekt ist, das Fach der Kommunikations- und Medienwissenschaft in einer neuen gesellschaftlichen Verantwortung steht. Diese Verantwortung ist darin zu sehen, sich neben sicherlich und nach wie vor wichtigen Einzel- und Detailstudien auch umfassender der Reflexion des Stellenwerts von Medienkommunikation in der Kultur und Gesellschaft zu widmen. Eine solche umfassendere Betrachtung ist aber nur dann möglich, wenn man breit mit anderen Disziplinen kooperiert, die sich mit dem Wandel von Kultur und Gesellschaft beschäftigen. Zu denken ist hierbei beispielsweise an die Soziologie und Politikwissenschaft, aber auch an weitere Disziplinen wie Erziehungswissenschaft oder, durch die technische Komponente von Medien, die Informatik und hier speziell der Teilbereich Informatik und Gesellschaft.

Dies einbeziehend steht der Begriff der Mediatisierung ebenfalls dafür, dass sich die Kommunikations- und Medienwissenschaft zunehmend ihrer Verantwortung bewusst ist, zu empirisch basierten, umfassenderen Aussagen bezogen auf den aktuellen wie historischen Wandel von Kultur und Gesellschaft zu kommen. Dass man dieser Verantwortung insbesondere dann gerecht werden kann, wenn man mit anderen Disziplinen zusammenarbeitet, dafür steht, dass Mediatisierungsforschung insbesondere in Verbünden geschieht. Für Deutschland kann man hierbei beispielsweise auf das Schwerpunktprogramm „Mediatisierte Welten" (http://www.mediatisiertewelten.de/) verweisen bzw. den Forschungsverbund „Kommunikative Figurationen" (http://www.kommunikative-figurationen.de), für die Schweiz auf den „National Center of Competence in Research Democracy" (http://www.nccr-democracy.uzh.ch/) oder für Dänemark auf das Verbundprojekt „Mediatization of Culture: The Challenge of New Media" (http://mediatization.ku.dk). So unterschiedlich diese Verbünde jeweils sind: Was auffällt, ist die breite Aufstellung ihres Zugangs. Und es ist ebenfalls die Argumentation für eine solche breitere Verankerung der Mediatisierungsforschung, für die verschiedene Themenhefte stehen, die in den letzten Jahren im Feld der Mediatisierungsforschung erschienen sind. Man denke beispielsweise an das Sonderheft der Zeitschrift „Communications: European Journal for Communication Research" (2010, 35(3)), das sich mit empirischen Perspektiven auf Mediatisierung befasste, die Diskussion u. a. mit Religionswissenschaftlerinnen und -wissenschaftlern in „Culture and Religion" (2011, 12(2)) zur Mediatisierung von Religion, die Ausgabe der Zeitschrift „Empedocles: European Journal for the Philosophy of Communication" (2013, 3(2)) zu einem umfassenden Verständnis von „Medienprozessen" oder das Themenheft von „Communication Theory" (2013, 23(3)), in dem es um die Konzeptionalisierung von Mediatisierung geht und in dem ganz selbstverständlich auch Soziologen zu Wort kommen.

Welche Position nimmt dieses Buch ein?
Vergegenwärtigt man sich wie bisher geschehen das zunehmende Interesse an der Mediatisierungsforschung, so steht fast zwangsläufig eine weitere Frage im Raum: Welche Position nimmt das vorliegende Buch im Hinblick auf dieses gesteigerte Interesse ein? Um diese Frage sinnvoll beantworten zu können, ist es notwendig, einige Worte zu den verschiedenen Traditionen der Mediatisierungsforschung zu verlieren. Dies soll im Weiteren in der gebotenen Kürze geschehen. (Die weiteren Darlegungen zu den beiden Traditionen der Mediatisierungsforschung geben die Argumentation wieder, die ich in dem Aufsatz „The communicative figurations of mediatized worlds: Mediatization research in times of the ‚mediation of everything'" in der Zeitschrift „European Journal of Communication" (Heft 29(1), 2014) entwickelt habe).

Generell besteht in der heutigen Wissenschaft ein geteiltes Grundverständnis von dem, was wir unter Mediatisierung verstehen. Hiernach fasst Mediatisierung das Wechselverhältnis des Wandels von Medien und Kommunikation auf der einen Seite und Kultur und Gesellschaft auf der anderen. Über ein solches grundlegendes Verständnis hinaus gibt es aber Differenzen, die letztlich auf zwei Traditionen der Beschäftigung mit Mediatisierung verweisen. Dies ist zum einen eine Tradition, die sich als „institutionalistische Tradition" bezeichnen lässt, zum anderen eine Tradition, der wir den Namen „sozialkonstruktivistische Tradition" geben können. Was ist jeweils damit gemeint?

Grundlegend lässt sich sagen, dass beide Traditionen sich dahingehend unterscheiden, wie sie Mediatisierung im Detail fassen. So hat sich die „institutionalistische Tradition" bis vor kurzem hauptsächlich mit Massenmedien befasst, deren Einfluss als Durchsetzung einer „Medienlogik" (Altheide 2013) begriffen und beschrieben worden ist. Im Deutschen taucht hier neben dem Begriff der Mediatisierung immer wieder auch der der Medialisierung auf. Diese „sozialkonstruktivistische Tradition" interessiert sich mehr für alltagsweltliche Kommunikationspraktiken – nicht nur in Relation zu Massenmedien, sondern ebenfalls in deren Bezug auf digitale Medien – und befasst sich mit der sich wandelnden „kommunikativen Konstruktion" (Knoblauch 2013) von Kultur und Gesellschaft.

Während die „institutionalistische Tradition" ihre Anfänge in den 1970er Jahren hat (Altheide und Snow 1979; Asp 1990), war es jüngst insbesondere Stig Hjarvard, der deren Zugangsweise hin zu einer „institutionellen Perspektive" (Hjarvard 2008: 110; Hjarvard 2013: 13) verdichtet hat. Er betont hier zwei Punkte. Erstens interessiert er sich für eine Analyse der Beziehung zwischen Medien als Institutionen und anderen sozialen Institutionen. Zweitens und hieraus folgernd benutzt er das Konzept der Mediatisierung im Hinblick auf eine bestimmte historische Phase. Ihm geht es nämlich um Medien als „autonome" soziale Institutionen, was nach seinen Überlegungen die Voraussetzung dafür ist, dass Medieninstitutionen einen Einfluss auf andere soziale Institutionen entfalten können. Während für Zeitungen ein solcher Autonomiegewinn etwas früher datiert werden kann, lässt er sich in Europa für das Fernsehen seit den 1980er Jahren festmachen, als dieses (auch) eine kommerzielle Unternehmung wurde und damit unabhängig(er) von „öffentlicher Steuerung" (Hjarvard 2008: 120). Erst von diesem Moment an kann man sinnvoll von einer „Mediatisierung von Kultur und Gesellschaft" sprechen, die für ihn „den Prozess [fasst], in dem Kultur und Gesellschaft in einem zunehmenden Maße abhängig werden von den Medien und ihrer Logik" (Hjarvard 2013: 17). Der Ausdruck der Medienlogik bezieht sich dann darauf, dass „Medien bestimmte modi operandi und Charakteristika (‚Spezifika der Medien') haben, die andere Institutionen und Kultur und Gesellschaft im Allgemeinen beeinflussen" (Hjarvard 2013: 17).

Die „sozialkonstruktivistische Tradition" kann rückverfolgt werden bis hin zur sozialwissenschaftlichen Medienforschung der 1920er Jahre (Manheim 1933: 11; Averbeck-Lietz 2014). Sie ist wesentlich stärker im symbolischen Interaktionismus und der Wissenssoziologie verankert, bezieht aber auch verschiedene grundlegende Einsichten der „Mediumstheorie" mit ein. Bei letzterer handelt es sich um einen ursprünglich aus Kanada stammenden und mit Harold Innis sowie Marshall McLuhan verbundenen Ansatz, dem es um eine Analyse des Einflusses einzelner Medien auf unser kommunikatives Handeln und die Wahrnehmung von Menschen geht (Meyrowitz 2009). Neben anderen war es Friedrich Krotz (2001), der einen solchen Ansatz von Mediatisierung entwickelt hat und hierbei neben der Handlungstheorie Überlegungen der Cultural Studies einbezog. Er versteht Mediatisierung als einen „Metaprozess", d. h. als ein übergreifendes Konzept, um den medienbezogenen Wandel von Kultur und Gesellschaft in einer theoretisch fundierten Weise zu analysieren. Er rückt dabei eine Perspektive von Mediatisierung in den Vordergrund, wonach die Geschichte der Menschheit als Entwicklung gesehen werden kann, in deren Verlauf sich Medien immer weiter ausdifferenzierten. Es ist jedoch wichtig, Medien nicht als isolierte Phänomene zu begreifen, sondern im Blick zu haben, dass der Wandel kommunikativer Formen Hand in Hand geht mit dem medialen Wandel: „In der Konsequenz entwickelten sich immer mehr und immer komplexere mediale Kommunikationsformen, und Kommunikation findet immer häufiger, länger, in immer mehr Lebensbereichen und bezogen auf immer mehr Themen in Bezug auf Medien statt" (Krotz 2001: 33). Damit einher geht das Argument, dass eine kontextfreie Definition von Mediatisierung problematisch ist. Oder anders formuliert: Es muss jeweils in Bezug auf den spezifischen kulturellen und historischen Kontext analysiert werden, was Mediatisierung genau heißt.

Hat man diese beiden Traditionen der Mediatisierungsforschung im Blick, so entstammt das vorliegende Buch sicherlich der zweiten dieser beiden Traditionen, nämlich der sozialkonstruktivistischen: Es geht darum, insgesamt zu reflektieren, wie die Veränderungen unserer kommunikativen Konstruktion von dem, was wir Kultur nennen, damit zusammenhängt, wie sich Medien ändern. Während uns diese Frage gegenwärtig vor dem Hintergrund der Etablierung digitaler Medien sehr virulent erscheint, wird dies als eine grundsätzliche Frage begriffen und entsprechend behandelt. Insofern ist klar eine Verankerung der Argumente in einer der beiden Traditionen gegeben.

Gleichzeitig geschieht dies aber vor dem Hintergrund eines zunehmenden Aufeinanderzubewegens dieser beiden Traditionen. Diese Bewegung hängt nicht zuletzt damit zusammen, dass einerseits die „institutionalistische Tradition" damit konfrontiert ist, dass mit den gegenwärtigen digitalen Medien die klaren

Trennungen zwischen öffentlicher Massenkommunikation und anderen Formen von medienvermittelter Kommunikation so einfach nicht mehr funktionieren. Auch diese Tradition muss einen breiteren Blick auf Mediatisierung werfen. Umgekehrt befasst sich die „sozialkonstruktivistische Tradition" zunehmend mit dem Stellenwert von Institutionen im Prozess der Mediatisierung und bewegt sich so auf die andere Tradition zu.

Eine solche Bewegung kennzeichnet ebenfalls die Argumentation in „Medienkultur. Die Kultur mediatisierter Welten". So ist eine wichtige Frage dieses Buchs, wie die „Prägkräfte der Medien" auf zwei grundlegendere Prozesse verweisen, nämlich den der „Institutionalisierung" und den der „Verdinglichung" von kommunikativem Handeln mit Medien. Vereinfacht formuliert: Die prägende Rolle, die Medien für Kultur haben, hängt insbesondere damit zusammen, dass sie unsere Kommunikation in bestimmten Formaten, Formen und Praktiken, aber auch weitergehenden Organisationen „institutionalisieren". Und sie „verdinglichen" unsere Kommunikation, indem sie sie abhängig machen von Apparaten und Infrastrukturen. Hat man dies im Blick, befasst man sich fast zwangsläufig mit Fragen, die die „institutionalistische Tradition" der Mediatisierungsforschung interessieren.

Welche Perspektiven hat die Mediatisierungsforschung?
All dies führt letztendlich zu einer letzten Frage, nämlich der, welche Perspektiven sich ausgehend von dem gesteigerten Interesse für die Mediatisierungsforschung ergeben. Handelt es sich dabei um eine der ‚wissenschaftlichen Eintagsfliegen', wie sie allgemein bekannt sind? Ist diese Auseinandersetzung mit Mediatisierung nur eine Mode der Kommunikations- und Medienforschung? Die ‚letzte Sau', die gerade ‚durchs Dorf der Wissenschaft' gejagt wird? Die bisherige Darlegung macht bereits deutlich, dass dem nicht so ist. Auch wenn sicherlich niemand weiß, wie langfristig sich der Begriff der Mediatisierung in der Wissenschaft etabliert, die mit dem Begriff verbundene Frage des Relevanzgewinns von medienvermittelter Kommunikation und deren Einfluss auf unsere Kultur und Gesellschaft werden die Menschen im Alltag wie die Forschung langfristig beschäftigen.

Was die weitergehende Forschung betrifft, lässt sich sagen, dass der Begriff der Mediatisierung so etwas wie eine Türe geöffnet hat. Wenn wir durch diese Türe hindurchgeschritten sind, ist unser Blick auf Medien und Kommunikation ein anderer als zuvor. Dies ist aber auch mit einer großen Herausforderung verbunden, nämlich dass wir mit einer solchen Zugangsweise Medien- und Kommunikationsforschung auf andere Weise betreiben müssen, als wir dies bisher getan haben. Und hier steht die Kommunikations- und Medienwissenschaft erst am Anfang.

Die besondere Herausforderung dabei ist die Komplexität und Vielschichtigkeit von Mediatisierungsprozessen. Will man diese erforschen, wird es nötig, nicht mehr einzelne Medieninhalte, deren Produktion und Nutzung zu analysieren, sondern breiter die Mediatisierung bestimmter Bereiche von Kultur und Gesellschaft, bestimmte „mediatisierte Welten" (Krotz und Hepp 2012), zu erfassen. Aber wie macht man das genau? Das Konzept, das in diesem Buch dafür formuliert wird, ist das der „kommunikativen Figuration". Greift man Überlegungen des Soziologen Norbert Elias auf, ist es sinnvoll, Mediatisierung zu erforschen, indem man die mit dem Medienwandel zusammenhängende Veränderung von kommunikativen Figurationen in unserer Kultur und Gesellschaft analysiert. Elias hatte den Begriff der Figuration eingeführt, um das Wechselverhältnis von Individuum und Gesellschaft zu erfassen, in dem soziale Phänomene – die Familie, die Schule, aber auch der Staat – entstehen. Diesen Gedanken kann man kommunikations- und medientheoretisch weiterdenken.

Um dies zu betreiben, haben wir seit der Erstauflage dieses Buchs das Konzept der kommunikativen Figuration weiter ausformuliert (siehe Hepp und Hasebrink 2013). So verstehen wir als kommunikative Figurationen musterhafte Interdependenzgeflechte von Kommunikation, die über verschiedene Medien hinweg bestehen und auf eine bestimmte „thematische Rahmung" ausgerichtet sind, an der sich das kommunikative Handeln orientiert.

Familien sind in dem Sinne als kommunikative Figuration beschreibbar, da sie durch Gespräche, Kommunikation mittels (Mobil-)Telefon und dem Social Web, durch (digitale) Fotoalben, Briefe, Postkarten oder das gemeinsame Fernsehen als Vergemeinschaftungen aufrechterhalten werden. Auch (nationale oder transnationale) Öffentlichkeiten sind eine kommunikative Figuration, die über unterschiedliche Medien hinweg besteht und an die besondere normative Erwartungen herangetragen werden. Zu diesen Medien zählen neben klassischen Medien der Massenkommunikation heutzutage mit Twitter und Blogs zunehmend „neue" Medien. Wir haben es aber auch – wie beispielsweise im Bildungsbereich – mit einer Transformation kommunikativer Figurationen zu tun, wenn in Schulen interaktive Whiteboards, Softwareanwendungen oder Intra- und Internetportale verwendet werden, um „zeitgemäß" zu unterrichten (siehe hierzu auch das nun erweiterte Kap. 4 in diesem Buch).

Versteht man kommunikative Figurationen in diesem Sinne, lassen sie sich nach unseren aktuellen Überlegungen entlang von vier Aspekten bestimmen:

- Dies sind erstens ihre *Kommunikationsformen*. Der Begriff der Kommunikationsform fasst dabei die verschiedenen regelhaften Weisen kommunikativen Handelns, die sich zu komplexeren Mustern kommunikativer Praxis fügen (beispielsweise Muster kommunikativer Vernetzung oder Diskurse).
- Zweitens lässt sich mit Bezug auf diese Kommunikationsformen für jede kommunikative Figuration ein für diese kennzeichnendes *Medienensemble*

ausmachen. Hierunter wird das Gesamt der Medien verstanden, über die bzw. mit Bezug auf die eine kommunikative Figuration besteht.
- Drittens kann für jede kommunikative Figuration eine *typische Akteurskonstellation* festgestellt werden, d. h. ein Gefüge von Personen, Organisationen usw., die durch ihr kommunikatives Handeln die kommunikative Figuration konstituiert.
- Viertens schließlich ist jede kommunikative Figuration durch eine bestimmte *thematische Rahmung* gekennzeichnet, d. h. ein handlungsleitendes und orientierendes Thema der kommunikativen Figuration, das diese als ein sinnhaftes „Ganzes" erfassbar macht.

Diese Punkte machen deutlich, dass die in „Medienkultur. Die Kultur mediatisierter Welten" umrissenen Überlegungen zu dem, was eine kommunikative Figuration ist, keinen Endpunkt darstellen, sondern der Ausgangspunkt weitergehender Forschung sind, in deren Prozess wir uns nach wie vor befinden. Dahinter stehen aber zwei sehr deutliche Argumente: Einerseits das Argument, nicht einzelne Medien zu fokussieren, sondern einen medienübergreifenden – einen transmedialen – Zugang zu Mediatisierung zu gewinnen. Andererseits das Argument, dass hierfür eine Weiterentwicklung des bisherigen Apparats der kommunikations- und medienwissenschaftlichen Forschung notwendig ist. Dies ist insbesondere der Fall, wenn man Anschluss suchen möchte an die übergreifenderen Fragen, wie sie in anderen Fachdisziplinen im Hinblick auf die „kommunikative Konstruktion" (Keller et al. 2012) von Kultur und Gesellschaft verhandelt werden.

Die anhaltende Relevanz dieser beiden Fragen hat mich veranlasst, das vorliegende Buch für dessen Zweitauflage nur einer Korrektur und behutsamen Ergänzung von Literaturverweisen zu unterziehen und einzelnen, geringfügigen Erweiterungen. Danken möchte ich dabei für ihre indirekte Unterstützung Keith Tribe und Justin Dyer, die als englischer Übersetzer bzw. Copy Editor der deutschen Erstauflage einige Fehler fanden, die hier nun auch korrigiert sind. Bei den Korrekturen halfen mir daneben Judith Niesel, Annalena Oeffner Ferreira und Heide Pawlik sowie mit weitergehenden Hinweisen Uwe Hasebrink, Sigrid Kannengießer und Leif Kramp, denen ich ebenfalls danken möchte. Mein Dank geht auch an den VS Verlag und hier Barbara Emig-Roller, die so schnell eine Zweitauflage des Buchs ermöglicht haben. Insbesondere gilt mein Dank aber allen Mitgliedern des Schwerpunktprogramms „Mediatisierte Welten" und des Forschungsverbunds „Kommunikative Figurationen", mit denen ich in den letzten Jahren über Mediatisierung forschen und diskutieren durfte und die die folgenden Darlegungen in erheblichem Maße beeinflusst haben.

Bremen, Juni 2013   Andreas Hepp

Vorwort zur 1. Auflage

Bücher haben eine Geschichte, so auch dieses. Die erste Idee für dieses Buch geht auf Gespräche in den Jahren 2004 und 2005 mit verschiedenen Kolleginnen und Kollegen darüber zurück, ein Buch über heutige Medienkulturen zu schreiben. Die ersten Gliederungen und Kapitel des Buchmanuskripts nahmen dann unterschiedliche Formen an; manches ursprünglich als Teil dieses Buchs Gedachte wurde als solches verworfen und erschien dann als Aufsatz. Der Grund ist, dass sich im Prozess des Schreibens die Idee des Buchs änderte: Die Überlegung, eine umfassende Monografie der Beschreibung von Medienkulturen vorlegen zu können, erschien immer fragwürdiger im Vergleich zur Idee, ein kompakteres Buch zu schreiben, das die begrifflichen und konzeptuellen Ausgangspunkte für eine solche Beschreibung liefern will.

Hinter dieser Entwicklung stehen verschiedene Erfahrungen, zum ersten mit dem Masterstudiengang Medienkultur an der Universität Bremen. In dessen studentischen Projekten geht es immer wieder um verschiedene Einzelaspekte von Medienkultur. Deutlich wurde im Rahmen einer solchen Lehre, dass dabei insbesondere die folgende Frage zu klären ist: Wie nähert man sich solchen unterschiedlichen Einzelphänomenen auf eine Weise an, die deren Beschreibung integrierbar macht in eine übergreifende und kritische Reflexion dessen, was Medienkultur ist und wie sich diese wandelt? Zweitens zeigt die kooperative und sehr kollegiale Forschung am ZeMKI (Zentrum für Medien-, Kommunikations- und Informationsforschung) der Universität Bremen zu Fragen der Mediatisierung von Kultur im Kontext von Eventisierung, Migration, Mobilität und Politik immer mehr, dass wir noch gar nicht so weit sind, eine allumfassende Beschreibung von Medienkultur liefern zu können. Wiederum wird aber deutlich, dass wir für den Weg dahin einen stärker integrierenden Begriffsapparat brauchen, als er gemeinhin in der Kommunikations- und Medienwissenschaft verbreitet ist. Und drittens wurde in dem gemeinsam mit Friedrich Krotz, Christiane Funken und Michael Jäckel entwickelten, von der Deutschen Forschungsgemeinschaft (DFG) geförderten Schwerpunktprogramm „Mediatisierte Welten" der

Raum geschaffen, in einer empirischen Ausrichtung bestehende Überlegungen zur Mediatisierung von Kultur nochmals weiterzuentwickeln. In diesem Diskussionshorizont gaben zwei Ereignisse den Ausschlag dazu, das Buchmanuskript weiter auf nun etwas mehr als 150 Seiten zu verdichten. Dies war zum einen ein Gespräch mit Friedrich Krotz über ‚Hundertseitenbücher' und zum anderen die Lektüre eines solchen ‚Hundertseitenbuchs' von Ronald Hitzler (sowie der sich an diese Lektüre anschließende, in hohem Maße anregende E-Mail-Austausch).

Dieser knappe Abriss verdeutlicht bereits, dass das vorliegende Buch einer großen Zahl von Begegnungen über viele Jahre hinweg sehr viel zu verdanken hat. Deswegen ist es nur möglich, einige ausgewählte Personen zu nennen (die anderen mögen mir meine Vergesslichkeit verzeihen). Aufzuführen ist sicherlich zuerst einmal Friedrich Krotz für viele Jahre der zunehmend intensiver werdenden gemeinsamen Arbeit an Fragen der Mediatisierung (und sein unermüdliches Engagement für dieses Konzept in der Kommunikations- und Medienforschung). Zu großem Dank verpflichtet bin ich Jürgen Lott für sein Engagement für die Kulturwissenschaften an der Universität Bremen. Viel verdankt dieses Buch auch zahlreichen Kolleginnen und Kollegen am ZeMKI (und ehemaligen IMKI) der Universität Bremen, die mich seit Jahren in meinen Versuchen einer empirischen Medienkulturforschung begleiten: Andreas Breiter mit verschiedensten Hinweisen auf Fragen von Technologie-Management; Marco Höhn mit Kommentaren zur Relevanz von (Szene-)Ökonomie; Veronika Krönert mit der gemeinsamen Forschung zur Mediatisierung von Religion; Cigdem Bozdag und Laura Suna mit unserer Forschung zur Mediatisierung der Diaspora; Michael Brüggemann, Katharina Kleinen-von Königslöw, Swantje Lingenberg, Anke Offerhaus und Johanna Möller mit unseren Analysen zu politischen Diskurskulturen in Europa; Matthias Berg und Cindy Roitsch mit unserer Forschung zu mediatisierter Vergemeinschaftung; aus dieser gemeinsamen Forschung ist viel in „Medienkultur. Die Kultur mediatisierter Welten" eingeflossen. Seit Jahren unterstützt uns organisierend und korrigierend Heide Pawlik, der ich dafür danken möchte. Auf unterschiedliche Weise eingeflossen in das vorliegende Buch sind daneben Gespräche und Diskussionen mit Kolleginnen und Kollegen, denen ich dafür danken möchte, insbesondere Stefanie Averbeck-Lietz, Nick Couldry, Jostein Gripsrud, Maren Hartmann, Uwe Hasebrink, Ronald Hitzler, Hubert Knoblauch, Sonia Livingstone, Knut Lundby, Shaun Moores, Michaela Pfadenhauer, Jo Reichertz, Kevin Robins, Tanja Thomas, Waldemar Vogelgesang, Gerhard Vowe und Jeffrey Wimmer – sowie verschiedenen anonymen Reviewern von Tagungen und Zeitschriften, die mir durch ihre Kommentare viele Hinweise gaben. Stimulierende Anregungen kamen daneben von Studierenden des MA Medienkultur an der Universität Bremen, denen ich dafür danken möchte. Für Feedback zu ersten

Versionen einzelner Kapitel dieses Buchs danke ich Ronald Hitzler, Friedrich Krotz, Jo Reichertz und den Mitgliedern meines Fachgebietskolloquiums (Bora Aksen, Matthias Berg, Cigdem Bozdag, Monika Elsler, Julia Gantenberg, Sigrid Kannengießer, Swantje Lingenberg, Anne Mollen, Johanna Möller, Annalena Oeffner Ferreira, Anke Offerhaus, Cindy Roitsch und Laura Suna). Mit Korrekturen halfen mir Monika Elsler, Heide Pawlik und Judith Niesel. Einmal mehr geht auch mein Dank an Barbara Emig-Roller für ihr sehr sorgfältiges Lektorat des vorliegenden Buchs und das Brechen zu vieler zu langer Sätze. Für den Satz und den Index des Buches danke ich Anke Vogel. Und ganz besonders danke ich Beate Köhler sowie Levi und Naomi Hepp, dass sie mir wiederum viele Stunden Zeit ließen, um ein weiteres Buchmanuskript zu beenden.

Bremen, Mai 2011 Andreas Hepp

Inhaltsverzeichnis

1	Einleitung	1
2	**Was Medienkultur (nicht) ist**	7
2.1	Omnipräsent, aber keine Massenkultur	7
2.2	Mediumsgeprägt, aber keine Leitmedienkultur	11
2.3	Wirklichkeitskonstitutiv, aber kein Integrationsprogramm	16
2.4	Technisiert, aber keine Cyberkultur	21
3	**Mediatisierung von Kultur**	27
3.1	Mediatisierung und Vermittlung	29
3.2	Medienlogik(en)	35
3.3	Mediatisierung als Metaprozess und Panorama	42
3.4	Kommunikation und die Prägkräfte der Medien	49
4	**Medienkultur als die Kultur mediatisierter Welten**	63
4.1	Medienkultur als Konzept	64
4.2	Mediatisierte Welten	68
4.3	Netzwerke der Kommunikation und des Sozialen	75
4.4	Kommunikative Figurationen	84
5	**Vergemeinschaftungen heutiger Medienkulturen**	91
5.1	Lokalität und Translokalität	95
5.2	Territorialisierung und Deterritorialisierung	100
5.3	Deterritoriale Vergemeinschaftungen	104
5.4	Mediatisierte subjektive Vergemeinschaftungshorizonte	112
6	**Medienkultur erforschen**	117
6.1	Theorien entwickeln	118
6.2	De-zentrieren	121

6.3	Muster bestimmen	125
6.4	Transkulturell vergleichen	127

7 Ausblick ... 131

Literatur ... 135

Stichwortregister ... 151

Personenregister ... 161

Einleitung 1

Warum schreibt man heute ein Buch über Medienkultur? Diese Frage muss man sich zu Beginn eines Buchs mit diesem Titel sicherlich stellen, wobei dieses ‚Warum' auf zumindest zweifache Weise gestellt werden kann. Erstens kann man sich fragen, warum man sich noch mit dem *Thema* der Medienkultur befasst. Es wird doch in der Wissenschaft seit Jahrzehnten darüber diskutiert, inwiefern unsere heutigen Kulturen als Medienkulturen zu charakterisieren sind. Und auch in verschiedenen Feuilletons von Zeitungen und Zeitschriften werden Tendenzen der Entwicklung, des Verfalls und des Umbruchs unserer Medienkulturen diskutiert. Zweitens kann man fragen, warum eine solche Auseinandersetzung denn in *Form* des Buchs erfolgen sollte. Unsere heutige Medienkultur zeichne sich doch dadurch aus, dass sie zunehmend digitalisiert sei und das Internet zu ihrem ‚Leitmedium' werde. Auf beide Fragen möchte ich zu Beginn dieses Buchs eine Antwort geben.

Der Grund, sich umfassender mit dem *Thema* Medienkultur zu befassen, ist darin zu sehen, dass spätestens seit den ersten Veröffentlichungen zur medial geprägten Massenkultur der Moderne immer wieder über Medienkultur publiziert wurde. Die dabei bestehenden Ansätze sind aber meines Erachtens kaum hinreichend, um den fortlaufenden Wandel von Kultur hin zur Medienkultur angemessen zu erfassen. Dies liegt daran, dass ein solcher Wandel entweder unterschätzt wird, indem nicht hinreichend reflektiert wird, wie Medien – oder konkreter: medial vermittelte Kommunikation – unseren Alltag, unsere Identität und unsere Formen des Zusammenlebens zunehmend prägen. *Medien*kommunikation erscheint in solchen Überlegungen zumindest zum Teil als etwas Sekundäres. Oder aber wir finden Veröffentlichungen, in denen Medien als Zentrum des Wandels apostrophiert werden, wonach wir das Buch- oder Fernsehzeitalter verlassen und das Internetzeitalter beginnen würden. Ein Kernargument, das im

Weiteren entwickelt werden soll, ist, dass beide Weisen des Denkens über Medienkultur in die Irre führen. Wenn wir wirklich erfassen möchten, wie sich unsere Kultur mit Medien hin zur Medienkultur wandelt bzw. gewandelt hat, dann brauchen wir einen komplexeren Ansatz, der beide dieser extremen und damit auch vereinfachenden Argumentationsmuster vermeidet.

Hiermit klingt bereits an, warum diese Auseinandersetzung in *Buchform* erfolgt. Vor etlichen Jahren hat bereits der Philosoph und Theologe Ivan Illich (2010; orig. 1991) in seiner medienhistorischen Veröffentlichung „Im Weinberg des Textes", in der er sich mit dem Entstehen des modernen Buchs befasst, Überlegungen angestellt, dass, während er dieses Buch schreibe, die Kommunikationsform, für die dieses stehe, vom Niedergang bedroht sei. Mittlerweile sind seit der Erstveröffentlichung von Illichs Publikation zwei Jahrzehnte vergangen, ohne dass das Buch als Kommunikationsform verschwunden wäre. Hieran scheint aller Unkenrufe zum Trotz auch das Internet nichts geändert zu haben. Letzteres hat sich vielmehr u. a. zu einer wichtigen Plattform sowohl von Internetläden des analogen Buchs wie auch von Download-Portalen des digitalen Buchs entwickelt. Dass das Buch nicht einfach verschwindet, verweist darauf, dass es über Möglichkeiten verfügt, die weder eine Internet-Enzyklopädie, noch ein Blog-Eintrag oder ein Artikel in einer wissenschaftlichen (Online-)Zeitschrift hat: Das Buch ermöglicht es, über seine Seiten hinweg eine übergreifende Argumentation zu entfalten, die sich gerade nicht auf wenige Leitsätze reduzieren lässt. Da eine Auseinandersetzung mit Medienkultur auf übergreifende Fragen verweist, die alle und damit nicht nur Kommunikations- und Medienwissenschaftler betreffen, gleichwohl sich die Antworten auf diese Fragen – bei aller Sympathie für Online-Nachschlagewerke – nicht auf ein paar Einträge in Wikipedia reduzieren lassen, erfolgt meine Argumentation also in Buchform. Die Hoffnung, die ich dabei habe, ist, dass dieses Buch kurzweilig ist und seine Lektüre zu einem anderen Umgang mit Medienkultur im Alltag anregt.

Bevor ich jedoch mit meiner Argumentation weiter voranschreiten kann, ist es wichtig, drei grundlegende Begriffe zumindest ansatzweise zu klären, um spätere Missverständnisse zu vermeiden: den der Kommunikation, den des Mediums und den der Kultur.

Wenn ich von *Kommunikation* spreche, so bezeichne ich damit jede Form der symbolischen Interaktion, bewusst und geplant wie habitualisiert und situativ vollzogen (Reichertz 2009: 94). Das heißt, dass Kommunikation auf den Gebrauch von Zeichen verweist, die Menschen in ihrer Sozialisation erlernen und die als Symbole meist arbiträr sind, also auf sozialen Regeln beruhen: Es gibt keinen ‚natürlichen Grund', warum der Baum ‚Baum' heißt. Interaktion bezeichnet das wechselseitig aufeinander bezogene soziale Handeln von Menschen. Gemeint

1 Einleitung

ist damit, dass Menschen ‚aneinander orientiert' etwas ‚tun'. Kommunikation ist grundlegend für die menschliche Wirklichkeitskonstruktion, d. h., wir ‚erschaffen' uns unsere soziale Wirklichkeit in vielfältigen kommunikativen Prozessen. Wir werden in eine Welt geboren, in der vor uns Kommunikation besteht, wir erlernen das, was diese Welt (und ihre Kultur) auszeichnet, in dem (kommunikativen) Prozess des Spracherwerbs, und wenn wir dann in dieser Welt handeln, so ist dies immer auch kommunikatives Handeln. Dies ist von verschiedenen Theoretikern diskutiert worden (siehe überblickend Krotz 2008). Peter Berger und Thomas Luckmann (1977: 163) haben in ihrem soziologischen Klassiker „Die gesellschaftliche Konstruktion der Wirklichkeit" dafür die schöne Formulierung gefunden, dass „das Alltagsleben des Menschen [...] wie das Rattern einer Konversationsmaschine [ist], die ihm unentwegt seine subjektive Wirklichkeit garantiert, modifiziert und rekonstruiert". Treffender kann man das konstitutive Moment von Kommunikation für unsere menschliche Wirklichkeit kaum mehr beschreiben, wobei viele heutige Formen dieser Kommunikation medienvermittelt geschehen.

Damit ist man bereits beim Begriff des *Mediums* angelangt. Wird im Folgenden von Medium gesprochen, so ist damit ein technisches Kommunikationsmedium bezeichnet. Es geht mir also nicht um symbolisch generalisierte Medien wie Macht, Geld und Liebe, die in der soziologischen Systemtheorie diskutiert werden (und dort im Hinblick auf meinen weiteren Sprachgebrauch sinnentstellend auch als Kommunikationsmedien bezeichnet werden, siehe Luhmann 1997: 316ff.). Ebenso wenig geht es mir um die Sprache (oder unseren Körper) als ein in dem Sinne „primäres Medium" (Beth und Pross 1976: 112–119), dass es sich in der „biologischen Organisation" (Elias 2001: 11) von uns Menschen gründet. Mit Medien bezeichne ich relativ dicht an unserer Alltagssprache jenes Gesamt von Institutionen und technischen Apparaturen, die wir als Menschen verwenden, um orts- und zeitübergreifend zu kommunizieren. Wichtig dabei ist, dass es mir hier um technische *Kommunikations*medien geht, also um das, was der Informatiker und Organisationswissenschaftler Herbert Kubicek (1997) als Medien „zweiter Ordnung" bezeichnet hat. „Medien erster Ordnung" sind in dieser Begrifflichkeit technologische Systeme mit bestimmten Funktionen und Potenzialen für die Verbreitung von Information im technischen Sinne des Wortes, also beispielsweise das ‚Internet' als TCP und IP-Übertragungsprotokoll. „Medien zweiter Ordnung" sind darüber hinausgehend soziokulturelle Institutionen der Kommunikation. Dies wäre in dem Fall nicht das ‚Internet', sondern beispielsweise das Medium der Online-Zeitung oder das der E-Mail. Wenn im Folgenden von Medien gesprochen wird, so sind damit immer nur Kommunikationsmedien im Sinne dieser „zweiten Ordnung" gemeint. Bei diesen handelt es sich um eine technische Vermittlungsinstanz von Kommunikation, die sich zumindest durch ein technisch basiertes Zeichensystem, eine bestimmte soziale Institutionalisierung und Organisation auszeichnet und als eine solche bestimmte Leistungen für kommunikatives Handeln erbringt (Beck 2006: 14).

Der sicherlich komplexeste Begriff in diesem Buch ist der der *Kultur* bzw. *Medienkultur*. Letztlich handelt ja das gesamte Buch von der Frage, was Medienkultur ist. Ohne diese Argumentation verkürzen zu wollen, erscheinen mir jedoch auch hier einige Hinweise zu Beginn notwendig, um nicht von vornherein in die Irre zu führen. Zuerst einmal verwende ich den Ausdruck ‚Kultur' bzw. ‚Medienkultur' im Singular, wenn es mir darum geht, diese begrifflich zu fassen. Selbstverständlich gehe ich nicht davon aus, dass es nur eine (Medien-)Kultur gäbe: Empirisch gesehen gibt es Kulturen nur im Plural. Hinzu kommt, dass sich Kulturen auf sehr unterschiedlichen Ebenen konkretisieren. Vor einigen Jahren hat der Schriftsteller Eckhard Henscheid (2001) ein Buch mit dem Titel „Alle 756 Kulturen: Eine Bilanz" verfasst. In diesem – wie er es nennt – „Grand Prix der Kulturen" belegt er 756 unterschiedliche Verwendungsweisen des Ausdrucks Kultur in der deutschen (Alltags-)Sprache. Diese reichen von A wie „abendländischer Kultur" bis hin zu Z wie „Zynismuskultur". Man kann das Buch entsprechend als Beleg dafür nehmen, dass Kultur nicht einfach nur als Nationalkultur besteht (von Henscheid erfasst als „deutsche Kultur"), sondern auf sehr vielfältige Weise. Dem möchte ich mich anschließen, allerdings den Begriff der Kultur weiter zuspitzen, als einfache Aufzählungen dies können. Kultur hat zuerst einmal immer etwas mit alltagsweltlicher Bedeutungsproduktion zu tun. In Anlehnung an den britischen Sozial- und Kulturforscher Stuart Hall (2002) können wir darunter so viel wie die „Summe" der verschiedenen „Klassifikationssysteme" und „diskursiven Formationen" verstehen, auf die sich unsere alltagsweltliche Bedeutungsproduktion bezieht. Klassifikationssysteme sind letztlich Muster des systematischen Zusammenhangs von Zeichen (wobei Zeichen in einem sehr weiten Sinne verstanden wird, also nicht nur sprachliche Zeichen meint). Diskursive Formationen sind weitergehende, musterhafte Konstellationen des Gebrauchs dieser Zeichen in sprachlichen und nicht-sprachlichen Praktiken. Es geht bei Kultur also immer auch um die Praxis, das „doing" der Bedeutungsproduktion. Kultur ist dabei durchaus widersprüchlich und in einen gesellschaftlichen Prozess der Auseinandersetzung eingebunden. Fragen der Kultur sind damit ebenfalls Machtfragen: Wer ‚bestimmen' kann, was als Kultur gilt und was nicht, der hat Macht. Die öffentliche Diskussion in Deutschland um eine „Leitkultur" ist dafür ein herausragendes Beispiel. Wichtig ist, im Blick zu haben, dass wir in einer Vielzahl von Kulturen zugleich leben. Dies sind nicht einfach nur die Nationalkulturen, sondern auch „demokratische Kulturen", „Protestkulturen" oder „Musikkulturen", um nochmals einige Einträge aus der Sammlung von Eckhard Henscheid zu

1 Einleitung

nennen. Deren Vielzahl können wir als einen Hinweis darauf nehmen, dass Kulturen fließend ineinander übergehen, nicht wirklich trennscharf scharf sind und am besten als ‚Verdichtungsphänomene' beschrieben werden.

Diese Überlegungen zum Kulturbegriff verdeutlichen bereits, wie vielschichtig das Phänomen Medienkultur ist. Um uns diesem anzunähern, ist es notwendig, alle drei Begriffe – den der Kommunikation, des Mediums und der Kultur – nicht nur weiter auszudifferenzieren. Vor allem geht es darum, sie in ihrer Beziehung zueinander zu sehen. Denn wie ich in diesem Buch zeigen möchte, sind Medienkulturen solche Kulturen, deren primäre Bedeutungsressourcen mittels technischer Kommunikationsmedien vermittelt werden und die durch diese Prozesse auf unterschiedliche, je zu bestimmende Weisen ‚geprägt' werden.

Der Argumentationsbogen, den ich in diesem Buch entwickeln möchte, sieht wie folgt aus: Beginnen werde ich in Kapitel zwei mit einer Betrachtung der bestehenden Analysen und Theorien von Medienkultur. Das Argument dabei ist, dass diese Ansätze einerseits auf viele wichtige Aspekte von Medienkultur hinweisen, andererseits aber keinen wirklich befriedigenden Ansatzpunkt für eine auf Theoriefindung ausgerichtete, empirische Medienkulturforschung darstellen. Ausgehend von einer solchen Kritik geht es darum, Schritt für Schritt einen solchen Ansatz zu formulieren. Der Einstieg dafür ist eine erste Bestimmung von Mediatisierung als Metaprozess und Panorama (drittes Kapitel), die es gegen Begriffe von Vermittlung und Medienlogik abzugrenzen gilt. Eine solche Begriffsarbeit gestattet es, in Kapitel vier ein Konzept von Medienkultur zu entwickeln, das diese als Kultur mediatisierter Welten begreift. Als hilfreiche Begriffe zur Beschreibung von Medienkulturen werden dabei das Kommunikationsnetzwerk und die kommunikative Figuration diskutiert. Das sich anschließende Kapitel fünf widmet sich einem wichtigen Aspekt heutiger Medienkulturen, nämlich, wie wir in diesen verschiedene Formen von ortsübergreifender Vergemeinschaftung leben. Schließlich geht es mir in Kapitel sechs um die Frage, was ein angemessener methodologischer Ansatzpunkt für eine empirische Erforschung von Medienkulturen sein kann. Abgeschlossen wird das Buch durch einen Ausblick in Kapitel sieben, in dem ich einige Überlegungen dazu formuliere, wie wir in dem umrissenen Ansatz der Beschreibung von Medienkulturen und ihrem Wandel Fragen der Kritik integrieren können.

Dieser Abriss verdeutlicht bereits, dass das vorliegende Buch keine letztgültige Beschreibung dessen sein kann, was (heutige) Medienkulturen sind. Es ist vielmehr ein Entwurf, ein Aufruf, eine Skizze, die zu fassen sucht, was wir im Blick haben müssen, wenn wir den aktuellen kulturellen Wandel angemessen beschreiben möchten. In diesem Sinne soll dieses Buch zu weiteren Fragen und weiterer Forschung anregen, statt voreilige Antworten zu geben.

Was Medienkultur (nicht) ist 2

Wie bereits in der Einleitung angemerkt, ist Medienkultur seit längerem Thema der Kommunikations- und Medienforschung. Dies verhindert allerdings nicht, dass viele Missverständnisse aus sehr unterschiedlichen Traditionen darüber bestehen, was Medienkultur sei. In diesem Kapitel möchte ich mich mit einigen der aus meiner Sicht prominentesten Missverständnissen auseinandersetzen, die man immer wieder auch in unserem alltagsweltlichen Sprechen über Medienkultur findet. Um es vorab pointiert zu sagen: Medienkultur ist weder eine Massenkultur, noch die Kultur eines bestimmten Leitmediums (ob Buch, Fernsehen oder WWW), ebenso kein uns alle in eine Gesellschaft integrierendes Programm oder eine Cyberkultur, die uns zunehmend umgarnt und zu Cyborgs oder Cyberpunks macht. Es ist aber nicht damit getan, mit einem Wisch die mit solchen Begriffen verbundenen Diskurse als ‚Irrtümer' dessen, was Medienkultur sei, abzutun. Auch wenn die genannten Schlussfolgerungen als falsch oder zumindest problematisch erscheinen, verbergen sich dahinter doch Überlegungen, aus denen man einiges von dem, was Medienkultur ist, lernen kann. Letztlich geht es mir in diesem Kapitel also um diesen zweiten Punkt einer allmählichen Annäherung an das, was Medienkultur ist.

2.1 Omnipräsent, aber keine Massenkultur

Stellt man sich die Frage, wo erste Ansätze einer Reflexion über Medienkultur zu finden sind, landet man früher oder später bei der Kritischen Theorie der Frankfurter Schule. Hierbei handelt es sich um eine Form von kritischer Soziologie, wie sie an dem 1924 in Frankfurt am Main eröffneten Institut für Sozialforschung entwickelt wurde. Als wichtigste Vertreter der Frankfurter Schule gelten Max Horkheimer, der langjährige Direktor des Instituts, und Theodor W. Adorno. Gemeinsam verfassten sie 1944 bis 1947 im US-amerikanischen Exil das Buch „Dialektik der Aufklärung". Der Begriff, den sie dabei ins Zentrum rücken, ist allerdings nicht der der Medienkultur, sondern die Kulturindustrie und ihre Massenkultur.

In der „Dialektik der Aufklärung" skizzieren Theodor W. Adorno und Max Horkheimer die Kulturindustrie als ein omnipräsentes System. Diese Kulturindustrie sei ein „Filter", durch den die ganze Welt geleitet wird (Horkheimer und Adorno 1988: 134; orig. 1944). Die Bezeichnung Kulturindustrie soll verdeutlichen, dass es sich hierbei nicht „um etwas wie [eine] spontan aus den Massen selbst aufsteigende Kultur handele, um die gegenwärtige Gestalt von Volkskunst" (Adorno 1977: 337). Zentrales Merkmal der Kulturindustrie ist deren industrielle Standardisierung und Serialisierung. Mit dem „Schematismus des Verfahrens" (Horkheimer und Adorno 1988: 144), der sich nicht zuletzt aus der industriellen Produktion von Kulturwaren wie Filmen, Radio- und Fernsehserien oder Musik ergibt, geht eine „Wiederholung des Immer-Gleichen" einher (Horkheimer und Adorno 1988: 142): Die Produktion von Kulturwaren läuft ebenso nach standardisierten Produktionsmustern ab, wie ihren Inhalten dieselben Genre-, Erzähl- und Inszenierungsmuster zugrunde liegen. Die konstante, industrielle Dynamik von Innovation besteht in der Variation dieser Muster. Zu dem, was Adorno und Horkheimer als Kulturindustrie bezeichnen, sind neben der Kultur in ihrem Warenstatus die Produktionsapparate, der Kulturmarkt und der Kulturkonsum zu zählen (Müller-Doohm 2008).

Die Waren der Kulturindustrie – für Adorno und Horkheimer sind die Genrefilme der 1940er Jahre herausragende Beispiele dafür – sind so angelegt, dass die Konsumentinnen und Konsumenten durch eine vordergründige Aktivität wie den ständigen Wechsel von Bildern (aber nicht der Formen) zu einer Passivität, was die eigene „denkende Aktivität" (Horkheimer und Adorno 1988: 134f.) betrifft, gebracht werden. Die Folge einer Standardisierung der Produkte ist eine Standardisierung der Rezeption und eine „Pseudo-Individualität" der Menschen. Das Leben der eigenen Individualität besteht letztendlich aus der Übernahme genormter Medieninhalte – beispielsweise von Stars vorgelebte kulturelle Muster –, die die umfassende Basis der eigenen Identitätsartikulation werden. Die Unterhaltung der Kulturindustrie ist daher ein standardisiertes Vergnügen. Entsprechend ist das Vergnügen der Kulturindustrie eine Flucht, aber nicht die Flucht vor der schlechten Realität, sondern vor dem letzten Gedanken an den Widerstand (Horkheimer und Adorno 1988: 153).

2.1 Omnipräsent, aber keine Massenkultur

Wir haben es so mit einer standardisierten „Massenkultur" (Horkheimer und Adorno 1988: 160) zu tun. Der Gesamteffekt der Kulturindustrie ist damit eine Anti-Aufklärung:

> Neu aber ist, dass die unversöhnlichen Elemente der Kultur, Kunst und Zerstreuung durch die Unterstellung unter den Zweck auf eine einzige falsche Formel gebracht werden: die Totalität der Kulturindustrie. Sie besteht in Wiederholung. Dass ihre charakteristischen Neuerungen durchweg bloß in Verbesserungen der Massenproduktion bestehen, ist dem System nicht äußerlich. Mit Grund heftet sich das Interesse ungezählter Konsumenten an die Technik, nicht an die starr repetierten, ausgehöhlten und halb schon preisgegebenen Inhalte. Die gesellschaftliche Macht, welche die Zuschauer anbeten, bezeugt sich wirksamer in der von Technik erzwungenen Allgegenwart des Stereotypen als in den abgestandenen Ideologien, für welche die ephemeren Inhalte einstehen müssen. (Horkheimer und Adorno 1988: 144; orig. 1944)

Insgesamt zeichnen Adorno und Horkheimer ein düsteres Bild der Kulturindustrie und ihrer Massenkultur, das wir aus heutiger Perspektive vermutlich so nicht teilen würden und das uns zumindest in einigen Aspekten im Rückblick als Zeugnis der Erfahrung von Faschismus und Flucht in die USA erscheint. Für eine Betrachtung dessen, was wir gegenwärtig als Medienkultur bezeichnen können, ist die Kulturindustrietheorie von Adorno und Horkheimer aber aus einem anderen Blickwinkel relevant. So sind sie es, die früh auf etwas verweisen, das wir die *Allgegenwärtigkeit von Medienkultur* nennen können. Die Kulturindustrie durchdringt ja die gesamte Gesellschaft, ist kennzeichnend nicht nur für die Produktion von Kulturwaren und diese selbst, sondern auch für die Identitäten, die Menschen leben: „Die ganze Welt wird durch das Filter der Kulturindustrie geleitet" (Horkheimer und Adorno 1988: 134).

Nimmt man solche Zitate, lassen sich die Argumente von Adorno und Horkheimer aus einem anderen Blickwinkel lesen: Die Kulturindustrietheorie ist dann ein früher Versuch der kritischen Reflexion der Allgegenwart von Medienkommunikation in der modernen Welt. Entsprechend verwundert es kaum, dass sich direkte Linien von der Kulturindustrietheorie zu neueren Ansätzen der Beschreibung von Medienkulturen finden. Ein prominentes Beispiel dafür sind die Arbeiten von Douglas Kellner, der direkt an die Frankfurter Schule, aber auch an die Cultural Studies anschließt (vgl. Kellner 1999). Die Art und Weise, wie Kellner seinen Begriff von Medienkultur entwickelt, greift Überlegungen der Kulturindustrietheorie auf: Medienkultur ist für ihn erst einmal die durch (Massen-)Medien und die Kulturindustrie hervorgebrachte Kultur. Als solche ist Medienkultur aber nicht losgelöst vom Gesamtleben der Menschen zu denken: „Kultur und Gesellschaft sind kolonialisiert durch die Medienkultur", diese „hat begonnen, das Alltagsleben zu dominieren, indem sie als der omnipräsente

Hintergrund und oftmals der hochgradig verführerische Vordergrund unserer Aufmerksamkeit und Aktivität dient" (Kellner 1995: 3). Auch hier findet sich also der Gedanke der Omnipräsenz von Medienkultur, der in direktem Rückgriff auf die Kritische Theorie entwickelt wurde. Allerdings sieht Kellner die Medienkultur wesentlich ambivalenter, als Adorno und Horkheimer die Massenkultur sehen, wenn er feststellt: „Medienkultur […] veranlasst Individuen, mit der etablierten Organisation von Gesellschaft konform zu gehen, sie stellt aber auch Ressourcen zur Verfügung, die Individuen gegen diese Gesellschaft ermächtigen können" (Kellner 1995: 3).

Dies argumentierend gibt uns Douglas Kellner einige Bedenken mit auf den Weg. So meint er, dass Medienkulturen hochgradig komplexe Phänomene sind und sich bisher jeder adäquaten Theoretisierung gesperrt hätten, auch wenn es viele Versuche gegeben habe. Die meisten *allgemeinen* Theorien von Medienkultur – so seine Kritik – erscheinen einseitig und blind gegenüber wichtigen Einzelaspekten von Medienkultur. Entsprechend argumentiert er dafür, dass Theorien der Medienkultur am besten aus Analysen konkreter Phänomene zu entwickeln wären, die in ihren historischen und sozialen Kontexten erfasst werden. Gerade wenn in diesem Buch einige allgemeinere Überlegungen zu Medienkultur entwickelt werden sollen, sind die Hinweise von Douglas Kellner ernst zu nehmen.

Kommen wir jedoch auf die Argumente von Adorno und Horkheimer zurück. Reflektiert man deren Überlegungen im weitergehenden Rahmen der Auseinandersetzung mit Medienkultur, greifen sie in ihrem empirisch nicht weiter abgestützten Kulturpessimismus sicherlich zu kurz. Medienkultur ist nicht einfach eine Massenkultur der Standardisierung, sondern in sich weit widersprüchlicher und offener, als Adorno und Horkheimer dies sehen. Hierauf hat nicht nur Douglas Kellner hingewiesen, sondern haben es auch verschiedene andere (siehe beispielsweise Negus 2006). Wie wir gesehen haben, gibt es jedoch einen anderen Punkt, an dem die Überlegungen von Adorno und Horkheimer richtungsweisend für eine Beschäftigung mit Medienkultur sind: Früh hatten sie einen Blick für das, was man die Omnipräsenz von Medienkultur nennen kann. Gemeint ist damit, dass ein Nachdenken über Medienkultur nicht verkürzend argumentieren kann, Medienkultur wäre einfach die Kultur des in den Medien Dargestellten – also die Fernsehkultur im Sinne der Kultur der Fernsehsendungen oder Filmkultur im Sinne der Kultur der Filme. Das, was wir Medienkultur nennen, ist wesentlich vielschichtiger, weil unsere gesamte Wirklichkeitskonstruktion zunehmend durch Kommunikation erfolgt, die zumindest *in Teilen* medienvermittelt ist. Es ist dieser Punkt, der bis heute eine erhebliche Herausforderung für jeden Versuch darstellt, zu bestimmen, was Medienkultur ist.

2.2 Mediumsgeprägt, aber keine Leitmedienkultur

Auf der Suche nach einem angemessenen Begriff von Medienkultur landet man – neben der Frankfurter Schule – bei der sogenannten Mediumstheorie. Hierbei handelt es sich um eine Perspektive, die sich seit den 1950er Jahren zuerst an der Universität von Toronto in Kanada entwickelte und maßgeblich von den Arbeiten des (Kultur-)Ökonomen Harold Innis und des Literatur- und Kommunikationswissenschaftlers Marshall McLuhan beeinflusst wurde. Ihren Namen hat die Mediumstheorie daher, dass es ihr weniger um Medieninhalte geht, sondern um den Einfluss, den Medien als solche auf unser Leben haben. Wie Joshua Meyrowitz – einer der gegenwärtig führenden Vertreter der Mediumstheorie und Autor des Buchs „Die Fernsehgesellschaft" (Meyrowitz 1987) – formuliert, kann dieser Ansatz als ein alternativer Zugang zu Medienwirkung verstanden werden. Wie gesagt geht die Mediumstheorie davon aus, dass man, um die potenziellen Wirkungen von Medien zu fassen, den Fokus von Medieninhalten als der primären Quelle von Medienwirkung wegbewegen muss, und zwar hin zu Fragen „der Natur und des Leistungsvermögens eines jeden Mediums selbst" (Meyrowitz 2009: 518). Dieser Blickwinkel verbindet die verschiedenen Arbeiten der Mediumstheorie, ob sie sich mit übergeordneten Makrofragen langanhaltender Wandlungsprozesse auseinandersetzten (Innis 1950, 1951; McLuhan und Powers 1995; Ong 1987) oder Mikro-Studien dazu realisierten, wie sich Interaktionsbeziehungen von Menschen durch Medien verändern (Meyrowitz 1987).

Für unsere Beschäftigung mit dem, was Medienkultur ist, erscheinen zuerst einmal die von Meyrowitz so bezeichneten Makrozugänge der *ersten Generation der Mediumstheorie* von Interesse. Medienkulturwandel wird hier als Abfolge verschiedener, durch je ein Leitmedium gekennzeichneter Kulturen beschrieben (siehe zum Folgenden überblickend Meyrowitz 1995). *Traditionale orale Kulturen* basieren, was ihr Gedächtnis betrifft, auf rein mündlicher Übermittlung, die durch rhythmische Gedichte und eine einfache mythische Narration sichergestellt wird. Da die Mündlichkeit dieser Kulturen physische Kopräsenz der Kommunikation (also die Anwesenheit der Beteiligten) benötigt, sind die kommunikativen Kontakte oraler Kulturen wie auch ihre Größe und Komplexität beschränkt. Hiervon lassen sich *Schriftkulturen* abgrenzen, die über die Kenntnis von Schrift verfügen. Diese ermöglicht in diesen Kulturen nicht nur, orts- und zeitübergreifend zu kommunizieren. Ebenso gestattet Schriftlichkeit das Erstellen langer und komplexer Texte. Schrift kann damit als Voraussetzung für das Entstehen von Philosophie, Literatur und Wissenschaft gelten. Die hierfür notwendige

Freistellung von Experten des schriftlichen Diskurses (Gelehrte, Beamte, Priester usw.) führt zu einer zunehmenden Ungleichheit innerhalb der schriftkulturellen Gesellschaften. Wie es Joshua Meyrowitz formuliert:

> Der Einfluss der Schrift ist entsprechend ungleich bis zur Entwicklung der Druckpresse im fünfzehnten Jahrhundert, der Ausbreitung von Schulausbildung, und das damit korrespondierende Wachstum von Literarität vom sechzehnten bis zum neunzehnten Jahrhundert. (Meyrowitz 1995: 55)

Das Entstehen der europäischen Moderne ist in einer solchen Perspektive mit dem „Aufkommen der modernen Printkultur" (Meyrowitz 1995: 55) gleichzusetzen. Entscheidend für diese ist die Erfindung des Drucks mit beweglichen Buchstaben. Dieser *modernen Printkultur* entspricht aus Sicht der Mediumstheorie zuerst einmal eine Etablierung von unterschiedlichen Informationswelten: Selbst wenn später mit der erzwungenen Schulbildung eine allgemeine Alphabetisierung einsetzte, bewegen sich doch die Informationswelten ‚belesener' Expertinnen und Experten und die von weiteren Teilen der Bevölkerung auseinander. Gleichzeitig ermöglicht der Buchdruck aber auch erst das Aufkommen von größeren, integrierten politischen Einheiten. Der Grund ist, dass die mit dem Druck mögliche ‚massenhafte' Kommunikation den Einbezug weiter Teile der Bevölkerung in einen Kommunikationsraum gestattete. Generell kann aus Sicht der Mediumstheorie mit dem Druck aber auch eine Veränderung des Denkens ausgemacht werden: So lässt der Buchdruck nicht nur ein Verständnis von Autorschaft und intellektuellem Eigentum aufkommen, sondern ermöglicht ebenso die breite Institutionalisierung von Wissenschaft: Die Universität als Ort des Studiums in einem heutigen Verständnis entsteht. Mit der Verbreitung der Alphabetisierung und des Buchdrucks sind daneben bestimmte Formen der Egalisierung von Kommunikation auszumachen, was sich – zusammen mit dem Relevanzgewinn von ‚wissenschaftlicher Erkenntnis' – in der Ablehnung traditioneller Formen von Herrschaft konkretisiert. Die Reformation ist dafür ein frühes Beispiel.

Hieran schließt sich im Blickwinkel der Mediumstheorie die *globale elektronische Kultur* an. Diese ist die Phase des Durchbruchs der elektronischen Medien: zuerst Telegraf, dann Radio, Telefon, Fernsehen, später die verschiedenen Medien des Internets und der Mobilkommunikation. In der Argumentation der Mediumstheorie bringen die elektronischen Medien einen Kernaspekt oraler Kulturen zurück, nämlich den der „Simultaneität des Handelns, der Wahrnehmung und Reaktion" (Meyrowitz 1995: 57). Wie Walter J. Ong (1987) betont, handelt es sich dabei allerdings um eine „sekundäre Oralität", d. h. eine solche, die auf Schriftlichkeit und der Möglichkeit der (elektronischen) Reproduktion beruht: Auch wenn beispielsweise Diskussionen im Fernsehen live mündlich präsentiert werden, beruhen sie auf

2.2 Mediumsgeprägt, aber keine Leitmedienkultur

schriftlich vorbereiteten Formulierungen. Und vieles der Kommunikation des Internets in Echtzeit ist schriftbasierte Kommunikation: E-Mail und Chat sind dafür nur die prominentesten Beispiele. Die damit verbundenen Veränderungen hören sich in den Worten eines Vertreters der Mediumstheorie wie folgt an:

> Neue Formen der konkreten sensorischen Erfahrung konkurrieren mit abstraktem Druckwissen. Und das Wort kehrt in seiner alten Form zurück – eher als ein Ereignis statt als ein Objekt. Jedoch ist die Reichweite der gemeinsamen Nutzung eine gänzlich andere. Elektronische Medien sind wie die Erweiterungen unseres sensorischen Apparats, die um den Planet reichen. Elektronische Sensoren bringen uns zu anscheinend ‚direkten' Begegnungen zurück, dies jedoch mit einer globalen Reichweite. Als Folge des weit verbreiteten Gebrauchs elektronischer Medien besteht ein größerer Sinn für persönliche Verbundenheit mit denen, die ansonsten Fremde wären – oder Feinde. Die anscheinend direkte Erfahrung von fernen Ereignissen durch normale Bürger begünstigt einen Rückgang von druck-gestützten Ideen delegierter Autorität, was die Macht von politischen Parteien, Gewerkschaften und Regierungsbürokratien minimiert. Das Teilen von Erfahrung über Nationen hinweg dünnt die Macht des Nationalstaats aus. (Meyrowitz 1995: 58)

In solchen Formulierungen klingen die ursprünglich einmal hochgradig visionären Überlegungen von Marshall McLuhan (1995) zum „global village" als einer weltweiten Nachbarschaft nach, die sich auf elektronische Medien stützt.

In der *zweiten Generation der Mediumstheorie* haben sich die Vertreterinnen und Vertreter dieses Ansatzes darangemacht, den mit den bisher beschriebenen vier Phasen von Medienkultur grob umrissenen Makrorahmen des Medien- und Kulturwandels durch eine detaillierte Analyse der Veränderungen von menschlichen Interaktionsbeziehungen zu untermauern. So wirkt sich Medienwandel nicht unmittelbar auf den Alltag aus, sondern, indem sich mit diesem Wandel die Informationsnetzwerke, Rollenbeziehungen und Gruppenidentitäten von Menschen verändern. Dies lässt sich für jede der bisher genannten Phasen sagen. Ob traditionale orale Kulturen, Schriftkulturen, Printkulturen oder elektronische Kulturen: Die Informationsnetzwerke, Rollenbeziehungen und Gruppenidentitäten der Menschen waren jeweils mit einem Wechsel von einer zur nächsten Phase vollkommen anders strukturiert.

Mit einer solchen Betrachtung der Kulturgeschichte der Menschheit entlang von bestimmten Leitmedien steht die Mediumstheorie nicht alleine da. Ein ähnlicher Zugang ist beispielsweise der Systemtheorie nicht unbekannt. So beschreibt Niklas Luhmann (1997: 202–315) den Wandel von Gesellschaften entlang der Etablierung von, wie er es nennt, „Verbreitungsmedien". Kennzeichnend sind dabei für ihn ebenfalls als Leitmedien die Sprache, die Schrift, der Buchdruck und die elektronischen Medien. Interessanter sind allerdings die deutlich älteren

Arbeiten des Kultursoziologen Friedrich Tenbruck (1972), da diese eine größere Nähe zu heute relevanten netzwerktheoretischen Überlegungen haben. Ausgehend von der sozialen Differenzierung, d. h. der zunehmenden ‚Untergliederung' von Gesellschaft, die sich in der menschlichen Arbeitsteilung konkretisiert, lassen sich nach Friedrich Tenbruck drei Idealtypen von Gesellschaft unterscheiden. Dies sind die orale Gesellschaft, die Hochkultur und die moderne Gesellschaft. Anders als die Mediumstheorie legt Tenbruck in seiner Argumentation einen großen Stellenwert auf Fragen der Lokalität und der durch technische Medien hergestellten translokalen Konnektivität (oder Vernetzung). Nach seiner Argumentation werden die nur altersmäßig differenzierten *oralen Gesellschaften* durch lokale Gruppen getragen, deren Mitglieder in einer direkten Interaktion des Hier und Jetzt miteinander in Beziehung stehen. *Hochkulturen* verweisen mit ihrer Arbeitsteilung und Differenzierung von Ober- bzw. Unterschicht auf einen translokalen, d. h. ortsübergreifenden Herrschaftsapparat, der einer ebensolchen Kommunikationsmöglichkeit bedarf. Medienbasierte Interaktion mittels Schrift gestattet durch ein „überlokales Kommunikationsnetz" (Tenbruck 1972: 59) den Aufbau und die Aufrechterhaltung eines Herrschaftsapparats. Dieser bindet verschiedene Lokalitäten in ein Netzwerk ein und ermöglicht insbesondere über Religion eine Identifikation lokaler Gruppen mit weitergehenden Vergemeinschaftungen. Die Möglichkeiten einer umfassenderen kommunikativen Integration sind jedoch beschränkt. *Moderne Gesellschaften* mit ihrer weiteren sozialen Differenzierung wie auch ihrer „Aufhebung des für die Hochkultur wesentlichen Unterschieds von Oberschicht und lokalen Einheiten" (Tenbruck 1972: 64) verweisen auf Massenmedien, die als

> Kommunikationsmittel [...] Mitglieder der Gesellschaft unabhängig von ihrem Ort zu immer neuen, oft typischerweise flüchtigen und passiven Gruppen zusammenfassen und dadurch ihren Kontakt mit der weitergehenden Gesellschaft herstellen. (Tenbruck 1972: 66)

Wie diese Beispiele zeigen, sind die Überlegungen der Mediumstheorie also nicht isoliert zu sehen, sondern verweisen auf einen breiten Diskurs in den Sozialwissenschaften, insbesondere in der Kultursoziologie. Gerade in einer Zuspitzung auf bestimmte (Ideal-)Typen von Kulturen bzw. Gesellschaften sind solche Argumentationsmuster auch bestehend: Wir können die Spezifik einer Kultur und Gesellschaft im Hinblick auf deren Leitmedien begreifen. Und wie sich die verschiedenen Leitmedien wandeln, ändern sich unsere Formen von Kultur und Gesellschaft. *Medienkultur ist dann die durch ein spezifisches Leitmedium bestimmte Kultur.*

2.2 Mediumsgeprägt, aber keine Leitmedienkultur

Mit etwas Distanz kommt man jedoch zu einer ambivalenten Haltung gegenüber solchen Überlegungen der Mediumstheorie und vergleichbarer Ansätze. Einerseits besticht der Gedanke, dass Medien nichts Neutrales sind und dass deren Verbreitung erhebliche Auswirkungen auf den Charakter unserer Kulturen und Gesellschaften hat. Die Mediumstheorie als „Alternative zu dem dominanten Paradigma der Medienwirkungen" (Meyrowitz 2009: 517) zu begreifen, ist hier ungemein produktiv. So insistiert dieser Zugang darauf, dass es häufig weniger die einzelnen Inhalte sind, die die ‚Wirkung' auf Kultur und Gesellschaft ausmachen. Relevanter erscheint vielmehr, wie in und durch Medien – verstanden als komplexe institutionalisierte und verdinglichte Arrangements von Kommunikation (Meyrowitz 2009: 518–520) – eine eigene Wirkmächtigkeit entsteht. In dem Sinne eröffnet ein solcher Diskurs den Blick darauf, dass wir Kulturen in ihrer Spezifik als mediumsgeprägt begreifen müssen, was es in einer (empirischen) Erforschung von verschiedenen Medienkulturen herauszuarbeiten gilt. Entsprechend ist die Mediumstheorie der entscheidende Schritt zu dem, was Theo Hug und Norm Friesen (2009) als „mediatic turn" bezeichnet haben – nämlich der „turn" der Hinwendung zur Medialität von Kommunikation (siehe auch Schofield Clark 2009).

Andererseits hinterlässt die Mediumstheorie den Eindruck, als Beschreibungsansatz von Medienkultur nicht hinreichend zu sein, gerade *weil* sie letztere auf eine Leitmedienkultur reduziert. Ein Medium (gesprochene Sprache – Schrift – Druck) wird als die jeweilige Kultur dominierend gedacht, da es dasjenige ist, das Kommunikation primär strukturiert. Dies ist aber zu vereinfachend: Durch Medien geprägte Kulturen sind weit widersprüchlicher, als dass sie auf einen solchen Leitmediengedanken zu reduzieren wären. Gerade dass die Mediumstheorie die Gegenwart als globale Kultur der elektronischen Medien (im Plural) bezeichnet und spätestens hier Schwierigkeiten bekommt, *ein* Leitmedium zu finden, offenbart deutlich, dass soziokultureller Wandel weit vielfältiger ist, als dass wir diesen auf *ein* Leitmedium rückführen könnten. Heutige Kulturen sind dadurch gekennzeichnet, dass die globalisierte, vielfach textbasierte Kommunikation des Internets ebenso deren Teil ist wie die visuelle Kommunikation von HD-Fernsehen und Event-Kino. Politische Kampagnen werden beispielsweise gleichzeitig im Internet, Fernsehen und Kino organisiert: mit E-Mail-Aktionen oder entsprechender Werbung im Social Web, um Unterstützerinnen und Unterstützer zu gewinnen; mit bildreichen und tagesaktuellen Berichten über Ereignisse der Kampagnen im hochauflösenden Fernsehen; mit Dokumentationen, die aufwändig für das Kino produziert und als Ereignis beworben werden. Ein Beispiel dafür ist das Engagement für den Umweltschutz durch Al Gore, dem US-amerikanischen Politiker und Friedensnobelpreisträger (siehe dazu auch Dörner 2006).

Ähnliches lässt sich aber auch historisch argumentieren, wie mediengeschichtliche Studien zeigen. So überschätzt die Mediumstheorie beispielsweise den Einfluss des Drucks als einen revolutionären Einschnitt deutlich, da neben diesem vielfältige mündliche Kommunikationsformen ihre herausragende Stellung behielten: Neben dem Dialog als Lehrform in den Schulen und Universitäten lässt sich gerade für die Reformation herausstellen, dass die Verbreitung der Schriften Luthers sehr eng auf dessen Aktivitäten als Redner verweist. So arbeiten historische Studien heraus, dass Luther vor allem ein sehr guter Rhetoriker in direkter Kommunikation war und bei der Verbreitung seiner Meinung und Positionen insbesondere auf die direkte Rede setzte (Bösch 2011: 49–57).

Es sind damit wohl weniger *einzelne* Leitmedien, die für Medienkulturen bestimmend sind, sondern *hochgradig komplexe Arrangements von verschiedenen Formen des medienbasierten, kommunikativen Handelns*. Diese gilt es zu bestimmen, wenn man Medienkulturen in deren Spezifik beschreiben möchte.

2.3 Wirklichkeitskonstitutiv, aber kein Integrationsprogramm

Im deutschen Forschungskontext gab es in den 1980er und 1990er Jahren generell eine breitere Diskussion um Medienkultur (siehe beispielsweise Faulstich 1982; Hickethier 2003; Müller-Doohm 1997; Saxer 1998). In dieser allgemeinen Diskussion sticht mit seiner dezidiert theoretischen Position insbesondere ein Ansatz heraus: der radikale Konstruktivismus. Dieser entwickelte sich seit Ende der 1980er Jahre in der deutschsprachigen Medien- und Kommunikationsforschung. Wichtig für seine Verbreitung über die Grenzen der Wissenschaft hinaus war 1990/1991 das Funkkolleg „Medien und Kommunikation", das der Hessische Rundfunk als allgemeines Weiterbildungsangebot produzierte (siehe zu dessen Studienbriefen Merten et al. 1994). Als führender Vertreter des Radikalen Konstruktivismus gilt der Kommunikations- und Medienwissenschaftler Siegfried J. Schmidt, der mit seinen Publikationen die Entwicklung des radikalen Konstruktivismus nachhaltig beeinflusste.

Im weitergehenden Sinne sind auch die anderen Zugangsperspektiven zu Medienkultur, die bisher besprochen wurden, konstruktivistisch. Sie begreifen Medienkultur – ob als Massenkultur oder als die durch ein Leitmedium zu charakterisierende Kultur – nicht einfach als ‚gegeben'. Medienkultur erscheint vielmehr als von Menschen ‚gemachte' Kultur und damit in einem konstruktivistischen Blickwinkel. Der *radikale* Konstruktivismus ‚radikalisiert' diesen

2.3 Wirklichkeitskonstitutiv, aber kein Integrationsprogramm

allgemeinen Sozialkonstruktivismus insofern, als er ihn mit Forschungsergebnissen der Neuro- und Kognitionswissenschaften „unterfüttert" (Schmidt 1994a: 6) sowie in eine funktional-systemtheoretische Betrachtung von Medienkultur integriert, wie S. J. Schmidt im Rahmen des Funkkollegs feststellt. Der Ausgangspunkt dafür ist allerdings ein anderer, als Niklas Luhmann – der bereits erwähnte Hauptvertreter der deutschsprachigen Systemtheorie – ihn wählt: Während Luhmann Kommunikation als Basis von sozialen Systemen begreift und damit strikt jenseits einer Akteursperspektive argumentiert, setzen die radikalen Konstruktivisten beim einzelnen Akteur als geschlossenem kognitiven System an, um ausgehend hiervon eine Sozialtheorie zu entwickeln. Der Ausdruck des geschlossenen kognitiven Systems meint, dass der Mensch als eine Einheit begriffen wird, die ‚äußere Reize' nach eigenen ‚inneren Regeln' verarbeitet. Solche erkenntnistheoretischen Grundlagen hören sich dann wie folgt an, wobei sich S. J. Schmidt in diesem Zitat neben Niklas Luhmann auf den Biologen und Kognitionswissenschaftler Gerhard Roth bezieht:

> In konstruktivistisch-biologischen (G. Roth) wie differenzlogischen (N. Luhmann) Erkenntnis- und Kognitionstheorien besteht heute Konsens darüber, dass menschliches Wahrnehmen von Umwelt kein Abbildungs-, sondern ein Konstruktionsprozess ist. Wahrnehmung ist eine Eigenleistung des Beobachters, der Unterscheidungen in seiner Umwelt trifft, wobei unüberprüfbar bleibt, ob die Umwelt diese Unterscheidungen ‚an sich' unterhält. [...] Die Prüfung dessen, was uns z. B. als Wissen bewusst wird, erfolgt nicht etwa durch Vergleich mit ‚der Realität', sondern wird durch Handeln und Kommunizieren erreicht. Wissen wird also geprüft durch Bezug auf Wissen, das aus Handeln und Kommunikation hervorgeht. Akzeptiert wird dann, was viabel, was gangbar und erfolgreich ist, und nicht etwa, was (ontologisch) wahr ist. M. a. W., Wirklichkeitskonstrukte werden durch andere Wirklichkeitskonstrukte validiert. (Schmidt 1992: 429f.)

Im Rahmen dieser Überlegungen hat S. J. Schmidt eine Medienkulturtheorie entwickelt. Kultur ist seinem Verständnis nach neben Kognition, Medien und Kommunikation eine der vier Instanzen im zirkulären Prozess der Wirklichkeitskonstruktion (Schmidt 2000: 98). An den verschiedenen Kulturbegriffen, die in den Geistes- und Sozialwissenschaften etabliert sind – angefangen vom ethnologischen Kulturbegriff, über den der Kultursemiotik, bis hin zu dem der Kultursoziologie und der Culture-and-Personality-Forschung –, kritisiert S. J. Schmidt, dass in ihnen Kultur tendenziell der Natur gegenübergestellt wird. Ein solches Verständnis von Kultur erscheint ihm deshalb problematisch, weil es von vornherein eine mögliche Wechselwirkung zwischen der biologischen Evolution des Menschen (als ‚Natur') und der Entstehung von Kultur ausschließt (Schmidt 1994b: 217).

Sinnvoller ist für ihn ein vermittelnder Ansatz, den S. J. Schmidt aus den Überlegungen von James R. Beniger entwickelt, der den Begriff des „cultural programming" (Beniger 1986: 61) geprägt hat: Während die DNA nach Beniger genetisch programmiert ist, Organisationen durch formale Verarbeitungsabläufe und Entscheidungsregeln programmiert sind und mechanische bzw. elektronische Prozesse wiederum durch Algorithmen, ist das Hirn kulturell programmiert. Dieses ‚kulturelle Programm', das letztendlich (soziale) Kontrolle und damit Integration aufrechterhält, wird dem Menschen in seiner Sozialisation vermittelt. Kulturelle Programmierung ist diesem Verständnis nach also „entscheidend für jede Gesellschaft, die auf der Kooperation von Individuen qua Individuen basiert" (Schmidt 1994b: 225). Kontrolle erfolgt hier nicht durch kausale Verursachung, sondern durch kulturell programmierte Bedeutung. Insofern schließt Kontrolle durch kulturelle Programmierung individuelle Kreativität nicht aus, wirkt aber ‚unhinterfragt' als implizit integrativer Bezug aller individueller Handlungen. Ausgehend von solchen Überlegungen gelangt S. J. Schmidt zu einem Begriff von Kultur als Programm, der – in Abgrenzung zu Begriffen von Kultur als System, ähnlich wie die „dynamische Kultursoziologie" von Walter L. Bühl (1986: 124) – statt der Struktur den Prozess-Aspekt akzentuiert:

> In diesem Sinne konzeptualisiere ich Kultur [...] als Programm im Sinne einer begrenzten Menge von spezifischen Regeln oder ‚principles', die eine große Zahl von Einzelfällen zu erzeugen erlaubt. Dieses Programm ist [...] dynamisch und lernfähig und erlaubt die Ausdifferenzierung von Subprogrammen für spezifische Zwecke. Kultur kann in der hier vertretenen nicht-substantialistischen Konzeption charakterisiert werden als Ausführungsprogramm für Sozialität auf der kognitiven, kommunikativen und sozialstrukturellen Ebene. (Schmidt 1994b: 242f.)

Kultur spezifiziert also, welche bedeutungsstiftenden Differenzen die sozialen Systeme konstituieren. Soziale Systeme sind nach diesem Verständnis nicht ohne Kulturprogramme vorstellbar, da der Vollzug von Sozialität ein kollektiv befolgtes Programm voraussetzt, über das kognitive Erwartungserwartungen, kommunikative symbolische Formen sowie politische, religiöse, wirtschaftliche u. a. Institutionen intersubjektiv kontrolliert werden (vgl. Schmidt 1994b: 234). Die Offenheit, Lern- und Reflexionsfähigkeit solcher Programme variiert von Gesellschaft zu Gesellschaft. Entsprechend können wir in einem solchen Ansatz Kultur als integrierendes Gesamtprogramm der kommunikativen Thematisierung des Wirklichkeitsmodells einer (nationalen) Gesellschaft begreifen.

Ausgehend von diesem Kulturverständnis entwickelt S. J. Schmidt seinen Begriff von *Medienkultur*. Diesen leitet er aus dem von ihm konstatierten Zusammenhang von Kognition, Medien, Kommunikation und Kultur im Prozess der

2.3 Wirklichkeitskonstitutiv, aber kein Integrationsprogramm

Wirklichkeitskonstruktion her. Medien haben in diesem Prozess ihren Stellenwert, weil durch sie Kommunikationsprozesse in Gang gesetzt werden. Medienangebote sind damit die zentralen Elemente der Kopplung von Kognition (des psychischen Systems) und Kommunikation (als Basis des Sozialsystems). So müssen kognitive Operationen in Medienangebote transformiert werden, um Kommunikation auszulösen, und umgekehrt Medienangebote in kognitive Operationen überführt werden, um Anschlusskommunikationen zu ermöglichen. Pointiert formuliert laufen nach der Argumentation von S. J. Schmidt Kognition und Kommunikation in jeweils autonomen Systemen ab. Medienangebote koppeln diese, indem sie Anlässe für systemspezifische Konstruktionsprozesse liefern.

Diese Argumentation gewinnt ein besonderes Gewicht, wenn man sie vor der Folie der Differenzierung heutiger Gesellschaften in verschiedene Funktionssysteme wie das der Politik, der Ökonomie, der Wissenschaft usw. sieht. So sind nach Überlegungen der radikalen Konstruktivisten die verschiedenen Funktionssysteme moderner Gesellschaften durch Massenmedien synchronisiert. Letztere haben sich zu einem eigenständigen Sozialsystem entwickelt, das das „globale Mediensystem" einer (nationalen) Gesellschaft bildet (Schmidt 1992: 440; vgl. auch Luhmann 1996). Dieses hat, so die These von S. J. Schmidt – die durchaus Parallelen zu Werner Faulstichs (1998) Vorstellung aufweist –, innerhalb funktional differenzierter Gesellschaften in zunehmendem Maße die Funktion übernommen, ein allen gemeinsames Wirklichkeitsmodell zu schaffen (Schmidt 1992: 440).

Genau dies ist für S. J. Schmidt der Punkt, der letztendlich darauf verweist, dass Kultur in funktional differenzierten Gesellschaften nur als Medienkultur gefasst werden kann: Begreift man nämlich Kultur im oben skizzierten Sinne als „das sozial verbindliche und sozialhistorisch reproduzierte Programm zum Abgleichen […] individuell erzeugter Wirklichkeitskonstrukte" (Schmidt 2000: 41) und geht man gleichzeitig davon aus, dass in funktional differenzierten Gesellschaften die Massenmedien zur zentralen Instanz solcher sozialen Reproduktionsprozesse geworden sind, kann Kultur in diesen Gesellschaften nur als Medienkultur manifest werden (vgl. Schmidt 1992: 440f.). Dies darf aber nicht damit gleichgesetzt werden, dass in Medienkulturen nur massenmediale Angebote als kulturelle Manifestationen gelten. Entscheidend ist, dass in Medienkulturen auch nicht-massenmediale Manifestationen von Kultur wie Skulpturen, Bilder und Bauwerke auf Massenmedien angewiesen sind, wenn sie eine relevante Öffentlichkeit erreichen wollen. Massenmediensysteme dynamisieren Kultur, d. h., sie vergrößern Publika und verändern kulturelle Manifestationen, indem sie deren Produktions-, Vermittlungs-, Rezeptions- und Verarbeitungsweisen verändern. Insgesamt ist in Medienkulturen so die traditionelle Unterscheidung zwischen medial vermittelten und medial unvermittelten Erfahrungen hinfällig geworden, da die Omnipräsenz von Medienangeboten individuelle wie soziale Wirklichkeitskonstruktionen verändert: „Das Programm Kultur realisiert sich als Medienkultur, und man könnte fast hinzusetzen: und als nichts anderes" (Schmidt 1992: 447).

An dieser Stelle ist anzumerken, dass S. J. Schmidt sich in späteren Publikationen insbesondere von einer Grundannahme des radikalen Konstruktivismus distanziert hat, nämlich derjenigen der notwendigen biologistischen Begründung seiner Kognitionstheorie. Die „Bindung an die Biologie und Kognitionstheorie" (Schmidt 2003: 24) erscheint ihm zunehmend problematisch. Jenseits dessen fand aber kein wirklicher Bruch mit dem Theorieentwurf des radikalen Konstruktivismus statt. Auch in jüngeren Veröffentlichungen versucht S. J. Schmidt, beispielsweise durch die Analyse von „Karrierethemen in Medienkulturgesellschaften" aufzudecken, „welche Themen im Kulturprogramm einer Gesellschaft jeweils eine wichtige Rolle spielen" (Schmidt 2008: 67; siehe auch Schmidt 2010: 182-188).

Unabhängig davon, ob wir einen solchen Zugang nun als *radikalen* Konstruktivismus bezeichnen sollen oder als einen auf „Systemflirts" ausgerichteten Ansatz der Beschreibung einer „Medienkulturgesellschaft" – so die jüngsten Begriffe, die S. J. Schmidt (2008) selbst wählt –, der Ansatz bringt uns ebenso unserem Verständnis von dem, was Medienkultur ist, einen Schritt näher, wie er gleichzeitig durch umfassende Probleme gekennzeichnet ist. Auf sehr anschauliche Weise wird uns verdeutlicht, dass Medienkultur *wirklichkeitskonstitutiv* ist. Damit ist gemeint, dass S. J. Schmidt und andere Vertreterinnen und Vertreter des radikalen Konstruktivismus zu Recht darauf hingewiesen haben, dass man nicht deswegen sinnvoll von Medienkultur sprechen kann, weil in dieser alle Prozesse der Kommunikation auf technischen Medien basieren würden. Sinnvoll wird es aber, dann von Medienkulturen zu reden, wenn die Wirklichkeitskonstruktionen von einzelnen Kulturen in ihrer Spezifik auf Medien rekurrieren. Um es noch pointierter zu formulieren: Charakteristisch für eine Medienkultur ist nicht, dass alle Menschen nur noch medienvermittelt miteinander kommunizieren würden. Charakteristisch ist für Medienkulturen vielmehr, dass auch dann, wenn Menschen auf direkte Weise miteinander kommunizieren, medial vermittelte Konstruktionen von Wirklichkeit immer wieder herausgehobene Bezugspunkte der Bedeutungsartikulation sind. Im Kern ist es dieser Punkt, der durch die Aussage gefasst wird, dass in Medienkulturen technische Medien wirklichkeitskonstitutiv sind.

Jenseits dessen sind aber – neben den hier nicht weiter kritisierten biologistischen Setzungen (siehe zu deren Kritik Reichertz 2009: 166) – die funktionalistischen Annahmen eines solchen Ansatzes kaum angemessen, um die

2.3 Wirklichkeitskonstitutiv, aber kein Integrationsprogramm

Widersprüchlichkeit und Komplexität heutiger Medienkulturen zu erfassen. Gegenwärtige Medienkulturen sind gerade *kein* medial vermitteltes „Programm", das unsere Wirklichkeitskonstruktionen auf eine Art und Weise bestimmt, die letztlich auf die gesellschaftliche Integration ausgerichtet ist. Wir haben viele ‚Dysfunktionalitäten' in heutigen Medienkulturen. Auch wenn S. J. Schmidt in jüngeren Publikationen stärker die Widersprüchlichkeit von Kultur betont und sich mit Phänomenen wie bspw. „Unternehmenskulturen" befasst, ist es immer wieder dieser Funktionalismus, der durch seine Argumentation hindurchschimmert. Hinzu kommt, dass die gesamte Argumentation von einer vergleichbar einfachen Abgrenzung von Kulturen ausgeht. An dieser Stelle greift die Argumentation ebenfalls zu kurz. Wir haben es mit sehr unterschiedlichen Medienkulturen auch jenseits von und quer zu Nationalgesellschaften zu tun, für deren Beschreibung ein solcher, in der Tendenz funktionaler Begriffsapparat nicht hinreichend erscheint. Es geht bei Fragen der Medienkultur gerade nicht nur um „Systemflirts" mit und in „Medienkulturgesellschaften", „Unternehmenskulturen" und vergleichsweise funktional abgegrenzten Phänomenen. Um hier eine der Metaphern von S. J. Schmidt etwas freizügig auszuweiten: „Geflirtet" wird wesentlich vielfältiger. Deswegen ist Medienkultur kein (nationales, unternehmerisches oder wie auch immer geartetes) Integrationsprogramm.

2.4 Technisiert, aber keine Cyberkultur

In diesem Abschnitt möchte ich mich mit einem weiteren, weit verbreiteten Verständnis von Medienkultur auseinandersetzen, nämlich, dass die heutige Medienkultur eine Cyberkultur wäre. In gewissem Sinne kann man sagen, dass dies insofern auf die Überlegungen der Mediumstheorie verweist, als es darum geht, die gegenwärtige Medienkultur über die Spezifik eines Leitmediums zu erfassen. Im Begriff der Cyberkultur – oder, wie es immer wieder ebenfalls heißt, der Internetkultur – schwingt aber noch mehr mit. So impliziert der Ausdruck die Annahme, dass die Cyberkultur vollkommen anders wäre als vorherige Formen von Kultur, und zwar wegen der Reichweite ihrer Technisierung. Wie solche Formulierungen verdeutlichen, haben wir es hier allerdings weniger mit einem konsistenten Theorieentwurf zu tun, wie das bei der Kritischen Theorie, der Mediumstheorie oder dem radikalen Konstruktivismus der Fall ist. Vielmehr sind wir mit einem vielschichtigen Diskurs darüber konfrontiert, wie Cyberkultur als heutige Form der Medienkultur zu fassen ist – ein Diskurs, der klar zum Populärwissenschaftlichen (und Populärkulturellen) entgrenzt ist: Vorstellungen von Cyberkultur sind geprägt von Romanen wie William Gibsons

Cyberpunk-Erzählung „Neuromancer" (1986) oder Pat Cadigans Cyborg-Erzählung „Synners" (1991) sowie von Filmen wie „Bladerunner" (1982) oder „The Matrix" (1999). All diese Romane und Filme behandeln Grenzüberschreitungen von menschlicher Technologie und Natur.

Um diesen Diskurs nachzuzeichnen, bietet es sich an, bei entsprechenden Anthologien und Handbüchern anzusetzen. In ihrer kritischen Einführung in eine Beschäftigung mit „neuen" Medien haben die britischen Kommunikations- und Medienwissenschaftler Martin Lister, Kieran Kelly, Jon Dovey, Seth Giddings und Iain Grant (2009: 317) Cyberkultur wie folgt charakterisiert: „Cyberkultur besteht [...] aus einer Masse von neuen technologischen Dingen, einer großen Spannweite von fantasievoller Literatur, die – wie geschehen – durch die Bildschirme sickert, sodass sie als realistische Beschreibungen unserer verwirrenden Alltagsleben erscheinen mag".

Ganz in diesem Sinne arbeitet David Silver (2000) in dem von David Gauntlett erstmals im Jahr 2000 herausgegebenen Band „Web.Studies" drei Phasen der „cyberculture studies" heraus. Dies ist erstens die Phase der *populären Cyberkultur*. Publikationen dieser Phase waren insbesondere von Journalistinnen und Journalisten geschrieben, die in mehr oder weniger technologieeuphorischen Magazinen wie „Wired" oder „Mondo 2000" veröffentlichten und selbst in unterschiedlichen Graden Teil des Felds waren, über das sie publizierten. Wie Silver im Anschluss an den Internetforscher Steven G. Jones (1997) und andere feststellt, waren die Anfänge dieser Beschäftigung mit Cyberkultur durch einen Dualismus von einem „dystopischen Lärmen" und „utopischen Schwärmen" (Silver 2000: 20) gekennzeichnet. Während „utopisches Schwärmen" hier die Position all derjenigen zusammenfassend bezeichnet, die im „Cyberspace" Potenziale einer Neugestaltung des menschlichen Lebens sehen, steht das „dystopische Lärmen" für all die Vorstellungen negativer Utopien, wie sie beispielsweise im Bild des sozial isolierten Nerds greifbar werden.

Hieran schloss sich eine Phase der *Cyberkultur-Studien* an. Für diese steht beispielsweise Howard Rheingolds (1993) Beschäftigung mit virtueller Vergemeinschaftung. Der populärwissenschaftliche US-amerikanische Autor, der selbst der „Silicon-Valley-Kultur" nahesteht, beschrieb in dem Buch „Virtuelle Gemeinschaft" neue Formen des Gemeinschaftserlebens im Cyberspace. Nicht weniger euphorisch war Sherry Turkle (1998) – Soziologin und Professorin am MIT – in ihrem Buch „Leben im Netz". Hierin befasst sie sich mit den Möglichkeiten von Identitätsartikulation im Internet, das durch seine Anonymität Identitätsspiele eröffnet, die in einer direkten Kommunikation nicht möglich wären. Wie solche Forschungsthemen verdeutlichen, ging es in dieser Phase wesentlich darum, wissenschaftlich basiert die Spezifik kommunikativen Handelns und sozialer Lebensformen ‚im Cyberspace' herauszuarbeiten. Gerade anfangs hatten die Arbeiten der zweiten Phase – durchaus als Reaktion auf das „dystopische Lärmen" der ersten Phase – eine sehr optimistische Haltung gegenüber den Möglichkeiten einer Cyberkultur.

Die dritte Phase nun sieht David Silver als seit den späten 1990er Jahren dominierend an. Hier geht es um *kritische Cyberkultur-Studien*, die sich von einer ausschließlichen Betrachtung des Cyberspace lösen. Wesentlich stärker wird der Rückbezug der Interaktions-, Vergemeinschaftungs- und Identitätsformen des Internets auf den Kontext des ‚weiteren Lebens' betont. Wichtig wird dann, online und offline nicht gegeneinanderzustellen, sondern deren Wechselbezüge im Blick zu haben. In diese Tradition ordnet sich auch Laura J. Gurak vier Jahre nach Erscheinen des Artikels von David Silver ein, die in der Neuauflage des Bandes das Kapitel von ihm übernimmt. Entsprechend formuliert sie dann, „Kontext ist der Schlüssel" (Gurak 2004: 28) einer Auseinandersetzung mit Cyberkultur, und fordert eine entsprechend ausgerichtete Beschäftigung mit dem Internet ein.

Dies heißt aber nicht, dass ein gewisser Utopismus aus der Cyberkulturforschung verschwunden wäre. Ein Beispiel dafür sind die Arbeiten des britischen Kommunikations- und Medienwissenschaftlers sowie Herausgebers der „Web.Studies"-Bände, David Gauntlett. Dieser trat 2007 mit einem online veröffentlichten Artikel zu „Media Studies 2.0" hervor. Dort stellte er einer Kommunikations- und Medienwissenschaft 1.0 eine Kommunikations- und Medienwissenschaft 2.0 gegenüber (Gauntlett 2007). Die Kommunikations- und Medienwissenschaft 1.0 zeichne sich durch eine Tendenz der Expertenorientierung, der Ausrichtung auf machtvolle, vor allem westliche Medieninstitutionen und ihre Produkte, eine kritische Medienkompetenz und eine vorsichtige Haltung gegenüber dem Internet aus. Die Kommunikations- und Medienwissenschaft 2.0 hingegen überwinde diese Orientierung, indem sie die Vielfalt der Produkte von Menschen im Alltag ernst nehme, unterschiedliche kulturelle Bezüglichkeiten einbeziehe sowie digitale Medien und das Internet als gleichberechtigten Teil aller Medien behandle. Dies bedeutet für Gauntlett auch, die Methoden von Kommunikations- und Medienwissenschaft zu überdenken sowie sich auch zu solchen Ansätzen hinzuwenden, die die Kreativität der Menschen in der Forschung einbeziehen.

Solche Argumente sind nicht ohne Widerspruch geblieben, vor allem wegen des leichtfertigen Aufgreifens der Metapher des „Web 2.0" und deren Adaption als ‚Mitmach-Kommunikations- und Medienwissenschaft 2.0' (siehe beispielsweise Everitt/Mills 2009). Gauntlett hat diesen Gedanken aber weiterverfolgt und ihn in seinem Buch „Making is connecting" differenzierter ausformuliert. In diesem geht es ihm um „die Macht des Machens und der Verbindungen durch das Erschaffen" (Gauntlett 2011: 1), etwas, das weit vor dem „Web 2.0" bestand, in letzterem aber seinen besonderen Ausdruck findet. Gauntlett will die sich für ihn insbesondere im kollaborativen Handeln im „Web 2.0" manifestierende, alltagsweltliche Kreativität von Menschen herausarbeiten und theoretisieren, nicht zuletzt, weil diese seinen Überlegungen nach in hohem Maße politisch ist (Gauntlett 2011: 12): In der Kreativität des Web 2.0 liegen Momente des menschlichen Aufbegehrens.

Die Argumente von David Gauntlett sind stimulierend, insbesondere wenn er diese in Verbindung bringt mit der politischen Kritik der Technik durch den in der Einleitung zitierten Philosophen und Theologen Ivan Illich (1998). Gauntlett verdeutlicht dabei, dass das Internet die Möglichkeiten des kreativen und produktiven Umgangs mit Technologie bietet, die Illich bei den Technologien der 1950er bis 1970er Jahre vermisste. Problematisch werden solche Überlegungen aber dann, wenn es nicht mehr um *Potenziale* geht, die sich in der jeweiligen Aneignung konkretisieren, sondern generell und grundlegend eine ‚neue Medienkultur' postuliert wird. Für ein solches Unterfangen stehen die Arbeiten von Henry Jenkins (2006a, b), der zum Zeitpunkt ihrer Veröffentlichung Professor für vergleichende Medienwissenschaften am MIT und international bekannter Populärkulturforscher ist. Jenkins bevorzugt allerdings den Begriff der „Konvergenzkultur" für die ‚neue Medienkultur'. Bezugspunkt seiner Überlegungen ist, dass mit der Etablierung des Internets die populären Aspekte der Medienkultur vielfältiger wurden. Sie schließen weit mehr die Aktivitäten der alltagsweltlichen Mediennutzerinnen und Mediennutzer ein, als dies zu Zeiten der Dominanz der Massenmedien der Fall gewesen ist. Konvergenz ist für Jenkins entsprechend nicht einfach ein technischer Prozess der Integration unterschiedlicher digitaler Endgeräte, sondern ein Zusammengehen „alter" und „neuer" Medien in den Praktiken heutiger Medienkulturen. Wie er schreibt, ist „Konvergenz der Fluss von Inhalten über verschiedene Medienplattformen, die Kooperation verschiedener Medienindustrien und das Migrationsverhalten von Medienpublika, die sich auf der Suche nach den von ihnen gewünschten Unterhaltungserlebnissen nahezu überall hinwenden" (Jenkins 2006a: 2). So verstanden ist Konvergenz ein „cultural shift" (Jenkins 2006a: 2) und allgemein kennzeichnend für gegenwärtige Populärkulturen: Konsumierende sind in der „Konvergenzkultur" viel stärker in Prozesse der Medienproduktion eingebunden, als dies zuvor der Fall war. Entsprechend führt Jenkins aus: „Konvergenz ermutigt zur Partizipation und kollektiven Intelligenz" (Jenkins 2006a: 245).

Die Beispiele der Arbeiten von Gauntlett und Jenkins verdeutlichen auf anschauliche Weise, wie der Utopismus aus den Anfängen der Cyberkulturforschung nach wie vor in der wissenschaftlichen Beschäftigung mit aktuellen

2.4 Technisiert, aber keine Cyberkultur

Aneignungen des Internets greifbar wird. Bei näherem Hinsehen verwundert dies auch nicht weiter. Hilfreich sind hier die Ausarbeitungen Manuel Castells – (Stadt)Soziologe und einer der bekanntesten Internetforscher – dazu, was er „Kultur des Internets" (Castells 2005: 47) genannt hat. Bezieht man die Überlegungen von Castells mit ein, so verweist vieles vom Utopismus der historischen wie aktuellen Beschäftigung mit Cyberkultur zurück auf eine Internetkultur als „Produktionskultur" (Negus 2002), die den frühen Akteuren des Internets eigen war. Mit Internetkultur meint Castells demnach „die Kultur der Schöpfer des Internets [...] [als] eine Reihe von verhaltensbestimmenden Wert- und Glaubensvorstellungen" (Castells 2005: 47). Wie Castells herausarbeitet, konstituiert sich die so verstandene Internetkultur aus vier kulturellen Momenten. Dies ist erstens die techno-meritokratische Kultur, die im Wissenschaftsbetrieb und den Naturwissenschaften verankert ist und in ihrer Gelehrtentradition vor allem „peer review" und den freien Zugang zu Wissen betont. Zweitens ist die Hacker-Kultur zu nennen, die die Freiheit von technischer Entwicklung bzw. ungehinderter Kommunikation betont und als deren aktuell sichtbarste Zeugnisse die Open-Source-Bewegung und WikiLeaks gelten können. Die dritte ist die virtuelle kommunitäre Kultur, die auf die Verwirklichung alternativer Lebensweisen in und durch Online-Communities abzielt. Schließlich kommt viertens eine bestimmte unternehmerische Kultur hinzu. In dieser konkretisiert sich Unternehmertum auf eine besondere Weise, da sich „Internet-Unternehmer [...] eher [als] Schöpfer [denn] als Geschäftsleute" (Castells 2005: 71) begreifen. Sie streben gewissermaßen eine Flucht aus der Gesellschaft an, indem sie Technologie zu extremer Wertschöpfung zu nutzen suchen und eine darauf beruhende „persönliche Akkumulation von Reichtum" (Castells 2005: 70) sie von weiteren Zwängen befreit. Diese vier Momente von Kultur kumulieren als „Schichten" zu dem, was Manuel Castells die Kultur des Internets nennt:

> Die Kultur des Internets ist eine Kultur bestehend aus einem technokratischen Glauben an den menschlichen Fortschritt durch Technologie, der von Hacker-Gemeinschaften ins Werk gesetzt wurde, die sich aus freier und offener technologischer Kreativität speisten; eine Kultur eingebettet in virtuelle Netzwerke, die sich zum Ziel setzten, die Gesellschaft neu zu erfinden, und die von geldgetriebenen Unternehmernaturen so materialisiert wurde, dass die Mechanismen der neuen Wirtschaftsform entstanden. (Castells 2005: 73)

Betrachtet man die zuvor diskutierten Utopismen von Cyberkultur aus einem solchen Blickwinkel, so stehen deren Argumente letztlich für das, was man im Sinne von Castells als Produktionskultur des heutigen Internets – kurz: als Internetkultur – bezeichnen kann. Etwas anderes ist allerdings die Frage, welche Bedeutung das Internet bzw. digitale Medien(-technologien) für gegenwärtige Kulturen haben. Begreift man dies als den zentralen Blickwinkel einer Beschäftigung mit Medienkultur, wird deutlich, dass heutige Medienkulturen gerade nicht einfach Cyberkulturen sind, und man sehr vorsichtig damit sein muss, die internetbezogenen Utopien, aber auch Dystopien, zum Bezugspunkt jeglicher Beschreibung von Medienkultur zu machen. Die Sachlagen sind – wie Castells Argumente allein schon an diesem Punkt verdeutlichen – wesentlich komplexer.

Auch wenn es in einem solchen Sinne verkürzend wäre, (heutige) Medienkultur als Cyberkultur zu beschreiben, können wir doch einige Punkte von der Cyberkulturforschung lernen. Deutlich macht die Cyberkulturforschung nämlich erstens, welchen Stellenwert Medientechnologien für den Wandel heutiger Medienkulturen haben. Zweitens zeigt sie, wie die Veränderung unserer Formen des Kommunizierens auch auf den Wandel der ‚Dinge‘, mit denen wir kommunizieren, verweist. Und drittens wird durch die Cyberkulturforschung greifbar, in welchem Maße es notwendig ist, auf andere Weise als bisher über unsere Beziehungen zu diesen ‚medientechnologischen Dingen‘ nachzudenken. Dabei hat die Cyberkulturforschung vor allem verdeutlicht, dass die Etablierung der digitalen Medien – allen voran der Medien des Internets – auf einen umfassenden Veränderungsschub von Kultur verweist. Wenngleich Medienkultur damit nicht zur Cyberkultur wird, gilt es entsprechend zu berücksichtigen, dass heutige Medienkulturen technisierte Kulturen sind.

Mediatisierung von Kultur 3

Wie wir im letzten Kapitel gesehen haben, gibt es verschiedene Punkte, die berücksichtigt werden müssen, wenn wir klären wollen, was Medienkultur ist: Sicherlich ist sie keine Massenkultur, keine Leitmedienkultur, kein Kulturprogramm und auch keine Cyberkultur. Aber uns muss bewusst sein, dass Medienkultur auf die zunehmende Omnipräsenz von Medienkommunikation abhebt, dass verschiedene Medien dabei auf unterschiedliche Weise prägend bzw. wirklichkeitskonstitutiv sind und dass Fragen der Technologisierung von Kommunikation einzubeziehen sind. Wie ich nun zeigen möchte, sollten wir gerade vor dem Hintergrund dieser Punkte den Ausdruck ‚Medienkultur' als einen Kurzbegriff für die Mediatisierung von Kultur begreifen. Dies ermöglicht es, die verschiedenen Fragen von Omnipräsenz, Prägung, Wirklichkeitskonstitution und Technisierung zu behandeln, ohne aber zu einem wie auch immer eingeengten Verständnis zu kommen.

Was meint nun aber Mediatisierung? In einer ersten Annäherung kann man diese Frage klären, indem man auf Überlegungen des britischen Mediensoziologen John B. Thompson verweist. Dieser setzt sich in seinem Buch „The media and modernity" damit auseinander, wie die Entwicklung einer europäischen Moderne auf die Etablierung von Medien verweist. Dieser Stellenwert der Medien sei in der bisherigen Forschung aber nicht angemessen berücksichtigt worden.

Thompsons Ausgangspunkt ist, dass sich die Klassiker der Sozialwissenschaften, Sozialhistoriker und historisch arbeitende Soziologen mit den Hauptlinien der Transformationen von Institutionen an der Schnittstelle von Spätmittelalter und Moderne auseinandergesetzt haben (vgl. Thompson 1995: 45). Hierbei wurde zunächst auf den ökonomischen Wandel vom europäischen Feudalismus hin zu einem neuen System der kapitalistischen Produktion und des (Börsen-)Handels hingewiesen, daneben auf den politischen Wandel einer Vielzahl von Fürsten- und Königtümern zu Nationalstaaten sowie auf den militärischen Wandel, der diese Nationalstaaten zu Trägern der einzig legitimen Gewalt gemacht hat. Sehr widersprüchlich bleiben in der bisherigen Forschung aber – so John B. Thompson – die Aussagen zum kulturellen Wandel. Dies liegt seines Erachtens daran, dass nicht angemessen in den Blick genommen wurde, welchen Stellenwert Medienkommunikation in einem solchen Wandel hat: Es ging immer wieder darum, ob bzw. inwieweit, und falls ja, welche Werte sich mit dem Entstehen der Moderne geändert hätten, wobei die Ergebnisse dazu sehr uneinheitlich waren. Im Kern lässt sich der kulturelle Wandel aber viel klarer an etwas anderem als Werten festmachen, nämlich an symbolischen Formen. Und hier kommt der Ausdruck der Mediatisierung – oder, wie John B. Thompson es nennt: der „mediazation" – von Kultur ins Spiel:

> Wenn wir uns zuerst einmal nicht auf Werte, Einstellungen und Glauben konzentrieren, sondern eher auf symbolische Formen und deren Modi der Produktion und Zirkulation in der sozialen Welt, sollten wir sehen, dass mit dem Aufkommen moderner Gesellschaften im Spätmittelalter und der Frühen Neuzeit eine systematische kulturelle Transformation zu greifen begann. Kraft einer Serie technischer Innovationen verbunden mit Druck und dann mit der elektronischen Kodifizierung von Information wurden symbolische Formen in einem Ausmaß produziert, reproduziert und zirkuliert, das ohnegleichen war. Muster der Kommunikation und Interaktion begannen sich auf eine grundlegende und unumkehrbare Weise zu wandeln. Diese Wandlungen, die das umfassen, was man grob die ‚Mediatisierung von Kultur' nennen kann, hatten eine klare institutionelle Basis, nämlich die Entwicklung von Medienorganisationen, die zum ersten Mal in der zweiten Hälfte des fünfzehnten Jahrhunderts aufkamen und die seitdem ihre Aktivitäten ausdehnten. (Thompson 1995: 46)

Mediatisierung ist dabei für John B. Thompson kein linearer Vorgang, sondern durch verschiedene Schübe gekennzeichnet. Zumindest spricht er für die 1990er Jahre von einer „extended mediazation" (Thompson 1995: 110). Hierunter versteht er die zunehmende Selbstreferenzialität von Massenkommunikation, d. h., dass in Zeitungen oder im Fernsehen andere Mediennachrichten – wie beispielsweise das Zeitungsinterview eines Politikers vom Vortag – selbst zum Gegenstand der Berichterstattung werden. Insgesamt macht Thompson eine „Mediatisierung von Traditionen" (Thompson 1995: 180) aus, worunter er die Transformation von gelebten Traditionen hin zu symbolischen Inhalten versteht. Diese kam dadurch zustande, dass mit medialer Vermittlung Traditionen an anderen Orten als denen ihres Ursprungs kommunizierbar wurden. Um hier ein heutiges Beispiel zu nennen: Man muss nicht in den USA leben, um die Tradition des Halloween zu kennen. Hierzu tragen entsprechende Filme bei.

3 Mediatisierung von Kultur

Wir finden in diesen nun schon vor einigen Jahren formulierten Überlegungen von John B. Thompson eine sehr gute Annäherung an das, was ich im Folgenden als Mediatisierung von Kultur charakterisieren möchte. So wird deutlich, dass Mediatisierung kein kurzfristiger Vorgang ist, den wir erst mit der Etablierung der digitalen Medien erleben, sondern ein langanhaltender Prozess. Ebenso wird greifbar, dass es nicht einfach um Medienwandel geht, sondern um den Wandel von symbolischen Formen und damit von Kommunikation, in den Medien eingebunden sind. Und es wird ersichtlich, dass dieser Prozess der Mediatisierung durchaus schubweise verlaufen kann, dass es hier bestimmte Einschnitte und Umbrüche gibt. Im Kern – und dies erscheint mir als der Hauptpunkt – zeigt das Zitat von John B. Thompson, dass Mediatisierung eine Begrifflichkeit ist, die *Wechselverhältnisse* fassen möchte, nämlich die Wechselverhältnisse zwischen dem Wandel von Medien und Kommunikation einerseits und dem Wandel von Kultur und Gesellschaft andererseits.

Dies verweist auf den Argumentationsbogen des nun folgenden Kapitels. Einsteigen möchte ich damit, den Begriff der Mediatisierung in Abgrenzung zu dem der Vermittlung (Englisch: „mediation") zu schärfen. Dies führt dann zu einer Auseinandersetzung mit dem Gedanken, dass eine Forschung zu Mediatisierung insbesondere auf Fragen der Logik(en) von Medien abheben sollte. In einer Kritik hieran komme ich zu der Position, Mediatisierung als Metaprozess bzw. Panorama zu begreifen, um mich dann abschließend intensiver mit den Prägkräften der Medien als Teil dieses Metaprozesses auseinanderzusetzen. Hiermit kommt man auch zur Frage einer angemessenen Theoretisierung von Technologie zurück.

3.1 Mediatisierung und Vermittlung

Insbesondere in der englischsprachigen Wissenschaftslandschaft gibt es eine Kontroverse über die Abgrenzung der Begriffe „mediatization" und „mediation" – im Deutschen würde man sagen: Mediatisierung und Vermittlung. Dass es gewisse Unschärfen zwischen beiden Begrifflichkeiten gibt, verdeutlichen Argumente von Nick Couldry (2008) und Sonia Livingstone (2009: 6f.), beides britische Kommunikations- und Medienwissenschaftler. Deren Überlegungen treffen sich in dem Punkt, dass sie zumindest tendenziell für den Begriff der Vermittlung statt den der Mediatisierung stimmen. Allerdings ist darauf hinzuweisen, dass Couldry (2012, 2013) mittlerweile selbst die Produktivität des Konzepts der Mediatisierung betont. Ich werde hierauf später zurückkommen. Zuerst einmal geht es mir um eine – wenn auch kursorische und sicherlich nicht vollständige – Annäherung an den Begriff der Vermittlung. Dieser ist in Differenz zu dem der Mediatisierung zu sehen. Darauf hat bereits früh der aus Ungarn stammende US-amerikanische Soziologe Ernest Manheim (1933) in seiner in Deutschland verfassten Habilitationsschrift „Die Träger der öffentlichen Meinung" hingewiesen. In diesem Buch hat er sich bereits mit der Mediatisierung direkter menschlicher Beziehungen befasst, die für ihn mehr bedeutet als einfache Vermittlung (Averbeck-Lietz 2014).

Generell ist zu sagen, dass „Vermittlung" bzw. „mediation" nicht nur im englischen Sprachraum ein wichtiger Begriff der Medien- und Kommunikationsforschung ist. Auch im deutschen Sprachraum sind die Anfänge dessen, was wir heute Kommunikations- und Medienwissenschaft nennen, eng mit Fragen der Vermittlung verbunden. Verweisen kann man diesbezüglich auf einen (fast vergessenen) Klassiker der Zeitungswissenschaft, nämlich Otto Groth. Dieser bleibt nicht zuletzt deswegen bis heute interessant, weil er seit den 1920er Jahren eine Perspektive auf die Zeitungswissenschaft als eine empirische Kulturwissenschaft entwickelt hat (siehe dazu Hepp 2004: 27–44; Langenbucher 1998; Wagner 1998). Unter anderem aufgrund der Instrumentalisierung der Zeitungswissenschaft durch das NS-Regime – die selbst von Groth (1948) in einer „Geschichte der deutschen Zeitungswissenschaft" kritisch hinterfragt wurde – konnte sein sechsbändiges Hauptwerk „Die unerkannte Kulturmacht" erst in den 1960er Jahren erscheinen.

Zentral in diesem Werk ist für Groth die Kategorie der *Vermittlung*: Er setzt in seinem Entwurf einer Zeitungswissenschaft nicht bei den Journalisten als ‚Sendern' an, die eine Nachricht ‚Empfängern' ‚übermitteln' wollen, sondern bei dem „Kulturwerk" der Zeitung selbst. Der Sinn der Zeitung bzw. des Periodikums ist demnach die „Vermittlung sozialer Kommunikation", ein Konzept, das explizit gegen eine Reihe von „Transmissionsmodellen" (Grossberg et al. 1998: 16) gerichtet ist, die in der Anfangszeit der deutschsprachigen Zeitungswissenschaft verbreitet gewesen sind. So wendet sich Groth gegen Vorstellungen, die Zeitung sei ein journalistisches „Ausdrucksmittel", wie sie beispielsweise Hans Traub (1933) mit Fokus auf Journalistinnen und Journalisten als Produzierende formuliert hat. Groths Hauptgegenargument ist, dass der Ausdruck bestimmter Inhalte nur eine „Vorbedingung" (Groth 1960: 544) der Vermittlungsfunktion der Zeitung ist. Es geht ihm darum, diese „Wechselseitigkeit" zwischen Medienschaffenden und Rezipierenden weitergehend zu berücksichtigen.

Grundlegende Voraussetzung jeder Vermittlungsnotwendigkeit sei einerseits

ein Zwischenraum oder ein Unterschied, eine Distanz oder eine Spannung körperlicher oder geistiger Art zwischen den Partnern, deren Überbrückung, Beseitigung oder Lösung verlangt wird. Andererseits ist die Fähigkeit der Beziehungspunkte zur Vermittlung eine weitere Voraussetzung, also bei aller Trennung und Unterschiedlichkeit doch eine *Verbindung und Übereinstimmung*. (Groth 1960: 564, Herv. i. O.)

3.1 Mediatisierung und Vermittlung

Dieser „Zwischenraum" bzw. diese „Distanz" verweist für Groth zunächst einmal auf die Kommunikationspartner in einer Gesellschaft, zwischen denen ein Medium vermittelt. Über diese enge Modellkonzeption des Kommunikationsprozesses hinaus hat die bestehende „Distanz" aber weitergehende kulturtheoretische Implikationen. So sind nach Groth in der „den ganzen Erdball umspannenden und dabei weitgehend individualisierten Kulturgesellschaft des Hochkapitalismus die Zwischenräume und Spannungen zwischen den Menschen zahlreicher" (Groth 1960: 615) geworden. Auf der einen Seite lassen sich Atomisierungs- und Vereinzelungsprozesse ausmachen. Auf der anderen Seite existieren im „Hochkapitalismus" Dynamiken der Vermassung und Uniformierung. Letztendlich besteht dabei eine kulturelle Notwendigkeit zur Vermittlung gerade *aufgrund* des Eingebundenseins der Kommunikationspartner in verschiedene (lokale) Kontexte.

Bereits in solchen Überlegungen, die Jahrzehnte zurückliegen, werden die Kernpunkte eines angemessenen Verständnisses von Vermittlung deutlich: Mit diesem Begriff ist ein Blick auf Medienkommunikation verbunden, der deren Betrachtung als „Transmission" gemäß der sogenannten Lasswell-Formel „who says what in which channel to whom with what effect?" (Lasswell 1961: 117) überwindet. Es geht also um die Theoretisierung einer hoch komplexen Vermittlungsbeziehung zwischen unterschiedlichen Akteuren, wie sie auch in direkter Kommunikation besteht, sich gleichwohl aber ändert, wenn Medien Teil dieses Vermittlungsprozesses werden. Entsprechend geht es bei einer Beschäftigung mit dem Verhältnis der Konzepte von „mediation" und „mediatization" also nicht nur darum, beide voneinander abzugrenzen. Mindestens ebenso wichtig ist es zu klären, was eine Mediatisierungsforschung von einer Beschäftigung mit und Theoretisierung von Prozessen der medialen Vermittlung lernen kann.

Für die internationale Diskussion waren aber weniger deutsche Theoretiker Referenzpunkt, sondern insbesondere lateinamerikanische und hier vor allem Jesús Martín-Barbero. Martín-Barbero ist ein in Spanien geborener Kommunikations- und Kulturwissenschaftler, der weite Teile seiner Laufbahn in Kolumbien und Mexiko lehrte. Er forderte in dem ursprünglich 1987 erschienenen Buch „Communication, culture and hegemony" eine Umorientierung der Kommunikations- und Medienforschung „from media to mediations" (Martín-Barbero 1993: 187). Hierbei geht es ihm zuerst einmal darum, (Medien-)Kommunikation als den Treffpunkt sehr unterschiedlicher konfligierender und integrierender Kräfte zu begreifen und entsprechend zu analysieren. Wichtig sei eine Beschäftigung mit der sozialen Situiertheit von Medienkommunikation: „Wir mussten den Blick auf das ‚zulässige Objekt' lockern, um den Zugang zur Bewegung des Sozialen in der Kommunikation zu finden, zu Kommunikation im Prozess" (Martín-Barbero 1993: 203).

Hintergrund dafür ist eine Erfahrung, die er mit anderen lateinamerikanischen Sozial- und Kulturwissenschaftlern teilt, nämlich, dass zu diesem Zeitpunkt bestehende Ansätze der Beschreibung von (Massen-)Medien als einer Instanz von Ideologie und Informationsvermittlung nicht hinreichend sind, um die zunehmend „hybriden Kulturen" (García Canclini 1995) Lateinamerikas mit ihren globalisierten Konflikten und Kommerzialisierungen zu fassen. Deswegen entwickelt Martín-Barbero einen Zugang, der „mit den [medialen] Vermittlungen [dort] beginnt, wo die soziale Materialisierung und der kulturelle Ausdruck [...] begrenzt und gestaltet werden" (Martín-Barbero 1993: 215). Dies ist für ihn das soziale Leben der Familie, die soziale Zeitlichkeit und die kulturelle Kompetenz. Bei der Familie geht es nicht einfach darum, diese als Kontext der Aneignung von Medien – insbesondere des Fernsehens – zu sehen. Sie ist ebenso Gegenstand der Medien und ihrer Erzählungen. Man hat es also bei den Formaten des Fernsehens mit „Vermittlern" (Martín-Barbero 1993: 216) zwischen der Alltagswelt und einer fiktionalen Welt der Familie zu tun. Ähnliches gilt für soziale Zeitlichkeit, wo Serien und Genres des Fernsehens „die Vermittler zwischen der Zeit des Kapitals und der Zeit der alltagsweltlichen Erfahrung" (Martín-Barbero 1993: 219) sind. Und bei kultureller Kompetenz kann festgehalten werden, dass das Fernsehen heutzutage eine zentrale Vermittlungsinstanz ist.

Wir haben es nach den Überlegungen von Martín-Barbero damit bei der Medien- oder konkreter der Fernsehkommunikation mit einem Prozess der Vermittlung der „Logiken von Produktion und Nutzung" (Martín-Barbero 1993: 221) zu tun. Es ist also nicht einfach so, dass beispielsweise eine kapitalistische Logik der Produktion auf die Logiken der Nutzung und damit den Alltag der Menschen einwirkt. Viel komplexer geht es ihm um das Vermitteln verschiedener Logiken im Plural. Dabei erscheinen bezogen auf das Fernsehen die Genres als die zentralen Vermittlungsinstanzen. Wie Martín-Barbero es selbst fasst:

> Die Genres sind die Vermittlung zwischen der Logik des Produktionssystems und den Logiken der Nutzung. [...] Die Erforschung von Genres als Strategien der Interaktion oder als Arten, in denen Sender und Empfänger ihre kommunikativen Fähigkeiten organisieren und erkennbar machen, ist unmöglich, ohne die Bedeutung von Kommunikation zu rekonzeptionalisieren. [...] Wenn man Genres als Momente der *Aushandlung* sieht, kann man sie nicht in Begrifflichkeiten der Semantik oder Syntax fassen. Sie benötigen die Konstruktion einer kommunikativen Pragmatik, die den Prozess ihrer Anerkennung durch eine kulturelle Gemeinschaft fasst. (Martín-Barbero 1993: 224f., Herv. i. O.)

Dieses Zitat von Jesús Martín-Barbero macht den Kern seines Zugangs zu Medienkommunikation als Vermittlungsprozess plastisch: Er zielt darauf ab, die Interaktion in ihrer Gesamtheit zu erfassen und ausgehend hiervon Fragen beispielsweise

3.1 Mediatisierung und Vermittlung

der Kommunikationsmacht zu behandeln. Damit richtet er sich gegen all solche Betrachtungsweisen, die Medienkommunikation primär aus Sicht der Produktionsseite fassen möchten. Dies wäre vereinfachend, da eine Durchsetzung der „Logik des Produktionssystems" (Martín-Barbero 1993: 224) in anderen Sphären des Sozialen bevorzugt werden würde und nicht die „Momente der Aushandlung" (Martín-Barbero 1993: 224), die eigentlich konstitutiv für Kommunikation sind.

Hat man ein solch breites Verständnis von Medienkommunikation als Vermittlung, kann man auch das immer wieder zitierte Encoding-Decoding-Modell von Stuart Hall (1980) oder weitere Ansätze, die Medienkommunikation in einem „Kreislauf der Kultur" sehen, als vermittlungstheoretische Konzepte begreifen (siehe beispielsweise Johnson 1986; du Gay et al. 1997). Über solche allgemeinen Grundverständnisse hinaus, die Lawrence Grossberg, Ellen Wartella und Charles D. Withney (Grossberg et al. 1998: 18) als „kulturelles Modell" von Kommunikation charakterisiert haben, war es gleichwohl insbesondere der britische Kommunikations- und Medienwissenschaftler Roger Silverstone, der sich mit der Vermittlung als einem grundlegenden kommunikations- und medienwissenschaftlichen Schlüsselkonzept auseinandergesetzt hat.

Ähnlich wie Jesús Martín-Barbero, aber ohne auf diesen Bezug zu nehmen, charakterisiert Roger Silverstone in dem im Jahr 2007 auf Deutsch unter dem Titel „Anatomie der Massenmedien" erschienenen Buch „Why study the media?" (orig. 1999) Medienkommunikation grundlegend als einen „Prozess der Vermittlung" (2007: 33). Er betont, dass der „mediale Vermittlungsprozess" sich nicht in einem Zwei-Stufen-Prozess der Kommunikation im Sinne der kommunikations- und medienwissenschaftlichen Klassiker Elihu Katz und Paul Lazarsfeld (1955) erschöpft. Es geht also nicht nur um die Gespräche mit Meinungsführern über Medieninhalte. Silverstone sieht diese Vermittlung mehr noch als Martín-Barbero als einen viel weitergehenden Prozess, der letztlich omnipräsent das gesamte gegenwärtige Alltagsleben kennzeichnet, indem wir uns alle „regelmäßig und unablässig mit medial vermittelten Inhalten auseinandersetzen" (Silverstone 2007: 42). In der Medienforschung kann es für ihn entsprechend nicht nur darum gehen, die in Medientexten und -technologien greifbar werdende „Mechanik der Vermittlung" (Silverstone 2007: 63, 78) zu analysieren. Dies ist aus seiner Sicht ein erster Schritt, aber nicht hinreichend. Darüber hinaus muss es um ein „genaues Verständnis für die historische, soziologische und anthropologische Verortung von Texten, ihren Inhalten und Behauptungen" (Silverstone 2007: 78f.) im Alltagsleben gehen. Diese Akzentsetzung ist in der Argumentation von Silverstone insbesondere begründet in der von ihm konstatierten prinzipiellen Unabgeschlossenheit medialer Vermittlung, die einen „endlosen Prozess" bildet:

Mediale Vermittlung hingegen ist ein endloser Prozess, sie entsteht, wenn Texte in den Worten, Handlungen und Erfahrungen des Alltags ihre Bedeutung entfalten, wenn sie der allgemeinen Öffentlichkeit oder speziellen Publika dargeboten werden. [...] In diesem Sinne ist die mediale Vermittlung weniger determiniert, sie ist offener, einzigartiger, es sind mehr Menschen beteiligt, und sie kann, vielleicht, leichter missbraucht werden. (Silverstone 2007: 38)

Diese hier exemplarisch herausgegriffenen Theoretisierungen von „Vermittlung" bzw. „mediation" verdeutlichen, wo der Fluchtpunkt der Diskussion um dieses Konzept liegt: Es geht darum, einen Blickwinkel auf Medienkommunikation zu entwickeln, der ihrer Verflechtung mit sozialen und kulturellen Zusammenhängen bzw. Prozessen gerecht wird. Hierbei wird gezielt mit einem Blickwinkel gebrochen, der – gewissermaßen in einem linearen Verständnis – von der Medienproduktion ausgeht, hieraus bestimmte Spezifika von Medien(-inhalten) ableitet, um dann deren Rezeption und Wirkung zu betrachten. Mit dem Konzept der Vermittlung ist ein komplexerer Zugang verbunden, der auf (durchaus machtgeprägte) Wechselverhältnisse abzielt, die sich im Prozess der Medienkommunikation konkretisieren. Mit einem solchen Blickwinkel nähert sich nicht nur die lateinamerikanische Medien- und Kulturforschung den in Europa etablierten Cultural Studies an (Martín-Barbero 2006). Wir haben es zudem mit einem Grundkonzept zu tun, das generell für den Zugang einer kulturanalytisch orientierten Medien- und Kommunikationsforschung steht (Silverstone 2005). In diesem Sinne hat der schwedische Kultur- bzw. Kommunikations- und Medienwissenschaftler Johan Fornäs davon gesprochen, dass „Vermittlung ein Schlüsselkonzept der Cultural Studies" (Fornäs 2000: 48, siehe auch Fornäs 2013) ist.

Solche Argumente sind von einigem Gewicht, und ich möchte hier auch *nicht* gegen das Konzept der Vermittlung als einem Schlüsselkonzept der Kommunikations- und Medienwissenschaft sowie der Cultural Studies argumentieren. Die bis hierher umrissenen Positionen sind stark, und es spricht vieles dafür, Medienkommunikation allgemein als einen Prozess der Vermittlung zu sehen und gerade nicht als Informationsübertragung, wie es in den Anfängen der Medienforschung gemacht wurde. Auch den Überlegungen Roger Silverstones zur prinzipiellen Unabgeschlossenheit dieses Vermittlungsprozesses ist kaum etwas hinzuzufügen.

Gerade aufgrund dieses grundlegenden Charakters des Konzepts der Vermittlung erscheint es mir aber nicht zielführend, „mediation" und „mediatization" einander *als konfligierende Konzepte* gegenüberzustellen. Der Grund ist nicht, dass man aus einer solchen Gegenüberstellung nichts lernen könnte. Insbesondere kann Nick Couldry (2008) zeigen, dass Mediatisierung als Konzept zumindest in bestimmten Varianten zu einer gewissen Linearität tendiert, die das Konzept der Vermittlung gerade in der Akzentuierung von Jesús Martín-Barbero oder Roger Silverstone nicht hat.

3.1 Mediatisierung und Vermittlung

Problematisch wird eine solche Gegenüberstellung aber dann, wenn sie implizit suggeriert, beide Konzepte würden sich *auf derselben Ebene* bewegen: Beide Begriffe würden darauf abzielen, das gleiche zu fassen, und müssten deshalb voneinander abgegrenzt werden. Bezieht man sich allerdings auf die eingangs zitierten Überlegungen von John B. Thompson, so wird deutlich, dass das Konzept der Mediatisierung wesentlich spezifischer ist als das der Vermittlung. Während Vermittlung geeignet ist, jeden Prozess der Medienkommunikation in seiner allgemeinen Charakteristik zu beschreiben, geht es bei Mediatisierung darum, etwas anderes zu theoretisieren, das allerdings auf der Vermittlung von Medienkommunikation beruht: *Mediatisierung sucht zu fassen, wie die historische Veränderung von Medienkommunikation mit weiteren Wandlungsprozessen zusammenhängt.* Entsprechend setzt Mediatisierung eine Vermittlung durch Medienkommunikation *voraus*. Die Betrachtung von Mediatisierungsprozessen bewegt sich gleichwohl auf der Ebene weitergehender Wandlungsprozesse, die im Einzelfall mit einer Vielzahl von spezifischen Vermittlungen durch Medienkommunikation einhergehen. Folglich lautet die Frage nicht, ob wir das Konzept der Mediatisierung *oder* das der Vermittlung benötigen, um uns mit heutigen Medienkulturen zu befassen. Vielmehr benötigen wir beide, weil sie Unterschiedliches bezeichnen.

3.2 Medienlogik(en)

Betrachtet man die bisherige Mediatisierungsforschung genauer im Hinblick darauf, *wie* in ihr Mediatisierung gefasst und operationalisiert wird, so taucht immer wieder ein Konzept auf, das auch bei Jesús Martín-Barbero Erwähnung fand, nämlich das der Logik. Der in der Mediatisierungsforschung verwendete Singular ‚Medienlogik' verdeutlicht aber bereits, dass der Begriff der Logik eine andere Akzentsetzung erfährt als bei Martín-Barbero: Es geht nicht um die Logiken des Wechselverhältnisses von Produktion und Nutzung, sondern um eine Medienlogik, die mit einer fortschreitenden Mediatisierung zunehmend Bereiche ‚jenseits der Medien' beeinflusst. Wie wir noch sehen werden, steht dahinter ein bestimmter Begriff von Medien, nämlich von Medien als Institutionen der Massenkommunikation – allen voran des Fernsehens.

Der Begriff der Medienlogik wird dabei immer wieder auf das gleichnamige Buch der US-amerikanischen Kommunikations- und Medienwissenschaftler David L. Altheide und Robert P. Snow (1979) rückgeführt. Ausgangspunkt dieses Buchs ist eine Kritik an der damaligen US-amerikanischen Massenkommunikationsforschung, die den Blick auf Medieninhalte und ihre Publikumswirkung lenkte. Basierend auf grundlegenden Ansätzen des symbolischen Interaktionismus, der Ethnomethodologie und der Phänomenologie kritisieren Altheide und Snow einen solchen Zugang als nicht zielführend, weil so „die Rolle von Medien in unserem Leben" (Altheide und Snow 1979: 7) auf einzelne Wirkvariablen reduziert wird. Um diese „Rolle von Medien" zu erfassen, erscheint es aber notwendig, danach zu fragen, *wie* letztere als eine „Form von Kommunikation" (Altheide und Snow 1979: 9) unsere Sicht und unsere Interpretationen des Sozialen verändern. Das Konzept der Medienlogik zielt darauf ab, dies zu fassen. In ihren eigenen Worten definieren Altheide und Snow diese Medienlogik wie folgt:

> Allgemein gesprochen ist eine *Medienlogik* eine Form von Kommunikation; der Prozess, durch den Medien Information präsentieren und übermitteln. Elemente dieser Form umfassen die verschiedenen Medien und die Formate, die von diesen Medien genutzt werden. Formate bestehen in Teilen aus der Art und Weise, in der Stoffe organisiert werden, aus dem Stil ihrer Präsentation, aus dem Fokus auf oder der Betonung von bestimmte(n) Charakteristika des Verhaltens, und aus der Grammatik der Medienkommunikation. Formate sind ein Rahmen oder eine Perspektive, die verwendet wird, um Phänomene sowohl zu präsentieren als auch zu interpretieren. [...] Folglich wurde die Logik von Medienformaten eine solche Selbstverständlichkeit sowohl für Kommunikatoren als auch Empfänger, dass sie als ein wichtiger Faktor zum Verständnis von Medien übersehen wurde. (Altheide und Snow 1979: 10, Herv. i. O.)

Eine Medienlogik lässt sich – wie Altheide und Snow in kritischer Auseinandersetzung mit den soziologischen Klassikern Georg Simmel und Erving Goffman feststellen (Altheide und Snow 1979) – also nicht an den Inhalten festmachen, sondern an der Form von Medienkommunikation. Diese verstehen sie als einen „prozessualen Rahmen, *durch den* soziales Handeln geschieht" (Altheide und Snow 1979: 15, Herv. i. O.) – in diesem Fall das soziale Handeln der Kommunikation. Diese Medienlogik als Form zeigt sich insbesondere in den Formaten der Massenkommunikation, die Altheide und Snow – an dieser Stelle mit Jesús Martín-Barbero durchaus vergleichbar – als ein verbindendes Element im gesamten Vermittlungsprozesses der Medienkommunikation ansehen. An diesem Grundverständnis von Medienlogik halten die beiden Autoren auch in späteren Publikationen fest, wenn sie eine Analyse der Formen und Formate medialer Vermittlung einfordern (vgl. beispielsweise Altheide 2004, 2013; Altheide und Snow 1988).

Ausgehend von diesen Überlegungen charakterisieren Altheide und Snow in Anlehnung an James Monaco (1978) bereits Ende der 1970er Jahre die US-amerikanische Kultur als eine Medienkultur. Hierunter verstehen sie, dass in ihr die Medienlogik zunehmend Institutionen beeinflusst, die im engeren Sinne keine Medieninstitutionen sind. Als Beispiele nennen sie Religion, Politik und Sport. Diese

3.2 Medienlogik(en)

Institutionen – oder, wie wir vielleicht heute sagen würden: diese sozialen Felder – zeichnen sich für Altheide und Snow allesamt dadurch aus, dass sich deren Wirklichkeiten zunehmend entlang einer Medienlogik artikulieren. Oder, um hier nochmals wörtlich zu zitieren: Die „Formen und Inhalte dieser Institutionen werden umgeschrieben [...], jede größere Institution wurde ein Teil der Medienkultur" (Altheide und Snow 1979: 11).

Es ist dieses Grundverständnis von Mediatisierung als *Durchsetzung* einer zuerst einmal mit den Institutionen der Massenkommunikation verbundenen Medienlogik in anderen Institutionen, sozialen Feldern oder sozialen Systemen, die den Kern etlicher Arbeiten in diesem Bereich bildet (vgl. Mazzoleni 2008b; Meyen 2009; Schrott 2009; Strömbäck und Esser 2009). Die vielleicht prominentesten unter solchen Zugängen sind die von Winfried Schulz und Stig Hjarvard, weswegen ich sie im Weiteren näher betrachten möchte.

Zum Teil auf Überlegungen zurückgreifend, die er zusammen mit Gianpietro Mazzoleni (Mazzoleni und Schulz 1999) entwickelt hat, unternahm der deutsche Kommunikations- und Medienwissenschaftler Winfried Schulz (2004) den Versuch einer „Rekonstruktion von Mediatisierung als einem analytischen Konzept". Dabei ist bei ihm die Durchsetzung einer Medienlogik nur noch *ein* Moment von Mediatisierung, wenn er vier Aspekte von Mediatisierung ausmacht: Extension („extension"), Substitution („substitution"), Verschmelzung („amalgamation") und Anpassung („accommodation").

Mit dem Begriff der *Extension* fasst Schulz den bereits von Marshall McLuhan (McLuhan und Lapham 1994) im Rahmen der Mediumstheorie konstatierten Gedanken, die Medien seien „extensions of man", also Erweiterungen der Möglichkeiten kommunikativen Handelns im Hinblick auf Ort, Zeit und Ausdrucksmöglichkeiten. Mediatisierung bedeutet dann, dass sich die Möglichkeiten menschlichen kommunikativen Handelns gesteigert haben. Durch Medien kann man orts- und zeitübergreifend kommunizieren und hat zusätzliche Mittel, um sich auszudrücken. *Substitution* fasst, dass Medien ganz oder teilweise soziale Aktivitäten und soziale Institutionen ersetzen. Schulz verweist auf Video- und Computerspiele, die Arten des Face-to-Face-Spielens ersetzen. Es geht also darum, wie medienvermittelte Formen von Kommunikation nicht-medienvermittelte ‚verdrängen' (können), was ein weiteres Moment von Mediatisierung ist. Mit *Verschmelzung* wird beschrieben, dass sich medienbezogenes und nicht-medienbezogenes Handeln zueinander entgrenzen. Man kann beispielsweise an die Alltagswelt denken, in der wir nicht-medienbezogenes Handeln (Autofahren) gemeinsam vollziehen mit medienbezogenem Handeln (Radiohören), oder in der bei beruflichen Tätigkeiten nicht-medienbezogenes Handeln (handwerkliches Arbeiten) mit medienbezogenem Handeln (paralleles Termin-Management mit dem Mobiltelefon) verschmilzt.

Mediatisierung ist damit auch ein Prozess einer fortlaufenden „Amalgamierung" von medienbezogenem und nicht-medienbezogenem Handeln. Schließlich ist die *Anpassung* zu nennen – und hier kommt der Begriff der Medienlogik für Schulz ins Spiel. So konstatiert er, dass zunehmend das Handeln in verschiedenen Bereichen der Gesellschaft (Politik, Sport, usw.) sich an einer „Medienlogik" orientiert, die er vor allem als Inszenierungsweisen des Fernsehens beschreibt (Schulz 2004: 89). Mediatisierung ist also für ihn *auch* die Durchsetzung einer solchen Logik, aber nicht ausschließlich.

Bemerkenswert an den Überlegungen von Winfried Schulz ist, dass er bereits die Frage diskutiert, welchen Stellenwert die Etablierung der digitalen Medien für einen fortschreitenden Mediatisierungsprozess hat. Gibt es dadurch Momente der Mediatisierung, die eher rückläufig sind? Diese Frage erscheint ihm durchaus naheliegend, begreift er doch Mediatisierung in dem von ihm beschriebenen Sinne als ein „Produkt der Fernsehepoche" (Schulz 2004: 98). Seine Einschätzung fällt abwägend aus: Er lehnt sowohl eine „optimistische Antwort" ab (die digitalen Medien bedeuten ein Ende der Mediatisierung von Massenkommunikation) als auch eine „skeptische Antwort" (wir sind mit neuen, ggf. problematischeren Modi der Mediatisierung konfrontiert) und plädiert für eine „moderate Antwort": Neue, digitale Medien verdrängen nicht einfach die bisherigen Massenmedien, weswegen „die Mediatisierungseffekte der letzteren in den neuen Medienumgebungen Bestand haben" (Schulz 2004: 98). Entsprechend erscheint ihm auch sein Konzept von Mediatisierung geeignet, den weiteren Medienwandel zu untersuchen.

Etwas anders modelliert Stig Hjarvard – dänischer Kommunikations- und Medienwissenschaftler – seinen Begriff der Mediatisierung um das Konzept der Medienlogik. Das Ausgangsargument von Hjarvard (2008, 2013) ist exakt das identische, das wir bereits von Altheide und Snow kennen, auch wenn er den Mediatisierungsbegriff eher auf skandinavische Kommunikations- und Medienforscher zurückführt (insbesondere Asp 1990): Auch Hjarvard konstatiert, dass, wenn wir den Einfluss von Medien auf Kultur und Gesellschaft erfassen möchten, es nicht (mehr) hinreichend ist, nach den Wirkungen von Medieninhalten zu fragen. Wir sollten hingegen umfassender im Blick haben, wie Kultur und Gesellschaft gegenwärtig mit Medien durchdrungen sind. Genau hier setzt für ihn das Konzept der Mediatisierung an, wobei er seinen Zugang zu diesem als eine „institutionelle Perspektive" (Hjarvard 2008: 110, 2013: 13) charakterisiert. Diese macht er – u. a. in Abgrenzung zum Mediatisierungsbegriff von Schulz – an zwei Punkten fest. Erstens geht es ihm darum, die Beziehung zwischen Medien als Institutionen und anderen gesellschaftlichen Institutionen zu analysieren. Zweitens und damit zusammenhängend will er mit dem Begriff der Mediatisierung nur

3.2 Medienlogik(en)

eine *bestimmte Form* der Institutionalisierung von Medien fassen. Dies ist deren „autonome" gesellschaftliche Institutionalisierung, die Voraussetzung dafür sei, dass Medieninstitutionen *als solche* andere soziale Institutionen beeinflussen. Eine solche autonome Institutionalisierung sieht er für Europa seit den 1980er Jahren als gegeben an, als Medien – hier gedacht sowohl als Institutionen der Massenkommunikation als auch der Mobil- und Internetkommunikation – mit ihrer fortschreitenden Kommerzialisierung unabhängig wurden von „öffentlicher Lenkung" (Hjarvard 2008: 120, 2013: 36). Von Mediatisierung kann man aus Sicht von Hjarvard also sinnvoll erst ab diesem Zeitpunkt sprechen:

> Unter der Mediatisierung von Gesellschaft verstehen wir den Prozess, in dem die Gesellschaft sich in zunehmendem Maße den Medien und ihrer Logik unterwirft oder von ihr abhängig wird. Dieser Prozess ist charakterisiert durch die Dualität, dass die Medien in die Operationen anderer gesellschaftlicher Institutionen *integriert* wurden, während sie gleichzeitig den Status erlangt haben, dass sie gesellschaftliche Institutionen *mit eigener Berechtigung* sind. Folglich findet soziale Interaktion – innerhalb der jeweiligen Institutionen, zwischen Institutionen und in der Gesellschaft als solcher – durch die Medien statt. Der Ausdruck ‚Medienlogik' bezieht sich auf den institutionellen und technologischen *modus operandi* der Medien, einschließlich der Art und Weise, in der Medien materielle und symbolische Ressourcen distribuieren und mithilfe von formellen und informellen Regeln operieren. (Hjarvard 2008: 113, Herv. i. O., siehe auch Hjarvard 2013: 17)

Wir haben es entsprechend mit einer sehr spezifischen Weiterentwicklung des Konzepts der Medienlogik zu tun, bei der diese als eine *institutionelle* Medienlogik begriffen wird (siehe auch Hjarvard 2009: 160): Medien haben als eigenständige Institutionen, die gleichzeitig zunehmend unser heutiges Leben durchdringen, eine ihnen eigene Logik entwickelt. Mediatisierung bedeutet entsprechend die zunehmende Abhängigkeit von und Unterwerfung unter diese Logik.

Hierbei macht Hjarvard zwei Arten von Mediatisierung aus, nämlich die „stärkere", direkte und die „schwächere", indirekte Mediatisierung (Hjarvard 2004: 48f., 2008: 114, 2013: 20). *Direkte Mediatisierung* bezeichnet solche Momente, in denen ein bisher nicht medienvermitteltes Handeln in eine medienvermittelte Form gebracht wird, d. h. in ein Handeln mit und durch ein Medium. Ein von ihm genanntes Beispiel ist das Schachspielen, das zum Computer- oder Online-Schachspiel wird. Eine *indirekte Mediatisierung* besteht, wenn ein Handeln in seiner Form, seinem Inhalt oder seiner Organisation zunehmend durch medienspezifische Symbole oder Mechanismen beeinflusst wird. Hier könnte man als Beispiel die in einer solchen institutionellen Perspektive immer wieder untersuchte Mediatisierung der Politik nennen (Kepplinger 2002; Mazzoleni 2008a;

Strömbäck 2008; Vowe 2006). Bemerkenswerterweise konstatiert Stig Hjarvard, dass direkte und indirekte Formen der Mediatisierung immer wieder zusammen auftreten, was es mitunter schwer macht, sie zu unterscheiden (Hjarvard 2008: 115). Man kann an das Pokerspielen denken, das insofern ‚direkt' mediatisiert ist, als es als Fernseh- oder Online-Poker in den Medien erfolgt, aber gleichzeitig auch ‚indirekt', indem die Art und Weise, wie heutzutage nach wie vor in Freundeskreisen und Kneipen Poker gespielt wird, geprägt ist durch verschiedene Weisen der medialen Inszenierung dieses Spiels (Hitzler und Möll 2012). An dieser Stelle schleicht sich dann doch ein Bezug der Überlegungen von Stig Hjarvard zu denen von Winfried Schulz ein. Wir können nämlich sagen, dass die direkte Mediatisierung auf eine „Substitution" verweist, die indirekte Mediatisierung auf eine „Anpassung" und die Unschärfe zwischen beiden letztlich die von Schulz konstatierte „Verschmelzung" verdeutlicht. Dass Hjarvard erst jüngst und nur am Rande das Moment der „Extension" sieht (siehe bspw. Hjarvard 2013: 20), hängt mit seinem „institutionellen" Begriff von Mediatisierung zusammen: „Extension" ist in seiner Argumentation ein generelles Moment der „mediation" von Medienkommunikation und nicht spezifisch für den Prozess der Mediatisierung, der in seiner Begrifflichkeit in Europa erst nach 1980 einsetzt.

Aber auch solche Weiterentwicklungen eines Verständnisses von Mediatisierung als (institutionalisierter) Medienlogik sind umfassend kritisiert worden. Die beiden vielleicht prominentesten Kritiken stammen von Nick Couldry und Knut Lundby, wobei sie sich deutlich in der Vehemenz ihrer Kritik unterscheiden.

Von dem – wie wir bereits gesehen haben: die prinzipielle Unabgeschlossenheit von Kommunikationsprozessen betonenden – Konzept der Vermittlung her kommend, hat Nick Couldry die Vorstellung von Mediatisierung als Durchsetzung einer Medienlogik insbesondere im Hinblick auf zwei Punkte kritisiert.

Erstens seien die Einflüsse von Medien viel zu heterogen, als dass man sie auf eine „einzelne ‚Medienlogik' reduzieren könnte, wie wenn sie alle in eine Richtung operieren würden, in derselben Geschwindigkeit, durch parallele Mechanismen und in Übereinstimmung mit demselben Kalkül von Wahrscheinlichkeit" (Couldry 2008: 378). Der Ausdruck der Medienlogik unterstellt für ihn – verstärkt noch durch seinen Gebrauch im Singular – eine Einheitlichkeit des Einflusses von Medien, die so kaum gegeben sein kann. Dies trifft einmal mehr zu mit ihrer weiteren Ausdifferenzierung, beispielsweise durch die Etablierung der Medien des Internets. Die Gedanken von Couldry fortführend, kann man feststellen, dass die Politik gegenwärtig mit sehr unterschiedlichen und sich widersprechenden Momenten des Einflusses von Medien konfrontiert ist: nicht nur mit bestimmten Inszenierungsstrategien der visuellen Kommunikation des Fernsehens, sondern auch mit Momenten ganz neuer Infragestellung von Arkanpolitiken beispielsweise durch WikiLeaks.

3.2 Medienlogik(en)

Zweitens suggeriert der Ausdruck der Medienlogik eine „lineare Natur" (Couldry 2008: 377) des Wandels. Couldry macht dies exemplarisch an dem Gedanken der Substitution bei Winfried Schulz fest, der sich im Konzept der direkten Mediatisierung, wie wir gesehen haben, auch bei Stig Hjarvard wiederfindet. Mediatisierung als die Verbreitung einer Medienlogik in verschiedene weitere Institutionen von Gesellschaften ist zumindest in der Tendenz eine Erzählung der Linearität. An manchen Stellen fühlt man sich direkt an Modernisierungstheorien der 1970er Jahre erinnert, wonach beispielsweise moderne Rollenbilder in den Medien nach und nach zu einer Modernisierung der Welt beitragen würden, indem sie eine Hinterfragung der eigenen Lebensführung zur Folge hätten (Lerner 1977; kritisch dazu Hepp 2013). Die Dialektik des Wechselverhältnisses von Medienkommunikationswandel einerseits und weitergehendem sozialen und kulturellem Wandel andererseits erscheint aber komplexer, als dass sie in einer solchen Erzählung aufgehen könnte.

Nicht ganz so pointiert, in der Tendenz aber ebenfalls kritisch ist die Auseinandersetzung des norwegischen Medien- und Kommunikationsforschers Knut Lundby mit einem Verständnis von Mediatisierung als einer sich verbreitenden Medienlogik. Lundby nimmt die Argumentation von Stig Hjarvard in Schutz und verdeutlicht, dass diese weit weniger linear ist, als sie auf den ersten Blick erscheinen mag (Lundby 2009: 106). Gleichwohl meint auch er, dass der Gebrauch des Ausdrucks der Medienlogik irreführend sei, wenn man diese auf eine *einheitliche* Logik ‚hinter' den Medien bezieht und vergisst, dass sich die Zwänge von Medien in deren Wandel selbst fortlaufend ändern (Lundby 2009: 104f.). Von einer solchen moderaten Kritik ausgehend plädiert er dafür, wieder stärker die Ursprünge des Konzepts der Medienlogik ernst zu nehmen, nämlich die Soziologie Georg Simmels, über die Altheide und Snow ihren Begriff der Form entwickelt haben. Bei Simmel verweist der Begriff der Form nämlich auf die Strukturierung sozialer Interaktionen entlang charakteristischer Muster. Greift man dies auf, so muss eine Beschäftigung mit Fragen der Mediatisierung viel offener nach dem Einfluss von Formen medialer Kommunikation fragen. Oder wie es Knut Lundby selbst formuliert:

> Ich folgere daraus, dass es nicht angemessen ist, von einer allumfassenden Medienlogik zu sprechen. Es ist notwendig zu spezifizieren, wie bestimmte mediale Möglichkeiten [„media capabilities"] in verschiedenen Mustern sozialer Interaktion angewandt werden. Es ist nicht so, dass eine Medienlogik nicht soziale Interaktion einbeziehen würde, was nicht zuletzt Stig Hjarvards Arbeiten verdeutlichen. Mein Argument ist eher, dass der Fokus auf eine generelle Medienlogik diese Muster der Interaktion verdeckt. […] Daher muss man erforschen, wie Transformationen und Wandel der Mediatisierungsprozesse in Kommunikation vonstattengehen. Mediatisierungsforschung sollte den Akzent darauf legen, wie sich soziale und kommunikative Formen entwickeln, wenn soziale Interaktion über Medien erfolgt. (Lundby 2009: 117)

Einer solchen Aufforderung zu einer offeneren Mediatisierungsforschung kann man nur zustimmen, zumal Vorstellungen einer Medienlogik viele weitere Probleme nach sich ziehen: Dieses Konzept geht letztlich implizit von einem Differenzierungsmodell von Gesellschaft aus, in dem ‚die Medien' als ein bestimmtes institutionalisiertes Sozialsystem die Funktion haben, öffentliche Kommunikation zu produzieren und damit einen gesellschaftlichen bzw. kulturellen Selbstverständnisdiskurs zu ermöglichen. Nur mit einer solchen Grundannahme kann es für andere Institutionen sinnvoll sein, sich den „Logiken" der Medien zu beugen. Während sicherlich die Institutionen der Medien *auch* der gesamtgesellschaftlichen Kommunikation eines (National-)Staates dienen, sind sie jedoch weit mehr als ein Funktionssystem. Gerade wenn Medienkommunikation verschiedene Bereiche von Gesellschaft durchdringt, kann man sie kaum angemessen auf eine primäre Funktionssystematik reduzieren. Gesellschaft und Kultur wie Medienkommunikation sind zu vielfältig, um Mediatisierung – in welcher Nuance auch immer – mit der Durchsetzung einer Medienlogik gleichzusetzen.

Man kann hier auch an die mahnenden Worte von Peter L. Berger und Thomas Luckmann denken. Diese haben bei ihrer Auseinandersetzung mit der gesellschaftlichen Konstruktion von Institutionen daran erinnert, dass „größte Vorsicht […] im Hinblick auf alle Behauptungen über die angebliche ‚Logik' von Institutionen geboten" (Berger und Luckmann 1977: 68) ist. Und wie sie weiter formulieren: „Die Logik steckt nicht in den Institutionen und ihrer äußeren Funktionalität, sondern in der Art, wie über sie reflektiert wird. Anders ausgedrückt: Das reflektierende Bewusstsein überlagert die institutionelle Ordnung mit seiner eigenen Logik" (Berger und Luckmann 1977: 69).

Wir haben es hier ab einem gewissen Punkt auch mit normativen Fragen zu tun. Wenn wir den Institutionen der Medien eine „Logik" zuschreiben, die etwas ‚von sich aus' nach sich zieht, vergessen wir, dass es wir Menschen sind, die in und mit Medien kommunikativ handeln und die für dieses Handeln auch Verantwortung tragen. In den Funktionalitäten einer Medienlogik verschwinden also die konkreten Akteure, die Sinndimension ihres Handelns wie auch viele andere Probleme der Kommunikationsmacht.

3.3 Mediatisierung als Metaprozess und Panorama

Wie ich im letzten Abschnitt gezeigt habe, greift es zu kurz, Mediatisierung als die zunehmende Verbreitung einer Medienlogik zu begreifen. Doch teilt man bis hierher die entwickelte Argumentation, kommt fast zwangsläufig folgende Frage auf: Was ist dann unter Mediatisierung zu verstehen? Wie ich im Weiteren

3.3 Mediatisierung als Metaprozess und Panorama

ausführen möchte, fasst der Begriff der Mediatisierung keine geschlossene Theorie des Wandels von Medien, sondern viel offener ein bestimmtes Panorama, einen bestimmten Gesamtblick auf die Auseinandersetzung mit dem Wechselverhältnis von Medienkommunikationswandel und soziokulturellem Wandel. Deutlich wird dies, wenn man an ein anderes Verständnis von Mediatisierung als dem bisher umrissenen anknüpft, nämlich an das des deutschen Kommunikations- und Medienwissenschaftlers Friedrich Krotz. Dieser hat in dem Buch „Die Mediatisierung kommunikativen Handelns" den Begriff von Mediatisierung als einem Metaprozess geprägt.

Friedrich Krotz (Krotz 2001: 33, 2007: 27) verwendet den Begriff ‚Metaprozess' als ein grundlegendes Konzept, um eine bestimmte Art von Theorie zu beschreiben. Metaprozesse sind seiner Argumentation nach begriffliche Konstrukte, mit denen wir übergreifende Wandlungsprozesse bezeichnen. Diese sind – gerade weil sie über einen langen Zeitraum geschehen – nicht einfach empirisch messbar in der Form, dass man zu einem ersten Zeitpunkt ein bestimmtes Phänomen entlang definierter Variablen untersucht und zu einem zweiten Zeitpunkt wieder, anschließend die Ergebnisse miteinander vergleicht und schließlich die Differenz als Wandel charakterisiert. Dies ist zunächst rein praktisch nicht möglich, weil die Prozesse, um die es geht, historisch zu weit zurückreichen, als dass man ein solches Variablendesign nutzen könnte. Aber auch konzeptionell wäre ein solcher Zugang nicht angemessen, da die verschiedenen Metaprozesse auf sehr unterschiedlichen Ebenen erfolgen, d. h. multidimensional sind. Entsprechend definiert Friedrich Krotz Metaprozesse des sozialen und kulturellen Wandels wie folgt:

> Mit dem Begriff des Metaprozesses wollen wir deutlich machen, dass es sich um lang andauernde und Kultur übergreifende Veränderungen handelt, um Prozesse von Prozessen gewissermaßen, die die soziale und kulturelle Entwicklung der Menschheit langfristig beeinflussen. Genauer gesehen handelt es sich dabei um *begriffliche Konstrukte*, unter denen die Wissenschaft ebenso wie die Menschen in ihrem Alltag bestimmte Entwicklungen, ihre Ursachen, Ausdrucksformen und Auswirkungen zusammenfassen und sich damit die Welt handhabbar machen. (Krotz 2007: 27, Herv. i. O.)

In diesem Sinne kennen wir verschiedene Metaprozesse des Wandels: den Metaprozess der Individualisierung als zunehmende Herauslösung des bzw. der Einzelnen aus „Stand und Klasse" (Beck 1994) und die damit einhergehenden Unsicherheiten, Politiken der Wahl und neuen Vergemeinschaftungsformen der Eventisierung (Beck und Beck-Gernsheim 2001; Hitzler 2010; Hitzler und Honer 1994); den Metaprozess der Globalisierung als langanhaltende weltweite Zunahme von Konnektivitäten und damit verbundene Entbettung und Einbettungsprozesse (Giddens 1996; Hepp 2004; Tomlinson 1999); den Metaprozess der

Tab. 3.1 Typen empirisch basierter Theorien

Typ 1: Mathematisch fassbare Theorien	Typ 2: Materialbasierte Theorien	Typ 3: Metatheorien
Theorien sind Aussagenzusammenhänge, die für einen begrenzten Phänomenbereich mathematisch fassbare, (funktionale) Beziehungen beschreiben	Theorien sind Aussagenzusammenhänge, die für einen begrenzten Phänomenbereich Sachverhalte typisierend als Struktur und Prozess beschreiben	Theorien sind eine Meta-Erzählung über verschiedene Phänomenbereiche hinweg mit einer Tendenz zu universellen Erklärungen
Quantitativ begründete Verfahren als methodisches Vorgehen	Qualitativ begründete Verfahren als methodisches Vorgehen	Erklärung und Strukturierung mit punktueller Empirie als methodisches Vorgehen

Quelle © Erweitert nach Krotz et al. 2008: 12 und Krotz 2005: 70

Kommerzialisierung mit seiner Herausbildung von verschiedenen Konsumkulturen (Bauman 2007; Featherstone 2000; Urry 1995); und eben den Metaprozess der Mediatisierung.

Ein solches Verständnis von Metaprozess verweist auf einen bestimmten Theoriebegriff, der Theorien im Hinblick auf ihren empirischen Bezug unterscheidet (siehe zum Folgenden Krotz et al. 2008: 12). Wir können für den Rückbezug von Aussagenzusammenhängen zu empirischen Phänomenen – die paradoxerweise selbst erst in der Perspektive eines bestimmten theoretischen Standpunkts zu einem wissenschaftlichen Gegenstandsbereich werden –, drei Arten von Theorien unterscheiden. Dies sind erstens mathematisch fassbare Theorien, zweitens materiale Theorien und drittens Metatheorien (siehe Tab. 3.1).

Der erste Typus von empirisch basierter Theorie stellt eine Form von Setzung dar, die als gültig begriffen wird, bis sie über Hypothesenbildung mit quantitativ begründeten Verfahren (beispielsweise standardisierten Umfragen, Inhaltsanalysen etc.) widerlegt sind. Dahinter steht das von Karl R. Popper (2001) in die Diskussion gebrachte Falsifikationsprinzip, an dem sich die Theoriebildung von quantitativer Forschung orientiert: Aufgrund der Vielfalt von möglichen Fällen im Alltagsleben sei es nicht möglich, Theorien für all diese möglichen Fälle zu belegen. Entsprechend sollte unsere Forschung darauf ausgerichtet sein, (plausible) Theorien zu widerlegen (zu falsifizieren). Das ist insofern ein Erkenntnisgewinn, weil dadurch Schritt für Schritt bestimmte Theorien ausgeschlossen werden können.

Theorien des zweiten Typus basieren auf qualitativer Forschung und setzen sich mit bestimmten „Feldern" auseinander, die mit dem Ziel der Theorieentwicklung

3.3 Mediatisierung als Metaprozess und Panorama

erforscht werden. Das Vorgehen ist dabei gemeinhin, theorieorientierte Kategoriensysteme in Prozessen der vergleichenden Auseinandersetzung mit dem erhobenen Material zu bilden.

Metaprozesse wie Individualisierung, Globalisierung, Kommerzialisierung und Mediatisierung entsprechen nun dem dritten Typus von Theorie. Es handelt sich um übergreifende Theoriegebilde, die in einzelnen Teilen auf Empirie beruhen, aber in ihrer Gesamtheit nicht empirisch überprüfbar sind. Vielmehr bieten sie ein theoretisches Bezugs- und Einordnungsmuster für konkrete Forschungen. Die Beziehung dieses Typus von Theorie zu den beiden anderen ist darin zu sehen, dass Theorien des Typus eins und zwei ‚Bausteine' von Theorien des Typus drei darstellen (können).

Bemerkenswert an der Definition eines Metaprozesses durch Friedrich Krotz ist allerdings, dass diese Prozesse als „begriffliche Konstrukte" sowohl der „Wissenschaft" *als auch* der „Menschen in ihrem Alltag" (Krotz 2007: 27) verstanden werden. Auch im Alltag erfassen wir Veränderung entlang übergreifender Erzählungen des Wandels, in denen für uns verschiedene erlebte und beobachtete Einzelprozesse kumulieren. Globalisierung ist in diesem Sinne nicht einfach ein wissenschaftliches Konzept, sondern ebenso ein Begriff der Alltagssprache, um eine mehr oder weniger langanhaltende und an verschiedenen Orten greifbare Veränderung der ‚Welterfahrung' zu erfassen. In einem solchen Blickwinkel hat der Begriff des Metaprozesses eine deutliche Nähe zu dem Konzept des Panoramas, wie es der französische Wissenschafts- und Techniksoziologe Bruno Latour in seinem Buch „Eine neue Soziologie für eine neue Gesellschaft" entwickelt hat.

Latour versucht mit seiner Akteur-Netzwerk-Theorie eine Form von Soziologie zu entwickeln, die die Materialität der Dinge auf neue Weise einbezieht und gleichzeitig die Gesellschaft nicht einfach als etwas Gegebenes begreift. Er will die ‚alte Frage' der Soziologie wieder ernst nehmen und untersuchen, wie durch verschiedene Assoziationen Gesellschaft überhaupt möglich wird bzw. sich artikuliert. Vor diesem Hintergrund lehnt er es ab, „die Gesellschaft" einfach als Makroebene zu setzen und fordert vielmehr dazu auf, entlang von empirisch bestimmbaren Verkettungen die Artikulation dieses scheinbaren Makrogebildes zu untersuchen. Aber auch er stellt fest, dass wir im Alltag wie in der Wissenschaft „Klammern" (Latour 2007: 323) bzw. „ganze Geschichte[n]" (Latour 2007: 325) finden, die bezogen auf einen bestimmten Zusammenhang die „Totalität in Szene setzen" (Latour 2007: 324). Zu der Charakterisierung dieser „Geschichten" nutzt Latour den Begriff des Panoramas. Panoramen zeichnen „ein Bild, das keine Lücke aufweist, sie geben dem Betrachter den starken Eindruck, er sei vollkommen eingetaucht in die wirkliche Welt" (Latour 2007: 325). Dies geschieht, indem Panoramen einen Ausschnitt dieser wirklichen Welt in einer Totalität darstellen.

Technologisierte Beispiele dafür sind Überwachungsräume von Kraftwerken oder der Feuerwehr und Polizei, in denen auf Monitoren, durch Präsentationen, Karten usw. ein – so die Vorstellung – umfassendes Bild von Wirklichkeit gezeichnet wird. Wir können aber auch Metaerzählungen des Wandels als (sprachliches) Panorama begreifen.

Man kann in diesem Sinne sagen, dass Metaprozesse so etwas wie Panoramen umfassender Wandlungsprozesse sind. Sie sind deswegen sowohl im Alltag als auch in der Wissenschaft wichtig, weil sie uns einen Gesamteindruck von dem geben, wonach wir in unserer Welterfahrung und empirischen Forschung ‚schauen' müssen. Vorsichtig muss man aber da sein, wo begonnen wird, ‚die Welt', mit der man konfrontiert ist, auf diese Panoramen zu reduzieren. Dies trifft für alle Panoramen wissenschaftlicher Metatheorie zu:

> Durkheims Gesellschaft ‚*sui generis*', Luhmanns ‚autopoietische Systeme', Bourdieus ‚symbolische Ökonomie' oder Becks ‚reflexive Modernisierung' sind ausgezeichnete Erzählungen, wenn sie uns darauf vorbereiten, nach Abschluss der Vorstellung die politische Aufgabe der Zusammensetzung aufzunehmen; sie sind irreführend, wenn sie als Beschreibung dessen verstanden werden, worin die gemeinsame Welt besteht. Bestenfalls bieten Panoramen einen prophetischen Ausblick auf das Kollektiv, schlimmstenfalls sind sie nur dessen dürftiger Ersatz. (Latour 2007: 327)

Sicherlich ist die Sprache, die Latour verwendet – wie es für seine Theoretisierungen generell charakteristisch ist – sehr metaphorisch. Er hebt aber mit seinem Begriff des Panoramas auf einen Punkt ab, der auch Friedrich Krotz beim Metaprozess der Mediatisierung sehr wichtig ist: Es hat keinen Sinn, Metaprozesse im Allgemeinen bzw. den Metaprozess der Mediatisierung im Speziellen als ‚reines Makrophänomen' zu fassen, weil sie Kultur und Gesellschaft insgesamt betreffen: das Handeln einzelner Menschen ebenso wie übergreifende Prozesse der Vergesellschaftung und Vergemeinschaftung. Dies ist auch der Grund, warum es nicht zielführend ist, eine formale und ahistorische Definition von Mediatisierung zu geben. Der Begriff der Mediatisierung eröffnet ein gewisses Panorama auf die Welt. Das, was Mediatisierung auszeichnet, variiert aber mit den verschiedenen Konkretisierungen dieses Metaprozesses selbst. Krotz formuliert dies wie folgt:

> *Eine differenzierte und formalisierte Definition von Mediatisierung kann und soll hier nicht vorgelegt werden*, dies auch deshalb nicht, weil Mediatisierung qua Definition in ihrer jeweiligen Form immer auch *zeit- und kulturgebunden* ist und sich eine Definition deshalb auf historische Untersuchungen stützen müsste. *Mediatisierung als Prozess darf nicht historisch, sozial und kulturell entkontextualisiert werden. Auch gibt es vermutlich spezifische Mediatisierungsprozesse, die nur einzelne Bevölkerungsgruppen betreffen* […]. (Krotz 2007: 39, Herv. i. O.)

3.3 Mediatisierung als Metaprozess und Panorama

Heißt dies nun allerdings, dass wir gänzlich offenlassen müssen, was Mediatisierung ist? Sicherlich nicht, denn sonst wäre es sinnlos, von einem spezifischen Panorama zu sprechen. Hilfreich ist es an dieser Stelle, die Überlegungen des Soziologen Norbert Elias aufzugreifen.

Dieser hat sich auf der Basis von vielfältigem (historischen) Material mit einem sehr übergreifenden Wandlungsprozess befasst, nämlich mit dem „Prozess der Zivilisation" (Elias 1997a, 1997b, beide orig. 1939), wie sein bekanntestes Buch heißt. Der Zivilisationsprozess ist dabei für Elias nicht einfach der Prozess eines zunehmenden (technischen) Fortschritts. Vielmehr analysiert er eine Veränderung der Affektkontrolle des Menschen von Scham- und Peinlichkeitsempfinden usw. Es geht ihm also um „Zusammenhänge im Aufbau der Gesellschaft und den Wandlungen im Aufbau des Verhaltens und des psychischen Habitus" (Elias 1997a: 82). In solche Prozessanalysen hat Elias später im Rahmen seiner „Symboltheorie" – so der Titel seines letzten, ursprünglich in Form von zwei langen Aufsätzen veröffentlichten Buchs – Fragen von Kommunikation integriert (Elias 2001, orig. 1989).

Sehr grundlegend können wir von Elias ein Verständnis von dem lernen, was Prozesse des kulturellen und sozialen Wandels auszeichnet. Elias macht uns darauf aufmerksam, dass dieser Wandel – oder, wie er es nennt: diese Entwicklung – *nicht* sinnvoll als Evolution gefasst werden kann. Der Grund liegt für ihn darin, dass das „Instrument der Übertragung und Veränderung" (Elias 2001: 40) bei der biologischen Evolution ein anderes ist, als bei kultureller bzw. sozialer Entwicklung. Im ersten Fall ist es „eine organische Struktur namens ‚Gen'", die als solche im Prozess der Evolution verändert wird und in ihrer Materialität wesentlich statischer ist. Im zweiten Fall „besteht das wichtigste Instrument der Übertragung und Veränderung in Symbolen im weiteren Sinn des Wortes, der nicht nur Wissen mit einschließt, sondern beispielsweise auch Standards des Verhaltens und Empfindens" (Elias 2001: 40). Solche Symbole sind im Gegensatz zu Genen wesentlich wandlungsfähiger, und zwar unabhängig von einer Veränderung der evolutionär entstandenen, grundlegenden Sprachfähigkeit des Menschen und auch in vergleichsweise kurzer Zeit (Elias 2001: 57, 135). Symbole sind spezifisch für einzelne Gruppen von Menschen, für einzelne Kulturen und Gesellschaften. Entsprechend gibt es keinen einheitlichen kulturellen und sozialen Wandel, wie auch Rückbezüge, Umbrüche und andere ‚sprunghafte Einschnitte' in Wandlungsprozessen auszumachen sind: „Im Gegensatz zur evolutionären Abfolge ist die Abfolge der Entwicklung bedingt umkehrbar" (Elias 2001: 55). Ein linearer Blick auf kulturellen und sozialen Wandel erscheint demnach als nicht hinreichend, weswegen wir Mediatisierung nicht einfach als „Evolution von Kommunikation" (Merten 1994; siehe auch Stöber 2003a, b) ansehen können.

Dass Vorstellungen des Fortschritts dem Konzept des Medienwandels als Evolution inhärent sind, hat der Medienwissenschaftler Gebhard Rusch betont. So ist seiner Argumentation nach „der kulturwissenschaftliche Evolutionsbegriff ganz klar durch den Gedanken des kulturellen Fortschritts geprägt, also durch den Gedanken der Entwicklung des menschlichen Könnens und Wissens, der Sozialstrukturen und der Technik auf einem, wenngleich verschlungenen Pfad, so doch in Richtung auf wachsende (Selbst-)Erkenntnis, verbesserte und erweiterte Kompetenzen der (Selbst-)Gestaltung sozialer Wirklichkeit und der Naturbeherrschung" (Rusch 2008: 62). Man muss hier nicht so weit gehen wie beispielsweise Bruno Latour (1998) mit seiner überspitzten These, wir seien nie modern gewesen, um doch im Sinne von Norbert Elias vorsichtiger zu argumentieren und die grundlegende Differenz zwischen biologischer Evolution und soziokulturellem Wandel zu betonen. Ein ‚evolutionärer Blick auf Medienwandel' verhindert nicht nur den Zugang zur Komplexität und Widersprüchlichkeit der Veränderungen, mit denen wir aktuell konfrontiert sind. Es suggeriert auch eine Funktionalität des Fortschritts. An dieser Stelle ist mit dem Begriff der Mediatisierung eine viel größere Vorsicht verbunden.

Engt man diesen allgemeinen Diskussionsrahmen über Mediatisierung als Metaprozess und Panorama nun auf Europa seit der Neuzeit ein, kann man einige weitere Aussagen zu dem machen, was Mediatisierung kennzeichnet. Hilfreich dafür erscheint die heuristische Unterscheidung von quantitativen und qualitativen Aspekten der Mediatisierung.

In einer ersten Annäherung sind die *quantitativen Aspekte von Mediatisierung* mit dem Wort ‚mehr' bezeichnet. Grundlegend ist offensichtlich, dass im umrissenen Zeitraum die bloße Zahl der uns verfügbaren technischen Kommunikationsmedien – wenn auch nicht linear – zugenommen hat. Das gleiche gilt für die verschiedenen Aneignungsweisen dieser Medien. Hierdurch werden insofern nochmals Momente der Linearität eines solchen Prozesses durchbrochen, als die Art und Weise des Umgangs mit Medien immer vielfältiger wurde, und damit wurden dies auch die Möglichkeiten und Unmöglichkeiten ihres ‚Einflusses'. Grundlegend fassen die quantitativen Aspekte von Mediatisierung allerdings den fortlaufenden Prozess der Verbreitung von technisch vermittelter Kommunikation in (a) zeitlicher, (b) räumlicher und (c) sozialer Hinsicht (Krotz 2007: 37–41). Dieser sieht für die letzten Jahre in Europa im Kern wie folgt aus:

- In *zeitlicher Hinsicht* wird eine zunehmende Zahl von technisch vermittelten Kommunikationsmöglichkeiten immer andauernder verfügbar. Beispielsweise hat das Fernsehen keinen Sendeschluss mehr, sondern ist ein nicht endender Fluss technisch vermittelter Kommunikation geworden. Oder das Internet macht es möglich, auf bestimmte Inhalte zu jedem beliebigen Zeitpunkt zuzugreifen.
- In *räumlicher Hinsicht* kann man sagen, dass technisch vermittelte Kommunikation zunehmend an verschiedenen Lokalitäten verfügbar (bzw. an deren

Konstruktion beteiligt) ist. Immer mehr ‚Orte' werden zu ‚Medienorten', wie auch bei der Bewegung zwischen diesen der Zugriff auf Medien möglich ist. Das Telefon zum Beispiel ist nicht mehr nur eine Medientechnologie, die auf bestimmte Orte der Kommunikation bezogen ist, sei es das Büro, die häusliche Welt oder eine öffentliche Telefonzelle. Als personalisiertes Mobiltelefon kann es über die verschiedensten Lokalitäten hinweg genutzt werden. Ähnliches kann für das Fernsehen gesagt werden, das beispielsweise mit dem sogenannten „public viewing" die häusliche Welt wieder verlassen hat.

- Diese Beispiele beziehen sich bereits auf die *soziale Dimension* von Mediatisierung, d. h., dass mehr und mehr soziale Beziehungen und Institutionen durch technisch vermittelte Kommunikation gekennzeichnet sind. Um ein weiteres Beispiel zu nennen: Computernutzung ist nicht mehr länger etwas, das nur die Arbeit kennzeichnet. Vielmehr erstreckt sie sich als ‚Mailen', ‚Surfen' oder ‚Spielen' über die verschiedenen sozialen Sphären des Privaten und Öffentlichen, der Arbeitszeit und der Freizeit.

Insgesamt handelt es sich bei der Zunahme unterschiedlicher Formen der Medienkommunikation im menschlichen Leben um einen synergetischen Prozess. Nicht zuletzt deswegen ist er auch durch einzelne ‚Schübe' oder ‚Sprünge' gekennzeichnet, beispielsweise wenn sich mit ‚Digitalisierung' und ‚cross-medialer Content-Produktion' der Umgang mit Medien in sehr unterschiedlichen Kontexten grundlegend ändert. Auch dies ist nochmals ein Argument dafür, die quantitativen Aspekte von Mediatisierung nicht linear zu denken.

Wichtiger jedoch ist, dass es dabei um *qualitative Aspekte* des Wandels geht. Solche qualitativen Aspekte von Mediatisierung werden fassbar, wenn man näher betrachtet, wie technische Medien die Art und Weise, in der wir kommunizieren, ‚strukturieren' bzw. umgekehrt, wie die Art und Weise, in der wir kommunizieren, den technischen Wandel von Medien ‚bedingt'. Es ist dieses Wechselverhältnis, das genauer zu betrachten ist, wenn man erfassen möchte, wie sich Mediatisierung in unterschiedlichen soziokulturellen Feldern konkretisiert. Hierauf möchte ich im folgenden Abschnitt eingehen.

3.4 Kommunikation und die Prägkräfte der Medien

Die bisher umrissenen qualitativen Aspekte von Mediatisierung lassen sich mit dem Konzept der *Prägkräfte der Medien* genauer charakterisieren (Hepp 2010): Medien als solche üben einen gewissen ‚Druck' auf die Art und Weise aus, in der wir kommunizieren. Fernsehen beispielsweise ist zumindest in seiner heutigen Form als Medium verbunden mit dem ‚Druck', bestimmte Ideen stärker ‚visuell' zu präsentieren. Heutige Printmedien, um ein anderes Beispiel zu nehmen, ermöglichen es, komplexere Argumentationen zu entwickeln bzw. die Präsentation vielschichtiger zu strukturieren, da sie langsamer (und vor allem: mit größerer, individueller Steuerung) genutzt werden können als audiovisuelle Medien. Und das Mobiltelefon, als letztes Beispiel, gestattet es, fortlaufend mit bestimmten Menschen in kommunikativer Konnektivität zu bleiben, auch wenn man selbst ‚in Bewegung' ist – und übt einen gewissen ‚Druck' aus, dies auch zu tun. All diese Beispiele zeigen gleichwohl, dass es sich dabei um keine ‚direkten Wirkungen' der ‚materiellen Struktur' von Medien handelt. *Prägkräfte von Medien konkretisieren sich erst im Prozess der Medienkommunikation, und dies je nach Form ihrer Aneignung auf sehr unterschiedliche Weise. In der britischen Medien- und Kommunikationsforschung wird in diesem Zusammenhang davon gesprochen, dass Medien erst „domestiziert" werden müssen* (Berker et al. 2006; Hartmann 2008; Röser 2007; Silverstone und Hirsch 1992).

Das Konzept der Prägkräfte der Medien hält also an der im letzten Kapitel diskutierten Überlegung der Mediumstheorie fest, dass es bestimmte Spezifika unterschiedlicher Medien gibt, die wir *auch* betrachten müssen, wenn wir uns mit Fragen des Wandels von Kommunikation bzw. damit zusammenhängend Kultur und Gesellschaft beschäftigen. Diese Spezifik wird jedoch in menschlicher Praxis bzw. in menschlichem Handeln produziert, weshalb sie in hohem Maße kontextuell ist und nicht auf eine einzelne Medienlogik verweist. Worauf wir uns also konzentrieren müssen, ist die Kontextualität in einem Mehrebenen-Transformationsprozess.

Es geht also darum, Medien – wie der britische Kulturforscher Raymond Williams (1990) in seinem Klassiker der Medienforschung „Television: Technology and cultural form" formulierte – gleichzeitig als Technologie *und* kulturelle Form zu begreifen. Ein solcher Zugang versucht, sowohl einen Technikdeterminismus als auch einen Techniksymptomismus zu vermeiden. Der *Technikdeterminismus* zeichnet sich für Williams dadurch aus, dass er die Beziehung zwischen sozialem Wandel und Technologie von Seiten der Technologie her konzeptionalisiert. In einer solchen Vorstellung werden neue Technologien in einem internen und selbstgenerierenden Prozess der Forschung und Entwicklung entdeckt und dann einer Allgemeinheit zugänglich gemacht, wobei sie im Anschluss „die Konditionen für sozialen Wandel und Fortschritt festlegen": „Neue Technologien [...] erschaffen neue Gesellschaften" (Williams 1990: 13). Im Zugang des *Techniksymptomismus* sind Technologien hingegen

3.4 Kommunikation und die Prägkräfte der Medien

Ausdruck eines weitergehenden sozialen Wandels. Jede Technologie ist dann „ein Nebenprodukt eines sozialen Wandels, der anderweitig determiniert ist" (Williams 1990: 13). Technologien betreffen den sozialen Wandel „in eher marginaler Weise" (Williams 1990: 14). *Beide* Zugangsweisen hält Williams für unzureichend, weil sie Medien als Technologie vom weitergehenden sozialen Wandel isolieren: In dem einen Fall geschieht das als losgelöst entwickelte, aber treibende Erfindung, in dem anderen Fall als vom Wandel abhängiges, marginales Phänomen. Dem stellt Williams folgenden Zugang zur Technologiedimension von Medien gegenüber:

> [E]s ist ggf. möglich, eine andere Art von Interpretation zu umreißen, die es uns erlauben würde, nicht nur die Geschichte, sondern auch die Nutzung auf radikalere Weise zu sehen. Eine solche Interpretation würde sich vom technologischen Determinismus in einer solchen Weise unterscheiden, dass sie die Intention wieder in den Prozess der Forschung und Entwicklung bringt. Technologie würde so, wie man sagen kann, als für bestimmte, antizipierte Zwecke und Praktiken gesucht und entwickelt angesehen. Gleichzeitig würde sich die Interpretation von einem symptomatischen Verständnis von Technologie in der Hinsicht unterscheiden, dass diese Zwecke und Praktiken als direkt angesehen werden: als bekannte soziale Bedürfnisse, Zwecke und Praktiken, für die Technologie nicht marginal, sondern zentral ist. (Williams 1990: 14)

Bemerkenswerterweise kann man in diesen Überlegungen von Williams deutliche Parallelen zum Unterfangen der Akteur-Netzwerk-Theorie (ANT) sehen, wie sie der bereits zitierte französische Soziologe Bruno Latour namhaft mitentwickelt hat. Der Kontext bei Latour ist allerdings ein anderer. Es geht ihm nicht (nur) um Fragen der Medientechnologie, sondern darum, generell „Dinge" bzw. „Objekte" oder – wie er es nennt – „non-humans" (Latour 2007: 124) als Teil des Sozialen zu berücksichtigen. Hierbei treibt ihn ähnlich wie Williams die Suche nach einem Ansatz zwischen „technologischem Determinismus" und „sozialem Determinismus" an. So grenzt er sich von beiden Positionen wie folgt ab:

> Fairerweise muss gesagt werden, dass Sozialwissenschaftler nicht die einzigen waren, die sich aus polemischen Gründen für eine bestimmte Metaphysik unter den vielen verfügbaren fixierten. […] Um den ‚technologischen Determinismus' zu vermeiden, ist man versucht, eisern den ‚sozialen Determinismus' zu verteidigen, der so extrem wird (die Dampfmaschine wird beispielsweise zur bloßen ‚Widerspiegelung' des ‚englischen Kapitalismus'), dass selbst der geistig offenste Ingenieur zum stolzen technologischen Deterministen wird, der mit der Faust auf den Tisch schlägt und mit virilen Ausrufen unterstreicht, das ‚Gewicht materieller Sachzwänge' ließe sich nicht umgehen. Solche Gesten haben keinen anderen Effekt, als selbst einen moderaten Soziologen dazu zu bringen, noch vehementer auf die Bedeutung einer ‚diskursiven Dimension' zu bestehen. (Latour 2007: 144f.)

Latour versucht in seiner eigenen Position, zwischen diesen beiden Extremen zu vermitteln, indem er selbst (technologische) „Dinge" als „Aktanten" begreift (Latour 2007: 123). „Objekte" stehen gerade auch als (Medien-)Technologien in „Ketten [...], die Assoziationen aus Menschen [...] und Nicht-Menschen sind" (Latour 1991: 110). Kern der Argumentation von Latour ist, dass diese „Dinge" letzlich ‚geronnene Handlungen' menschlicher Akteure sind. Ein Geländer stellt beispielsweise nichts anderes dar, als die dinghaft materialisierte Schutzbewegung eines Menschen, der den anderen vor dem Herabstürzen bewahren möchte. Deshalb sind Objekte selbst in „Assoziationen" – d. h. in sozialen Verknüpfungen – als „Beteiligte" am Handlungsverlauf zu begreifen. Um nochmals Latour zu zitieren:

> Soziales Handeln [...] wird auf verschiedene Akteursgruppen verlagert oder delegiert, die fähig sind, das Handeln durch andere Akteursmodi, andere Typen von Materialien zu transportieren. [...] Geräte [sind], entsprechend unserer Definition, Akteure oder genauer *Beteiligte* am Handlungsverlauf, die darauf warten, eine Figuration zu erhalten. (Latour 2007: 122–124, Herv. i. O.)

„Dingen" als „Aktanten" ordnet Latour das Potenzial zu, qua ihrer Materialisierungen soziale Ungleichheiten auf Dauer zu stellen. Dies betrifft nicht einfach nur den ‚persönlichen Besitz', sondern hat eine weitergehende Ebene, wenn bspw. Straßen in europäischen Städten so angeordnet sind, dass sie die Bewegungen in der Stadt sozial different strukturieren. Es geht ihm dabei u. a. darum, Macht und Herrschaft anhand von „sichtbaren Trägern" zu analysieren bzw. anhand der „Vielzahl von Objekten" zu erklären (Latour 2007: 143). Von diesem Zugang, „Dinge" als Aktanten im Netzwerk bzw. der Konnektivität mit anderen Akteuren zu analysieren, bezieht die ANT ihren Namen. Der Netzwerkbegriff bekommt damit an dieser Stelle eine andere Nuancierung, als er in der Kommunikations- und Medienforschung gewöhnlicherweise hat. Es geht nicht um kommunikative oder soziale Netzwerke, sondern um die Vernetzung von verschiedenen Aktanten und Handlungen. Oder wie es Joost van Loon fasst: „Die Akteur-Netzwerk-Theorie setzt nicht voraus, dass Ordnung oder vielleicht besser Stabilität eine Reflexion einer Realität ‚da draußen' wäre, sondern dass sie die Konsequenz (und Konstruktion) einer (zeitweiligen) Stabilisierung von einem bestimmten Set von Kräften ist, die man als *Netzwerk* konzeptionalisieren kann" (Loon 2008: 114, Herv. i. O.).

Bezieht man solche Überlegungen auf Medien, werden diese in einer neuen Weise als „Mittler" greifbar. Es geht darum, Medien nicht als ‚transparente' oder ‚neutrale' Instanzen von Kommunikation zu erfassen, sondern als institutionalisierte *und* verdinglichte „Objekte", die den Kommunikationsprozess beeinflussende Momente haben. Begreift man Medien als in Institutionen und technologischen

3.4 Kommunikation und die Prägkräfte der Medien

Apparaturen ‚geronnene', komplexe menschliche Handlungen, so liefern die Überlegungen Latours Ansätze, wie deren ‚Vermittlungsspezifik' in der Analyse berücksichtigt werden kann. Wie bereits mehrfach erwähnt, geht es nämlich nicht um eine ‚kausale Wirkung' von Technologie. Medien werden stets als solche nur zusammen mit menschlichem Handeln greifbar, eröffnen in einer solchen Gesamtfiguration jedoch ein *bestimmtes Handlungspotenzial*, das man als *Prägkraft von Medien* charakterisieren kann, die es (mit) zu analysieren gilt. Die von Raymond Williams konstatierten „bestimmten Zwecke und Praktiken" (Williams 1990: 14), die den Sinnhorizont der Entwicklung von Medien als Technologie bilden, werden in den Prozessen ihrer Aneignung modifiziert.

Dieses Verständnis von *Prägkräften der Medien als einem Zusammenkommen von Institutionalisierung und Verdinglichung des kommunikativen Handelns* hat Bezüge zu der Begrifflichkeit, wie sie von den Soziologen Peter L. Berger und Thomas Luckmann in ihrem Buch „Die gesellschaftliche Konstruktion der Wirklichkeit" entwickelt wurde, aber auch deutliche Differenzen (siehe zur Relevanz des sozialen Konstruktivismus für die Mediatisierungsforschung Knoblauch 2013). *Institutionalisierung* verstehe ich ganz im Sinne von Berger und Luckmann nicht nur als Habitualisierung von sozialem Handeln, sondern darüber hinausgehend als reziproke Typisierung von habitualisierten Handlungen durch Typen von Handelnden (Berger und Luckmann 1977: 58). Eine Institution ist also bereits die Familie, indem in dieser bestimmte Formen des Handelns habituell von bestimmten Typen von Handelnden (‚Vater', ‚Mutter', ‚aktueller Lebenspartner', ‚Kind', ‚Tante' usw.) typisiert werden. In diesem Sinne meint Institution im Hinblick auf Medien nicht einfach nur die Medienorganisation, wie beispielsweise Stig Hjarvard dies in seiner Auseinandersetzung mit Mediatisierung zumindest implizit nahelegt (auch wenn Medienorganisationen selbstverständlich *eine Form von* Institutionalisierung sind). Es geht in einem viel weitergehenden Sinne um Institutionalisierungen wie bei der Mobilkommunikation, die sich beispielsweise auch in der „Triade" einer kommunikativen Beziehungsstruktur institutionalisiert (Höflich 2005): als Kommunikationsbeziehungen von ‚Anrufer', ‚Angerufenen' und ‚beistehenden Menschen'.

Während sich der Begriff der Institutionalisierung also mit dem des Sozialkonstruktivismus deckt, bestehen bei dem der Verdinglichung Differenzen. Berger und Luckmann sprechen diesbezüglich zuerst einmal von „Objektivation" als einer „Vergegenständlichung" (Berger und Luckmann 1977: 65). Damit meinen sie, dass die institutionelle Welt menschliche Tätigkeiten ‚vergegenständlicht', sie also zu einem von der bzw. dem Einzelnen unabhängigen Phänomen macht. Hierfür ist für Berger und Luckmann bereits die Sprache ein herausragendes Beispiel, weswegen sie diese als eine erste und entscheidende „Objektivation" des

Menschen charakterisieren. „Verdinglichung" geht bei Berger und Luckmann noch einen Schritt weiter. Diese ist für „die Auffassung von menschlichen Produkten, *als wären* sie etwas anderes als menschliche Produkte: Naturgegebenheiten, Folgen kosmischer Gesetze oder Offenbarungen eines göttlichen Willens" (Berger und Luckmann 1977: 95; siehe auch Berger und Pullberg 1965). Es geht bei Verdinglichung also darum, dass soziale Wirklichkeit nicht als von Menschen ‚konstruiert', sondern als ‚gegeben' erscheint.

Der Begriff *Verdinglichung*, wie er hier verwendet wird, setzt andere Akzente als diese Überlegungen. Gemeint ist mit Verdinglichung zwar eine bestimmte Form der Objektivation, aber ausschließlich eine solche in einer im weitesten Sinne zu verstehenden (medien-)technologischen Materialisierung. Diese hat den Überlegungen Latours gemäß in ihrem dinghaften Charakter eine spezifische Qualität, die sie von der Sprache unterscheidet. Anders formuliert: Medien wie das Fernsehen, Radio oder Social Web ‚objektivieren' als technische Kommunikationsapparate kommunikatives Handeln nicht nur im Sinne von Berger und Luckmann. Wir haben es hier mit weitergehenden Zusammenhängen zu tun, indem Medien auch ‚Dinge' sind, *über deren Materialität* sich beispielsweise Machtverhältnisse manifestieren und damit in ihrer Nutzung re-artikuliert werden. Deshalb ist es sinnvoll, bei Medien von den Prägkräften der Institutionalisierung (die die Objektivation der Sprache mit einschließt) *und* Verdinglichung (als einer bestimmten Form der technologischen Materialisierung) zu sprechen.

Auch wenn es an dieser Stelle Differenzen zum Sozialkonstruktivismus gibt, bleibt es doch wichtig, einen weiteren Bezug zu betonen. Selbst wenn Medientechnologien in der Alltagswelt sicherlich nicht als ‚göttlich' oder ‚natürlich' gegeben begriffen werden, sind wir doch immer wieder damit konfrontiert, dass ihnen eine eigenständige Macht zugeschrieben wird: das Fernsehen, das Computerspielen, das Mailen usw. ‚macht' etwas mit uns. Hier schwingen also Momente einer Verdinglichung in der Begrifflichkeit von Berger und Luckmann mit (bzw. der kritischen Theorie, auf die sie sich beziehen). Mit der hier entwickelten Begrifflichkeit geht es gleichwohl darum, einen solchen essenzialisierenden Zugang nicht zu fördern, sondern vielmehr kritisch zu hinterfragen. Deswegen wurde hier betont, dass Medien ihre Prägkräfte nur im Zusammenhang mit menschlichem Handeln entfalten können.

Zusätzlich muss man im Blick haben, dass eine Medientechnologie stets ein ‚Bündel' verschiedenster Techniken ist, und nicht die Homogenität einer bestimmten Apparatur. Exemplarisch verdeutlicht dies der in der Einleitung bereits zitierte Ivan Illich. Dieser hat die ‚Technologie' des gedruckten Buches dekonstruiert, indem er auf dessen komplexe Genese entlang verschiedener zuerst einmal soziokultureller Neuerungen verweist:

3.4 Kommunikation und die Prägkräfte der Medien

Dieser Durchbruch [des gedruckten Buchs] basierte auf der Kombination von mehr als einem Dutzend technischer Erfindungen und Einrichtungen, mittels derer die Buchseite von der Partitur zum Textträger umgestaltet wurde. Nicht die Druckkunst bildete – wie häufig angenommen – die notwendige Grundlage für all die Etappen, die die Buchkultur seitdem durchlaufen hat, sondern dieses Bündel von Neuerungen, das zwölf Generationen früher Anwendung fand. (Illich 2010: 10f.)

Vergleichbares kann für andere Medientechnologien gesagt werden, beispielsweise den Film, das Fernsehen oder das Internet – in all diesen Fällen laufen verschiedene ‚Bündel von Neuerungen' in dem zusammen, was dann am Ende eines Verdinglichungsprozesses als ein einzelnes Medium bezeichnet wird. Wir finden also bei Illich für das Medium Buch – ähnlich wie bei der ANT – im Hinblick auf technologische „Dinge" Argumente dafür, den Blick auf „die Verbindung jener Elemente" (Illich 2010: 9) zu lenken, durch die sich kommunikatives Handeln in den Materialisierungen einzelner Medien verdinglicht.

Bezieht man diese Gedanken auf die bisherige Argumentation zu den *Prägkräften der Medien*, wird damit deutlich, dass es auch bei heutigen Medientechnologien nicht darum gehen kann, Spezifika zu beschreiben, die ein Medium ‚von selbst' entfaltet. In dem Sinne ist das Medium *nicht* die „Message". Ebenso übt das Medium *keine* „Massage" aus, wie die Mediumstheorie zumindest in Teilen suggeriert (vgl. hierzu den Titel des Buchs von McLuhan und Fiore 1967, „The medium is the massage"). Die Prägkräfte von Medien sind stets im Geflecht mit menschlicher Praxis zu untersuchen, insbesondere (aber nicht ausschließlich) mit kommunikativem Handeln. Oder, wie man mit Begriffen einer kulturtheoretisch orientierten Medien- und Kommunikationsforschung sagen würde: Die Prägkräfte von Medien entfalten sich erst in ihrer *Aneignung* als einem Prozess der kulturellen Lokalisierung (Hepp 2013: Kap. 6.1). Als verdinglichte und institutionalisierte Gefüge einer Vielzahl von (Kommunikations-)Handlungen sind Medien in Figurationen von Praktiken ‚wirkmächtig', hier nicht verstanden als Kausalität oder als eigene Handlungsfähigkeit, sondern als eine Wirkmacht des Beeinflussens von Handlungen. Darauf hebt an dieser Stelle der Begriff der Prägkraft ab. Medien eignen sich als ‚geronnene komplexe Handlungsgeflechte' für Unterschiedliches, wobei sich diese Potenziale erst vermittelt über einen durch vielfältige Praktiken gekennzeichneten Aneignungsprozess entfalten, der weit mehr als die oft so bezeichnete ‚Nutzung' einzelner Medien ist (siehe Hasebrink 2003). Eine kontextbezogene Untersuchung der Prägkräfte von Medien sollte genau dies herausarbeiten.

Nimmt man solche Überlegungen ernst, so müssen wir uns eingehender mit dem in der Einleitung kurz angerissenen *Kommunikationsbegriff* befassen. Wie bereits dort formuliert, möchte ich unter Kommunikation jede Form der symbolischen Interaktion verstehen, bewusst und geplant wie habitualisiert und situativ vollzogen (siehe ausführlicher zum Kommunikationsbegriff Reichertz 2009). Gemeint ist damit, dass Kommunikation auf dem Gebrauch von Zeichen beruht, die Menschen in ihrer Sozialisation erlernen und die als Symbole in weiten Teilen arbiträr sind, d. h., sich auf soziokulturellen Regeln begründen. Interaktion meint das wechselseitig aufeinander bezogene soziale Handeln von Menschen. An diesem Punkt entspricht der hier verwendete Kommunikationsbegriff dem Begriff von Kommunikation, wie er seit dem symbolischen Interaktionismus in der Kommunikations- und Medienwissenschaft Verbreitung gefunden hat (Krotz 2008). Kommunikation ist damit die Voraussetzung für die menschliche Wirklichkeitskonstitution, d. h., wir ‚erschaffen' uns unsere soziokulturelle Wirklichkeit in vielfältigen (wenn auch nicht ausschließlich) kommunikativen Prozessen.

Wenn man von Kommunikation als Handeln spricht, ist es wichtig, sich einige Punkte der Spezifika von (sozialem) Handeln in Abgrenzung zu Verhalten zu vergegenwärtigen. Ohne hier die Diskussion der Handlungstheorie in Anschluss an den soziologischen Klassiker Max Weber (Weber 1972: 1-3) darlegen zu wollen beziehungsweise – was den Platz für eine solche Darstellung betrifft – zu können (siehe insbesondere Lenk 1978; Luckmann 1992; Schütz 1974), erscheint es mir doch notwendig, auf einige Punkte hinzuweisen, um Missverständnisse in der weiteren Argumentation zu vermeiden. Zentraler Unterschied zwischen Handeln und weiterem Verhalten ist, dass ersteres als „‚sinnvolles' und ‚zielgerichtetes' Tun oder Unterlassen [bestimmbar ist], d. h. als ein kontrollierbares und verantwortbares Verhalten" (Holly et al. 1984: 288). Der Begriff des Handelns beschreibt dabei einen gemeinhin nicht weiter reflektierten Vollzug – in Bezug auf Kommunikation: die kommunikative Praxis –, während der Begriff der Handlung das vollzogene Handeln bezeichnet (Luckmann 1992: 48; Schütz 1974: 78). Handeln basiert auf sozialen Regeln, die in der Sozialisation erworben werden.

Wichtig ist eine solche Klärung, weil sie verdeutlicht, dass eine Charakterisierung von Kommunikation als wechselseitigem Handeln gerade *nicht* darauf abhebt, dass dieses mit dem Begriff der Intentionalität bzw. dem Verstehen dieser Intention angemessen beschrieben ist (kritisch dazu Reichertz 2009). Grundlegend geht es um die Frage der Kontrollierbarkeit: „Versteht man Handlungen als sinnvoll, impliziert man, dass sie ‚zweckgerichtet' sind, nicht jedoch, dass sie immer auch absichtlich, willentlich und auch bewusst sein müssen" (Holly et al. 1984: 289f.). In diesem Sinne ist die Beschreibung eines Handelns bzw. einer Praktik als Handlung stets ein „Interpretationskonstrukt" (Lenk 1978), d. h. eine Zuschreibung aus einer Beobachterperspektive. Kommunikation als Handeln bzw. Praxis ist in hohem Maße habitualisiert und – um hier einen Begriff von Anthony Giddens (1995: 431)

3.4 Kommunikation und die Prägkräfte der Medien

zu gebrauchen – ausschließlich „praktisch bewusst": Menschen haben zwar im Vollzug das Wissen, kommunikativ ‚angemessen' *zu handeln*. Sie sind aber nicht unbedingt in der Lage, dieses praktische Wissen des ‚Tuns von Kommunikation' selbst *diskursiv auszudrücken*, d. h. zu beschreiben, wenn man sie dazu befragt.

In vielen Fällen von Kommunikation geht es nicht unbedingt darum, dadurch Anschlusskommunikation zu erzielen, wie es beim gemeinsamen Austausch über irgendwelche Inhalte üblich ist. Vielmehr ist Kommunikation in ein vielfältiges weiteres Handeln bzw. weitere Praktiken eingebunden: Dachdecker stimmen sich sprachlich ab, während sie ein Dach decken, Verwaltungsangestellte fragen nach, während sie Vorgänge sortieren, usw. Die eigentliche Kommunikationshandlung ist also nicht vom weiteren Handlungsgeflecht zu trennen, mit Medien und ohne Medien, mit weiteren Dingen wie Werkzeugen oder anderen Gegenständen und ohne weitere Dinge. In diesem Sinne spricht der Kommunikations- und Medienwissenschaftler Jo Reichertz davon, dass Kommunikation „menschliche Verhaltensabstimmung mittels symbolischer Mittel [ist], die in soziale Praktiken eingebettet sind" (Reichertz 2009: 98). Und er argumentiert, dass es bei Kommunikation insbesondere um „Kommunikationsmacht" (Reichertz 2009: 198) im Sinne des Machtbegriffs von Max Weber (Weber 1972: 28) geht. Für Weber bedeutet Macht die Chance, innerhalb einer sozialen Beziehung den eigenen Willen auch gegen Widerstand durchzusetzen, unabhängig davon, worauf diese Chance beruht. *Kommunikationsmacht* ist dementsprechend die Durchsetzung eines solchen Willens mittels Kommunikation. Jedoch darf man ‚Willen' wiederum nicht in dem Sinne missverstehen, dass dieser einer ‚bewussten Intention, machtvoll zu handeln', entsprechen würde. Wie gesagt und hier weiter pointiert: Sehr häufig sind die Regeln und Muster des machtvollen kommunikativen Handelns hochgradig habitualisiert.

Der Begriff der Kommunikationsmacht unterstellt gerade nicht wie der in der Kommunikations- und Medienwissenschaft immer wieder verwendete Begriff der Wirkung mehr oder weniger klar dimensionierbare Folgen von (medienvermittelter) Kommunikation. Er ist offener, weil Macht nach Weber *immer* nur eine Chance, aber *nie* Gewissheit impliziert. Vor allem aber bezieht sich dieser Begriff der Kommunikationsmacht auf die soziale Dimension von Kommunikation, indem letztlich die (disziplinierte) soziale Beziehung als eigentliche Quelle von Kommunikationsmacht zu begreifen ist. Etwas überschwänglich formuliert Jo Reichertz dazu:

> Es gibt sie – die alltägliche Kommunikationsmacht, die ohne Befehl, ohne Drohung und Bestechung auskommt. Kommunikation gelingt im Alltag nämlich meist ohne Zwang (auch ohne Drohung und Bestechung), aber nie ohne Macht. Aber es ist eine

Macht, die sich aus der Beziehung der Akteure zueinander ergibt und der Bedeutung der anderen für die eigene Identitätsfeststellung. Diese Macht beruht letztlich auf Anerkennung, also auf Freiwilligkeit. (Reichertz 2009: 242)

Warum sind solche Fragen der Kommunikationsmacht im Hinblick auf medienvermittelte Kommunikation von Interesse? Letztlich ergibt sich dies darüber, dass mit der Verdinglichung und Institutionalisierung von bestimmten Kommunikationshandlungen in Medien auch bestimmte Formen von Kommunikationsmacht auf Dauer gestellt werden: Durch die Schaffung von Organisationen und durch den Aufbau materieller Kommunikationsinfrastrukturen werden zeitlich stabile Wahrscheinlichkeiten möglicher Einflussnahmen in Kommunikation geschaffen. Klassische Beispiele dafür sind die herkömmlichen Massenmedien wie das Radio oder Fernsehen, deren Verdinglichung und Institutionalisierung Kommunikation auf bestimmte Sender zentriert und damit auch einzelne Formen von Kommunikationsmacht als Teil der Prägkräfte dieser Medien festschreibt. Aber auch im Internet finden sich ähnliche Formen der Verstetigung von Kommunikationsmacht, beispielsweise in der Form der Datenspeicherung bei Social-Web-Anbietern wie Facebook. Die Art und Weise, wie solche Informationen durch die Nutzung technischer Informationsstrukturierungen auf Seiten der Anbieter ‚gesammelt' und ‚verarbeitet' werden, sichert Kommunikationsmacht. Solche in ihrem jeweiligen Kontext zu sehenden Prozesse der Verdinglichung und damit Verstetigung sind kritisch zu analysierende Momente der Prägkräfte von Medien.

Wie bekommen wir nun aber eine gewisse Systematik in unsere Betrachtung von medienvermittelter Kommunikation und der in dieser greifbar werdenden Prägkräfte von Medien? Es bietet sich an, auf Überlegungen des eingangs in diesem Kapitel zitierten John B. Thompson zurückzukommen, diese aber gleichwohl im Hinblick auf unsere bisherige Argumentation zu erweitern. John B. Thompson (1995: 82–87) hat vorgeschlagen, bezogen auf die von ihm betrachtete Mediatisierung bis zur Durchsetzung der elektronischen Massenmedien drei grundlegende Typen von Kommunikation zu unterscheiden – Face-to-Face-Interaktion, medienvermittelte Interaktion und medienvermittelte Quasi-Interaktion. Greift man zusätzlich die Überlegungen von Friedrich Krotz (Krotz 2007: 90–92) auf, kommt im Hinblick auf den letzten Mediatisierungsschub – die Synergien der zunehmenden Digitalisierung sehr unterschiedlicher (Kommunikations-)Geräte – ein vierter Typus hinzu, nämlich Kommunikation als Interaktion mit ‚intelligenten' oder ‚interaktiven Systemen'. Integriert man die Überlegungen beider Autoren, so lassen sich folgende Grundtypen von Kommunikation unterscheiden (Tab. 3.2).

Tab. 3.2 Grundtypen von Kommunikation

	Direkte Kommunikation	Wechselseitige Medienkommunikation	Produzierte Medienkommunikation	Virtualisierte Medienkommunikation
Raum/Zeit-Konstitution	Kontext der Kopräsenz; geteiltes räumliches/zeitliches Referenzsystem	Separation von Kontexten; erweiterte Verfügbarkeit von Raum/Zeit	Separation von Kontexten; erweiterte Verfügbarkeit von Raum/Zeit	Separation von Kontexten; erweiterte Verfügbarkeit von Raum/Zeit
Bandbreite symbolischer Mittel	Vielfalt von symbolischen Mitteln	Einengung von symbolischen Mitteln	Einengung und Standardisierung von symbolischen Mitteln	Relative Einengung und Standardisierung von symbolischen Mitteln
Handlungsorientierung	Orientiert auf bestimmte Andere	Orientiert auf bestimmte Andere	Orientiert auf ein unbestimmtes Potenzial von Adressaten	Orientiert auf einen potenziellen Handlungsraum
Kommunikationsmodus	Dialogischer Modus der Kommunikation	Dialogischer Modus der Kommunikation	Monologischer Modus der Kommunikation	Interlogischer Modus der Kommunikation
Form der Konnektivität	Lokale Konnektivität	Translokal adressierte Konnektivität	Translokal offene Konnektivität	Translokal unbestimmte Konnektivität

Quelle © Eigene Systematisierung nach Thompson (1995: 85) und Krotz (2007: 90–92)

Diese Systematik unterscheidet vier Typen von Kommunikation, nämlich:

- erstens Kommunikation als *direkte Kommunikation*, also das direkte Gespräch mit anderen Menschen;
- zweitens Kommunikation als *wechselseitige Medienkommunikation*, d. h. die technisch vermittelte personale Kommunikation mit anderen Menschen (beispielsweise mittels eines Telefons);
- drittens Kommunikation als *produzierte Medienkommunikation*, womit der Bereich der Medienkommunikation bezeichnet wird, den klassischerweise das Konzept der Massenkommunikation (Zeitung, Radio, Fernsehen) fasst, d. h. die Kommunikation mittels „allgemein adressierten, standardisierten Kommunikaten" (Krotz 2007: 213);
- und schließlich die *virtualisierte Medienkommunikation*, worunter die Kommunikation mittels ‚interaktiver Systeme' zu verstehen ist, die für diese Zwecke geschaffen wurden, wofür Computerspiele ein Beispiel sind; ein anderes wären Roboter.

Insgesamt verdeutlicht diese Systematik, dass bei der wechselseitigen und produzierten Medienkommunikation die Einengung von symbolischen Mitteln, die im Vergleich zur direkten Kommunikation besteht, damit einhergeht, dass die Kontexte der beteiligten Interaktanten voneinander separiert werden. Die Folge ist, dass eine erweiterte Verfügbarkeit von Kommunikation über Raum und Zeit hinweg möglich wird. Anders formuliert: Technische Medien gestatten es, Kommunikation aus der Lokalität der direkten Beziehung zu „entbetten" (Giddens 1996: 33). Kommunikation eröffnet so translokale Konnektivitäten, ohne sich physisch bewegen zu müssen, d. h. im alltagssprachlichen Wortgebrauch ‚Verbindungen' jenseits des Lokalen. Am weitesten geht diese Entbettung in einem gewissen Sinne bei der virtualisierten Medienkommunikation. Bei dieser werden letzlich durch Medientechnologien potenzielle Handlungsräume geschaffen, die dann auf sehr unbestimmte Weise über unterschiedliche Orte hinweg für verschiedenste Kommunikationshandlungen angeeignet werden können.

Betrachten wir solche Zusammenhänge genauer, so lässt sich Folgendes festhalten: Während die *direkte Kommunikation* in einem Kontext der Kopräsenz mit einem geteilten raumzeitlichen Referenzsystem stattfindet und diese Kommunikation so etwas wie eine lokale Konnektivität schafft, besteht bei der translokalen Konnektivität *wechselseitiger Medienkommunikation* eine Differenz: Durch die Benutzung technischer Medien agieren die Beteiligten in Kontexten, die räumlich und/oder zeitlich unterschiedlich sind. Sie teilen entsprechend kein Referenzsystem im obigen Sinne. Exemplarisch wird dies an

3.4 Kommunikation und die Prägkräfte der Medien

Mobiltelefongesprächen deutlich, bei denen die Notwendigkeit auszumachen ist, durch eine „Verdopplung des Ortes" (Moores 2006: 199) – also die Schaffung eines geteilten ‚Ortes des Gesprächs' – erst ein gemeinsames Referenzsystem der Interaktionspartner herzustellen. Insgesamt geht der Gewinn einer solchen translokalen kommunikativen Konnektivität durch die Mediatisierung von Kommunikation mit einem Verlust an symbolischen Mitteln einher, entlang derer die Kommunikation erfolgt bzw. erfolgen kann. Indem die translokale Konnektivität der wechselseitigen Medienkommunikation auf bestimmte Interaktionspartner bezogen bleibt, lässt sie sich als translokal adressierte Konnektivität bezeichnen.

Bei der *produzierten Medienkommunikation* ist ein weiterer Aspekt von Konnektivität auszumachen. Auch hier ist sie zuerst einmal translokal, indem mittels technischer Medien Kommunikation aus ihren lokalen Kontexten entbettet wird. Im Gegensatz zur wechselseitigen Medienkommunikation sowie zur direkten Kommunikation ist die produzierte Medienkommunikation aber auf ein unbestimmtes Potenzial von Anderen gerichtet. Entsprechend muss die Konnektivität, die durch sie hergestellt wird, anders gefasst werden, nämlich als eine translokal offene Konnektivität, d. h. als ein Kommunikationsgefüge mit entsprechend unscharfen Rändern. Der damit verbundene Konnektivitätsgewinn – die Möglichkeit von kommunikativer Konnektivität zu einem großen Gesamt nicht weiter spezifizierter Anderer – geht wiederum mit einem Verlust einher, dem Verlust einer dialogischen Kommunikationsbeziehung zugunsten einer monologischen. Genau dafür stehen ja die klassischen Massenmedien wie die Zeitung, das Radio oder das Fernsehen, aber auch ihre digitalisierten Pendants wie die Online-Zeitung, das digitale Radio oder das Internet-Fernsehen.

Wie bereits erwähnt, ist die Sachlage bei der *virtualisierten Medienkommunikation* komplexer. In gewissem Sinne ist die Einschränkung symbolischer Mittel hier nur noch relativ, indem bei bestimmten Kommunikationsrobotern wie dem von Sony geschaffenen „Aibo" und vergleichbaren Geräten (wieder) sehr vielfältige Möglichkeiten der Kommunikation mit diesen genutzt werden können, beispielsweise auch der gestischen. Ähnliches gilt für Computerspiele. Beispielsweise kann die Nintendo Wii über Bewegungssensoren auch gestische Formen von Kommunikation in den virtualisierten Handlungsraum einbeziehen. Es lässt sich dabei insofern von einem ‚Interlog' sprechen, als sich zwischen den Produzierenden solcher Interaktionsumgebungen und seinen Nutzerinnen und Nutzern ein virtueller Handlungsraum ‚schiebt', in dem aus Sicht der Nutzenden die eigentlichen Kommunikationshandlungen stattfinden. Entsprechend unbestimmt sind die Konnektivitäten, die hier bestehen: Während aus Sicht der Nutzenden die Konnektivität letztlich zwischen dem bzw. den Nutzungskontext(en) und dem virtuellen Handlungsraum liegt, ist damit aus Gesamtsicht eine weitere

Konnektivität verbunden, die sich durch die Produktion dieses virtuellen Handlungskontextes und seiner Aneignung ergibt.

Systematisierungen wie diese sind nicht unumstritten in der Mediatisierungsforschung. So kritisiert beispielsweise Stig Hjarvard (2008: 122) die ursprünglichen, hier erweiterten Überlegungen von John B. Thompson dahingehend, dass dessen Unterscheidung zu sehr in der Differenzierung zwischen medienvermittelter personaler Kommunikation und Massenkommunikation verhaftet bleibt. Hjarvard plädiert dafür, nur zwischen direkter und medienvermittelter Kommunikation zu unterscheiden und dann weitere Differenzierungen vorzunehmen wie beispielsweise, ob eine Kommunikation einseitig oder zweiseitig erfolgt, interpersonal oder massenhaft, text-, auditiv oder visuell basiert ist usw. Sicherlich ist dem zuzustimmen, dass für empirische Analysen weitere Differenzierungen notwendig sind. Gleichwohl besteht das Potenzial einer solchen Systematisierung aber darin, einen Orientierungsrahmen für eine weitere Differenzierung zu haben, der stärker auf die grundlegenden Charakteristika von Kommunikation in Zeiten der Mediatisierung abhebt. Dies erscheint nicht zuletzt deshalb wichtig, weil es um gänzlich unterschiedliche Formen der Institutionalisierung und Verdinglichung von Kommunikationsmacht geht: Monologisch bedeutet beispielsweise eine Zentrierung der Kommunikationsmacht auf wenige, interlogisch hingegen geht mit einer Kommunikationsmacht einher, die in der Möglichkeit des Schaffens von virtuellen Interaktionsräumen besteht.

Vor allem aber ermöglicht diese Systematisierung, das Panorama der Mediatisierung weiter herunterzubrechen: Während über einen langen Zeitraum Mediatisierung hieß, dass weitere Formen der wechselseitigen und produzierten Medienkommunikation verschiedene Prägkräfte entfalteten, können wir sagen, dass wir es bei der virtualisierten Medienkommunikation mit einem weiteren Schub von Mediatisierung zu tun haben, dessen potenzielle Prägkräfte nur sehr schwer abzuschätzen sind.

Mediatisierung fasst entsprechend den Prozess der Etablierung dieser unterschiedlichen Typen von Medienkommunikation über verschiedene Kontextfelder hinweg und deren Durchdringung mit diesen. Wie sich dabei einzelne Prägkräfte entfalten, welche Veränderungen von Kommunikation und damit auch der Konstruktion von Wirklichkeit bestehen, dies gilt es jeweils spezifisch für diese Felder zu untersuchen. Auch wenn man dabei die Wandlungszusammenhänge, die mit dem Begriff der Mediatisierung gefasst werden, häufig an ‚den Medien' festmacht, muss einem doch bewusst sein, dass dieser Ausdruck eine Verkürzung ist für eine komplexe *dialektische* Beziehung, die man betrachtet. Im Kern geht es nämlich um Kommunikation und die Frage, wie deren Wandel auf den soziokulturellen Wandel verweist. Medien sind nicht mehr und nicht weniger als die Verdinglichungen und Institutionalisierungen dieses Wandels. Und wenn wir von Prägkräften der Medien sprechen, so nutzen wir dies als eine Metapher, um diese Dialektik erfassen zu können.

Medienkultur als die Kultur mediatisierter Welten

4

Im letzten Kapitel ging es darum, schrittweise zu erarbeiten, was wir unter Mediatisierung verstehen können. Ich habe versucht zu verdeutlichen, dass Mediatisierung mehr ist als der Prozess der medialen Vermittlung von Kommunikation. Allerdings fasst Mediatisierung auch nicht die Durchsetzung einer wie auch immer gearteten Medienlogik. Vielmehr ist Mediatisierung ein begriffliches Konstrukt wie Individualisierung, Kommerzialisierung oder Globalisierung, um als Panorama einen langanhaltenden Metaprozess des Wandels zu erfassen. Dieser Metaprozess ist keine lineare Evolution, sondern durch viele (Um-)Brüche und Widersprüchlichkeiten gekennzeichnet. Dennoch können wir zumindest für die letzten Jahrzehnte in Europa einige generelle Aussagen zu dem machen, was den Metaprozess der Mediatisierung kennzeichnet: Wir haben es mit einer zunehmenden Verbreitung von verschiedenen Formen der wechselseitigen, produzierten und virtualisierten Medienkommunikation zu tun. Diese Verbreitung geht damit einher, dass sich verschiedene Prägkräfte von Medien in unterschiedlichen Feldern der Wirtschaft, der Religion, der Politik usw. auf je spezifische Weise entfalten.

Ein solches Verständnis von Mediatisierung ermöglicht es nun, Medienkultur genauer zu bestimmen. Wie dieses Kapitel zeigen soll, ist unter Medienkultur nicht mehr und nicht weniger als die *mediatisierte* Kultur zu verstehen; oder – allgemeiner ausgedrückt – *Medienkultur ist die Kultur mediatisierter Welten*. Um dies zu untermauern, werde ich wie folgt argumentieren. Zuerst einmal geht es mir darum, ausgehend von dem umrissenen Begriff der Mediatisierung Medienkultur als Konzept zu fassen. Dies dient mir dann als Basis, um unsere heutigen mediatisierten Welten zu reflektieren. Von einer solchen Betrachtung komme ich dann zu den kommunikativen und sozialen Netzwerken der Gegenwart. Enden werde ich mit der Frage, was die kommunikativen Figurationen heutiger Medienkulturen auszeichnet.

4.1 Medienkultur als Konzept

Wie bereits erläutert, ist es sinnvoll, mit *Medienkultur eine mediatisierte Kultur* zu bezeichnen. Damit ist gemeint, dass Medienkulturen solche Kulturen sind, deren *primäre Bedeutungsressourcen mittels technischer Kommunikationsmedien vermittelt* werden und die *durch diese Prozesse auf unterschiedliche, je zu bestimmende Weisen ‚geprägt'* werden. Bedeutungsressource bezeichnet an dieser Stelle die Kommunikate (‚Texte', ‚Filme', ‚Webseiten' etc.), auf die wir uns beziehen, wenn wir in (Medien-)Kommunikation Bedeutung generieren. Von *Bedeutungsressourcen* wird hier gesprochen, weil deren Bedeutung nicht ‚in den Kommunikaten' liegt, sondern erst in der Aneignung entsteht.

Sicherlich ist keine Kultur in dem Sinne mediatisiert, dass *all* ihre Bedeutungsressourcen medienvermittelt wären. Indem der Mensch ein körperliches Wesen ist, wird ein Teil seiner kulturellen Bedeutungsproduktion stets „unmittelbar" oder doch zumindest „nicht medienvermittelt" bleiben (Reichertz 2008: 17). Die entscheidende Betonung liegt entsprechend auf dem Wort „primär": Versteht man unter Mediatisierung, wie im letzten Kapitel entwickelt, den Prozess der zunehmenden zeitlichen, räumlichen und sozialen Durchdringung unserer Kulturen mit Medienkommunikation und eine damit verbundene, vielfältige und widersprüchliche Prägung derselben durch Medien, lässt sich historisch gesehen ein Punkt ausmachen, an dem Kulturen in einer Weise von Medienkommunikation durchdrungen und geprägt werden, in der Medien alltagsweltlich konstitutiv für die Artikulation dieser Form von Kultur werden. Das ‚Leben' in und mit dieser Kultur ist jenseits von Medien nicht vorstellbar. Dies ist dann der Fall, wenn Medien in Kooperation mit anderen sozialen Institutionen in einem fortlaufenden Prozess sozial als das Zentrum der Gesellschaft „konstruiert" (Couldry 2009: 437) werden: Als ‚wichtig' gilt, was in den Nachrichten zu sehen ist, ‚entscheidende' Freundschaften und Bekanntschaften hat man über das Social Web organisiert, ‚relevante' historische Ereignisse werden verfilmt, wer ‚wirklich bedeutend' ist, wird zur Celebrity des Fernsehens oder des Internets usw. Die Diskursmuster, die auf eine solche *soziale Konstruktion von medialer Zentralität* verweist, sind den meisten Menschen, die in heutigen Medienkulturen leben, aus ihrer Alltagswelt bekannt. Entsprechend sind Medienkulturen nicht einfach Kulturen, die durch Mediatisierung im Sinne einer zunehmenden quantitativen Verbreitung und qualitativen Prägung von Kultur durch Prozesse der Medienkommunikation gekennzeichnet sind. Zusätzlich kann man sagen, dass beides in Medienkulturen so weit geht, dass in ihnen „die Medien" als diejenigen Instanzen konstruiert werden, deren Bedeutungsressourcen als primär gelten – kurz: das Zentrum (mit-)bilde.

4.1 Medienkultur als Konzept

Indem Medienkulturen auf der kommunikativen Konnektivität von medienvermittelter Kommunikation beruhen, sind sie zwangsläufig ortsübergreifend, d. h. translokale Phänomene. Der Ausdruck der *Translokalität* ist an dieser Stelle ein analytisches Konzept, das uns einige Besonderheiten von Medienkulturen vor Augen führt. „Lokalität" als Teil dieses Begriffs betont, dass auch mit fortschreitender Mediatisierung die lokale Welt nicht aufhört zu existieren. Unabhängig davon, wie weitreichend die kommunikative Konnektivität einer Lokalität sein mag, wird nicht dadurch infrage gestellt, dass eine Person ihr Leben primär lokal lebt (Moores 2000, 2012). Als ein physisches menschliches Wesen muss man sich irgendwo aufhalten. Und begreift man Medien, wie wir es bisher getan haben, auch als Verdinglichungen, so ist deren Aneignung im Hinblick auf ihre apparativen Momente – als Fernsehempfänger, WLAN-Sender, Kabelnetzwerk etc. – ebenfalls an bestimmte Orte gebunden. Das Präfix ‚Trans-' lenkt unseren Fokus allerdings von Fragen des Lokalen hin zu Fragen der Konnektivität, d. h. zu Fragen der medialen Vermittlungsleistung. Es geht also darum, welche Kommunikationsbeziehungen in Medienkulturen bestehen, was deren Spezifik und Besonderheit ist. Entsprechend betont eine Ausrichtung von Forschung auf die Translokalität von Medienkulturen auf der einen Seite, dass das Lokale nach wie vor eine große Relevanz hat, dass auf der anderen Seite aber Lokalitäten in Medienkulturen kommunikativ (und physisch) stark miteinander verbunden sind.

Ein solcher Begriff der Translokalität hebt gleichzeitig auf eine bestimmte Form des Denkens über Kultur ab. Vor einiger Zeit hat Jan Nederveen Pieterse (1998) zwei prinzipielle Möglichkeiten von Kulturbegriffen unterschieden, nämlich ein territoriales und ein translokales Verständnis. Territoriale Konzepte von Kultur sind innenorientiert und endogen, fokussiert auf eine Organität, Authentizität und Identität von Kultur. Es geht also um Vorstellungen von Kultur als einem ‚funktionalen Organismus'. Translokale Konzepte hingegen sind außenorientiert und exogen, fokussiert auf Hybridität, Übersetzung und fortlaufende Identifikation. Das Bild von Kultur ist ein anderes, das stärker ihre Prozesshaftigkeit und Unabgeschlossenheit betont. Sprechen wir von Medienkulturen als einem translokalen Phänomen, so zielt dies im Rahmen einer solcher Unterscheidung gleichzeitig darauf ab, diese Kulturen in einer Prozesshaftigkeit und Unabgeschlossenheit zu sehen: Medienkulturen sind mehr oder weniger hybrid, in ihnen muss fortlaufend übersetzt werden, die in ihnen gelebten Identitäten sind sich wandelnde Identifikationen usw. Deshalb müssen wir vorsichtig sein, den Begriff der Medienkultur unhinterfragt mit Vorstellungen von Nationalkulturen territorialer Staaten gleichzusetzen.

Formulieren wir unseren Begriff von Medienkultur weiter aus, so können wir in Anlehnung an Stuart Hall (2002) davon sprechen, dass man mit dem Begriff der Kultur ganz allgemein die „Summe" der verschiedenen Klassifikationssysteme und diskursiven Formationen bezeichnet, auf die sich die alltagsweltliche Bedeutungsproduktion bezieht. Im Falle von Medienkulturen ist diese alltagsweltliche Bedeutungsproduktion im bisher umrissenen Sinne mediatisiert und damit auch translokal. Entsprechend sind Medienkulturen eine Art von *Verdichtung translokaler Klassifikationssysteme und Formationen der Bedeutungsartikulation.* Diese Prozesse der Bedeutungsartikulation konkretisieren sich in komplexen Kreisläufen, wobei sinnvoll zumindest die Artikulationsebenen von Produktion, Repräsentation, Aneignung, Identifikation und Regulation unterschieden werden können (Johnson 1986; du Gay et al. 1997; Hepp 2004: 187): Setzt man sich mit Medienkulturen auseinander, so geht es um Fragen der Herstellung (Produktion), der Darstellung (Repräsentation) und des Sich-zu-Eigen-Machens (Aneignung) von mediatisierte Kultur sowie des Sich-Identifizierens (Identifikation) mit dieser bzw. um Fragen der (politischen bzw. gouvernementalen) Einflussnahme (Regulation) auf sie. Entsprechend hat es keinen Sinn, Medienkulturen beispielsweise als „Fernsehkultur" (Fiske 1987) oder „Filmkultur" (Harbord 2002) auf bestimmte Medienprodukte einzuengen. Andere Ebenen der Artikulation von Medienkultur gilt es, ebenfalls im Blick zu haben (siehe dazu auch Hickethier 2003 und die Beiträge in Pias 1999, Pias et al. 1999 sowie Saxer 1998). Medienkulturen sind *Verdichtungsphänomene,* bei deren Betrachtung sehr unterschiedliche Kommunikationsmedien zu berücksichtigen sind.

Der hier verwendete Begriff der *Verdichtung* („thickening") geht auf die Überlegungen des schwedischen Anthropologen Orvar Löfgren zurück. Löfgren entwickelt diesen Begriff im Rahmen einer sorgfältigen Analyse des schwedischen Radios der 1920er Jahre und dessen Rolle bei der „Verdichtung des Nationalstaates von einer Idee und einem geopolitischen Raum zu einem kulturellen Raum" (Löfgren 2001: 29). Von Verdichtung spricht er deswegen, weil es nach seiner Analyse eine zunehmende Intensivierung einer Vielfalt ‚kleiner' Alltagspraktiken und -routinen ist – beispielsweise die nationale Grenzziehung des eigentlich grenzüberschreitenden Wetters im Wetterbericht (Löfgren 2001: 19) –, durch die sich die Nationalkultur mehr und mehr konstituiert. Eine Beschäftigung mit kulturellen Verdichtungen bedeutet entsprechend, einen Blick für die „Mikro-Physiken" (Löfgren 2001: 11) der Artikulation von Kultur zu entwickeln.

Letztlich kann man sich die ‚Summe' der Klassifikationssysteme und diskursiven Formationen, die die Bedeutungsproduktion einer Medienkultur ausmacht, als eine Menge von kulturellen Mustern vorstellen. Der Ausdruck ‚Muster' verdeutlicht, dass es hier nicht um singuläre Phänomene geht, sondern um die typischen ‚Arten' des Denkens, von Diskursen oder Handlungspraktiken. Mit anderen Worten bezeichnet der Begriff des kulturellen Musters eine bestimmte

4.1 Medienkultur als Konzept

‚Form', eine bestimmte ‚Praxis' oder einen bestimmten ‚Typus'. Viele dieser Muster sind für sehr unterschiedliche Kulturen charakteristisch bzw. treten in der einen oder anderen Weise in verschiedenen Medienkulturen auf. Dies ist mit der Aussage gemeint, dass Medienkulturen fließend ineinander übergehen. Letztlich verweist eine solche ‚Unschärfe' von Medienkultur auf unseren Begriff von ihr: Indem nämlich die Kommunikationsprozesse, auf denen die Vermittlung von Medienkulturen beruht, translokal sind und damit verschiedenste Orte durchschreiten, sind Medienkulturen nicht voneinander abgeschottet und gerade deswegen zu fortlaufenden Prozessen der Übersetzung gezwungen. Um hier einige Beispiele aus den Alltagswelten unserer heutigen Medienkulturen zu nennen: Es gibt Momente, wie beispielsweise den Grundaufbau einer Talkshow, die eine deutsche, französische oder britische Medienkultur gemeinsam haben (Hepp 2013: Abschn. 5.2). Ebenso werden alle drei überlagert von der transnationalen Medienkultur des Hip-Hops, die sich in deutsch-, französisch- und englischsprachigen Varianten konkretisiert. All diese Medienkulturen bleiben dennoch unterscheidbar, nämlich in ihrer *Verdichtung* einer Vielzahl von für sich genommen erst einmal nicht exklusiven Mustern.

Im ‚Kern' der Verdichtung einer Medienkultur wird also deren Spezifik greifbar – zumindest als Typisierungen der jeweiligen Muster dieser Kultur. Der Begriff der Verdichtung versucht demnach zu fassen, dass wir die „Komplexität" (Hannerz 1992), aber auch Dynamik heutiger Medienkulturen kaum in den Blick bekommen können, wenn wir sie mit einem scharfen ‚Entweder-oder' gegeneinander abzugrenzen versuchen. Gerade wegen der medialen und damit ortsübergreifenden Vermittlung von Medienkulturen müssen wir vielschichtige Überlagerungen unterschiedlicher kultureller Verdichtungen als ein Spezifikum heutiger Medienkulturen begreifen. Betrachtet man solche Verdichtungen jedoch vergleichend, so werden Medienkulturen trotz ihrer Entgrenzungen unterscheid- und damit auch beschreibbar. Medienkultur als eine spezifische Verdichtung von kulturellen Mustern kann sich dabei in sehr unterschiedlichen sozialen Gebilden wie Fankulturen, sozialen Bewegungen, Glaubensgemeinschaften, aber auch Regionen, Nationen oder supranationalen Einheiten wie der EU konkretisieren.

Solche Überlegungen verweisen darauf, dass heutige Medienkulturen gerade aufgrund ihrer Mediatisierung durch eine *Globalisierung der Medienkommunikation* gekennzeichnet sind. Versteht man unter Globalisierung im Allgemeinen die multidimensionale Zunahme einer weltweiten Konnektivität – wie es der Soziologe und Kommunikationswissenschaftler John Tomlinson (1999) in seinem Buch „Globalisierung und Kultur" macht –, so fasst die Globalisierung der Medienkommunikation die multidimensionale Zunahme einer weltweiten *kommunikativen* Konnektivität (Hepp 2004: 125–135). Diese können wir – wie im letzten

Kapitel bereits angedeutet – ebenfalls als einen Metaprozess verstehen. Und wie beim Metaprozess der Mediatisierung ist festzuhalten, dass die Globalisierung der Medienkommunikation keine eindimensionale Logik hat, wonach an deren Ende beispielsweise ein „globales Dorf" oder eine „kulturelle Homogenisierung" stünde, wie insbesondere im Umfeld der Mediumstheorie konstatiert wurde (McLuhan und Powers 1995). Gleichwohl lassen sich – und darauf haben bereits verschiedene meiner Anmerkungen hingewiesen – einzelne Momente des kulturellen Wandels der Globalisierung ausmachen. Der argentinisch-mexikanische Kultur- und Kommunikationsforscher Néstor García Canclini argumentiert, dass der herausragende kulturelle Wandel der Globalisierung die Deterritorialisierung ist: Vermittelt durch den Prozess der Globalisierung zeichnet sich ein zunehmendes Aufweichen der scheinbar natürlichen Beziehung zwischen Kultur und geografischen und sozialen Territorien ab (García Canclini 1995: 229). Dem stehen wiederum verschiedene Prozesse der (Re-)Territorialisierung gegenüber.

García Canclini lenkt damit den Blick auf Momente, die wichtig sind, um die Frage der Translokalität von Medienkulturen weiter zu diskutieren. So können wir sagen, dass bestimmte Momente ihrer Translokalität territorial sind, andere deterritorial. Der erste Fall trifft zu auf Medienkulturen einzelner Nationalstaaten, die als nationale Medienkulturen letztlich auf territoriale Kommunikationsräume verweisen. Der zweite Fall deterritorialer Medienkulturen verweist auf Phänomene wie bestimmte Populärkulturen, die sich gerade nicht mit solchen territorialen Kommunikationsräumen decken und für deren Artikulation Territorialität nicht konstitutiv ist. Die Analysekategorie der Translokalität hilft hier, das Augenmerk auf den Umstand zu lenken, dass über verschiedene national-territoriale Grenzen hinausgehende Konnektivitäten mit der Globalisierung von Medienkommunikation zugenommen haben. Insofern verweist der Begriff translokaler Medienkulturen auf das Bestehen einer Vielzahl von kulturellen Verdichtungen in Zeiten fortschreitender Mediatisierung und Globalisierung (siehe ausführlich Hepp 2013).

4.2 Mediatisierte Welten

Ein Zugang zu Medienkulturen, dem es um die Mediatisierung von Kultur geht und der entsprechend Einzelmedien übergreift, also transmedial angelegt ist, bedarf zwangsläufig einer weiteren Klärung als sie die bisher allgemeine Reflexion dieser Fragen bot. Wie soll unser Ansatzpunkt für eine empirische Beschäftigung mit Medienkultur aussehen, wenn wir sagen, dass sich die Mediatisierung

4.2 Mediatisierte Welten

von Kultur in verschiedenen Feldern sehr unterschiedlich konkretisiert? Wo sollen wir ansetzen, wenn wir den Blickwinkel der Mediumstheorie ablehnen, von einem einzelnen (Leit-)Medium her zu argumentieren, und wenn wir so beispielsweise nicht ‚das' Fernsehen, ‚das' Mobiltelefon oder ‚das' Social Web in seinen je verschiedenen Momenten ins Zentrum der Betrachtung rücken? Eine Möglichkeit, diese Fragen zu beantworten, ist, bei einzelnen „mediatisierten Welten" (Hepp und Krotz 2012) anzusetzen. Diese lassen sich in einer ersten Annäherung als alltagsweltliche Konkretisierungen von Medienkultur verstehen.

In der Kommunikations- und Medienforschung ist es bereits seit längerem üblich, von „Medienwelten" zu sprechen. David L. Altheide und Robert P. Snow (1991) beispielsweise bringen ihr Konzept der Medienlogik mit dem der Medienwelt in Verbindung, indem sie eine durch Medienlogiken gekennzeichnete Sozialwelt als „media world" charakterisieren. Elizabeth Bird (2003) beschreibt die alltagsweltliche Nutzung von (Massen-)Medien aus ethnografischer Sicht als das „Leben in einer Medienwelt". Faye D. Ginsburg, Lila Abu-Lughod und Brian Larkin (2002) charakterisieren die (Kultur-)Anthropologie der Medien als eine ethnografische Analyse verschiedener kultureller Medienwelten. Leah A. Lievrouw (2001) sieht die Etablierung der „neuen" digitalen Medien in funktionalem Zusammenhang mit einer Pluralisierung von Lebenswelten. David Morley spricht bezogen auf Fragen der Zugehörigkeit von der „gegenwärtigen medienvermittelten Welt" (Morley 2001: 443). Ähnliches kann für den deutschen Sprachraum gesagt werden, wo spätestens seit Ende der 1980er Jahre der Ausdruck der Medienwelt(en) verbreitet ist (siehe beispielsweise Baacke et al. 1991; Sander und Vollbrecht 1987). Der Begriff der ‚Medienwelten' hat in der Kommunikations- und Medienforschung also durchaus eine Verbreitung. Dabei ist, wenn die Begriffsverwendung über eine reine Metaphorik hinausgeht, immer wieder die Sozialphänomenologie und hier Alfred Schütz ein Referenzpunkt (zur Relevanz der Kategorie Alltag im Allgemeinen vgl. die Beiträge in Thomas 2008 und Röser et al. 2009). Dessen Überlegungen möchte ich im Weiteren ebenfalls aufgreifen, diese allerdings auf unsere bisherige Charakterisierung von Medienkultur als mediatisierte Kultur beziehen.

Alfred Schütz ging es in seinem posthum zusammen mit Thomas Luckmann erschienenen zweibändigen Werk „Strukturen der Lebenswelt" darum, im Rahmen einer „Mundanphänomenologie" die „allgemeinsten Wesensmerkmale der Lebenswelt [...] zu erkunden" (Hitzler und Eberle 2003: 110). Es handelt sich dabei um ein „*proto*-soziologische[s] Unternehmen, [das] der eigentlichen soziologischen Arbeit zugrunde liegt" (Hitzler und Eberle 2003: 110; Herv. i. O.). Im Vordergrund steht eine „epistemologische Klärung" (Hitzler 2007: 86), wie aus einer je subjektiven Orientierung in der Welt der sinnhafte Aufbau der sozialen Welt erfolgt. Kernbestandteil einer solchen Bestimmung der „Strukturen der Lebenswelt" (Schütz und Luckmann 1979) ist das Konzept der alltäglichen Lebenswelt bzw. in knapper Formulierung der Alltagswelt. Aus Sicht von Alfred Schütz und Thomas Luckmann ist die alltägliche Lebenswelt „jener Wirklichkeitsbereich [...], den der wache und normale Erwachsene in der Einstellung des gesunden Menschenverstands als schlicht gegeben vorfindet" (Schütz und Luckmann 1979: 25). Die alltägliche Lebenswelt ist fraglos hingenommen, nicht die „Privatwelt" des bzw. der Einzelnen, sondern intersubjektiv: „Die Grundstruktur ihrer Wirklichkeit ist uns gemeinsam" (Schütz und Luckmann 1979: 26). Dabei schließt die Alltagswelt nicht nur die vom Einzelnen erfahrene „Natur" ein, sondern „auch die Sozial- bzw. Kulturwelt, in der ich mich befinde" (Schütz und Luckmann 1979: 27). Die Protosoziologie der Phänomenologie versucht nun, die „Strukturiertheit der Lebenswelt für das erlebende Subjekt" (Schütz und Luckmann 1979: 38) herauszuarbeiten.

Greift man die Überlegungen des französischen Soziologen Michel Foucault (1977) zur sozialen Vermittlung des Subjekts auf (siehe Thomas 2009), ist man vielleicht vorsichtig mit dem Selbstanspruch, die von Alfred Schütz und Thomas Luckmann herausgearbeiteten Strukturen der Lebenswelt würden einen universellen Begriffsapparat zur Verfügung stellen (siehe u. a. Reichertz 2009: 66–69). Aber auch wenn man dies nicht annimmt, bieten uns deren Darlegungen einen wichtigen Ausgangspunkt, um klarer zu fassen, was mediatisierte Welten sind. Ausgehend von Alfred Schütz hat sich nämlich eine breite Beschäftigung damit entfaltet, was die heutigen Alltagswelten in ihrer soziokulturellen Konkretisierung auszeichnet. Hierbei geht es weniger darum, den allgemeinen Begriffsapparat einer Phänomenologie als Protosoziologie auszuweiten, als eine sozialwissenschaftliche Analyse zu betreiben.

Bereits früh hat Benita Luckmann (1970) auf das Zerfallen der alltäglichen Lebenswelt in verschiedene, wie sie es nennt, „kleine Lebens-Welten" hingewiesen. Diese sind für sie „Sektoren des Alltagslebens", die sowohl in privaten wie auch in institutionellen Kontexten bestehen. Die kleinen Lebens-Welten als „sozial konstruiert[e] Teil-Zeit-Wirklichkeiten" (Hitzler und Honer 1984: 67) kennzeichnen nach ihrer Argumentation zunehmend die Erfahrung von Menschen in gegenwärtigen Kulturen und bestimmen die „multidimensionale Natur des Alltagslebens" in diesen. Folgt man an dieser Stelle den Weiterführungen des Soziologen Ronald Hitzler (2008b), kann vor dem Hintergrund der Individualisierungsprozesse moderner Gesellschaften ein Relevanzgewinn dieser kleinen Lebens-Welten ausgemacht werden: Die zunehmende Möglichkeit wie auch Verpflichtung zur Wahl unterschiedlicher Lebensentwürfe geht einher mit einer zunehmenden Vielfalt von kleinen Lebens-Welten:

4.2 Mediatisierte Welten

> Kleine soziale Lebens-Welten sind in sich strukturierte Fragmente der Lebenswelt, innerhalb derer Erfahrungen in Relation zu je speziellen, verbindlich bereitgestellten intersubjektiven Wissensvorräten statthaben. Kleine soziale Lebens-Welten implizieren subjektives Erleben der Wirklichkeit in Teil- bzw. Teilzeit-Kulturen. ‚Klein' sind solche Welten also nicht etwa deshalb, weil sie grundsätzlich nur kleine Räume beträfen oder nur aus wenigen Mitgliedern bestünden. ‚Klein' nennen wir sie vielmehr deshalb, weil in ihnen die Komplexität möglicher Relevanzen reduziert sind auf bestimmte Relevanzhierarchien und -systeme. Und ‚sozial' nennen wir kleine soziale Lebens-Welten deshalb, weil diese Relevanzsysteme jeweils intersubjektiv verbindlich sind für gelingende Partizipationen […]. (Hitzler 2008b: 136)

Ronald Hitzler selbst interessiert dann in seiner Analyse vor allem eine Form dieser kleinen Lebens-Welten, nämlich „Erlebniswelten". Diese zeichnen sich dadurch aus, dass in ihnen das subjektive Erleben im Bewusstseinsstrom als „außergewöhnlich" (Hitzler 2008b: 135) herausgehoben ist. Ein herausragendes Beispiel dafür sind die sich anhand von verschiedenen Events generierenden Erlebniswelten, mit denen wir heutzutage konfrontiert sind (Hitzler 2000). Die Außergewöhnlichkeit solcher Erlebniswelten wird durch „mannigfaltige ‚Vehikel' zum Konsum" befördert, unter denen „technische Medien" zentral sind: „Bücher, Radio, Fernsehen, Filme, Internet usw." (Hitzler 2008b: 135).

Es ist dieser Gedanke Hitzlers, der hier besonders interessiert und den ich nicht nur auf Erlebniswelten, sondern auf „kleine Lebens-Welten" insgesamt beziehen möchte: In Medienkulturen können wir davon ausgehen, dass die verschiedenen kleinen Lebens-Welten *in ihrer Gesamtheit* mit Bezug auf Medien artikuliert werden, ob dies nun die kleinen Lebens-Welten verschiedener öffentlicher Organisationen sind (des Lernens, der Arbeit, der Politik usw.) oder des privaten Lebens (der Freizeit, der Familie, der Nachbarschaft usw.). Wenn im Weiteren von *mediatisierten Welten* gesprochen wird, sollen damit im Kern solche mediatisierten Sozialwelten im Sinne kleiner Lebens-Welten verstanden werden. Diese werden analog zu dem im vorherigen Abschnitt entwickelten Begriff der Medienkultur als *mediatisierte* Welten bezeichnet, wenn der *Rekurs auf Kommunikationsmedien für die Artikulation dieser Sozialwelten in ihrer gegenwärtigen Form konstitutiv* ist.

Auf der Basis eines solchen Begriffs können wir dann die Aussage, dass sich Medienkulturen in verschiedenen mediatisierten Welten konkretisieren, wie folgt spezifizieren: Gemeint ist damit, dass aus der subjektiven Sicht des bzw. der Einzelnen Medienkulturen als je charakteristische Vielfalt einzelner mediatisierter Welten greifbar werden. Hierbei variiert die Art und Weise der Mediatisierung von einer mediatisierten Welt zur anderen: Während beispielsweise für mediatisierte Welten einzelner Familien neben dem Fernsehen das Mobiltelefon, E-Mail, Chat, Social Web und Computerspiel charakteristisch ist, sind die mediatisierten Welten anderer Familien eher durch eine Prägung mit Fernsehen, Radio, Zeitung und Kino gekennzeichnet. Die *Aufgabe* einer Medienkulturforschung wäre es dann, solche Zusammenhänge empirisch zu erfassen. Und haben wir im Blick, dass sich heutige Medienkulturen in sehr verschiedenen solcher mediatisierter Welten konkretisieren, wird deutlich, wie schwierig es sein kann, allgemeine Tendenzen der Mediatisierung von Kultur festzuhalten. In diesem Sinne kann man die Aussage von Ronald Hitzler deuten, „der Begriff der ‚Massenkultur' [reicht] keinesfalls hin, um die erlebte soziale Wirklichkeit und die sie prägenden Ausdrucks- und Bedeutungsschemata zu beschreiben" (Hitzler 2008b: 136).

Befasst man sich mit einer weiteren Bestimmung solcher mediatisierter Welten, bietet es sich an, zusätzlich die Forschung des symbolischen Interaktionismus aufzugreifen. Auch hier ist der Begriff der „Welt" durchaus verbreitet, allerdings eher in der Variante der „sozialen Welt". Dieses Verständnis der „sozialen Welt" liegt allerdings sehr dicht bei dem der „kleinen sozialen Lebens-Welten", auf das bisher zurückgegriffen wurde. Es war der Soziologe Tomatsu Shibutani (1955), der das Konzept der „sozialen Welt" in die Diskussion gebracht hat. Auch wenn Shibutani *nicht* auf der Basis der Sozialphänomenologie argumentiert, geht es ihm doch um Ähnliches wie Benita Luckmann, nämlich darum, dass sich moderne Gesellschaften aus einer Vielfalt von sozialen Welten konstituieren. Bemerkenswert aus kommunikations- und medienwissenschaftlicher Perspektive erscheint dabei folgender Gedanke: Soziale Welten sind für ihn „ein Kulturbereich, dessen Grenzen weder durch Territorien noch durch formale Gruppenmitgliedschaft bestimmt werden, sondern durch die Grenzen einer *wirksamen Kommunikation*" (Shibutani 1955: 566; Herv. A. H.).

Es ist genau dieser Gedanke der kommunikativen Vermittlung, der für eine weitere Annäherung an unsere Vorstellung von mediatisierten Welten zielführend ist. Bereits in diesen frühen konzeptionellen Stadien weist Shibutani auf eine Spezifik von sozialen Welten in modernen Gesellschaften hin, die er eng mit der Verbreitung von Formen der produzierten Medienkommunikation verbindet: Weil in modernen Gesellschaften neben schnellen Transportmöglichkeiten „Medien der Massenkommunikation [bestehen], können Menschen, die geografisch zerstreut sind, wirksam miteinander kommunizieren" (Shibutani 1955: 566). Deswegen sind die – wie wir es nennen würden – gegenwärtigen mediatisierten Welten in einem solchen Maße vielfältig und decken sich gerade nicht mit der sozialen Welt der Bezugsgruppe *einer* bestimmten Lokalität bzw. *eines* bestimmten Territoriums:

> Kulturbereiche sind bestimmt durch Kommunikationskanäle. Da Kommunikationsnetzwerke nicht länger durch territoriale Grenzen bestimmt werden, überlappen sich Kulturbereiche und haben ihre territoriale Basis verloren. Folglich können Tür an Tür lebende Nachbarn einander vollkommen fremd sein; selbst in

4.2 Mediatisierte Welten

der alltäglichen Ausdrucksweise stellen wir ein intuitives Erkennen dieser Diversität von Perspektiven fest, und wir sprechen davon, dass Menschen in unterschiedlichen sozialen Welten leben – in der akademischen Welt, der Welt der Kinder, der Welt der Mode. (Shibutani 1955: 566)

Wie Shibutani weiter feststellt, variieren diese Welten mit der unterschiedlichen Stabilität und Reichweite verschiedener Kommunikationsmöglichkeiten im Hinblick auf deren Zusammensetzung, Größe und räumliche Ausbreitung. Jede dieser Welten hat seiner Argumentation nach eine „Art von Kommunikationssystem, [...] in dem sich ein spezielles Diskursuniversum entwickelt" (Shibutani 1955: 567). Vor allem aber sind soziale Welten keine statischen Phänomene, sondern einem fortlaufenden kommunikativen Rekonstitutionsprozess unterworfen: „Welten entstehen mit der Etablierung von Kommunikationskanälen; wenn sich die Lebensumstände ändern, ändern sich möglicherweise auch die sozialen Beziehungen, und diese Welten verschwinden möglicherweise" (Shibutani 1955: 567).

Zu Recht ist darauf hingewiesen worden, dass dieses Verständnis von sozialer Welt eine gewisse Unschärfe hat. Der Grund dafür ist, dass die Grenzziehung zwischen „sozialer Welt" und „Bezugsgruppe" nicht wirklich klar wird (vgl. Strübing 2007: 81). Gleichwohl bleiben aber vor allem zwei Hinweise von Shibutani für unsere Analyse mediatisierter Welten wichtig. Dies ist erstens der Hinweis auf eine Berücksichtigung von Kommunikationsprozessen, zweitens der Hinweis auf die Spezifik der medialen Vermittlung von Kommunikation. Anders formuliert: Shibutani macht uns früh darauf aufmerksam, dass wir heutige soziale Welten nur angemessen erfassen können, wenn wir deren Medien mit berücksichtigen. Weil dies dem Konzept der sozialen Welt von Beginn an inhärent ist, lohnt es sich, vertiefend die Weiterentwicklungen dieses Ansatzes durch den US-amerikanischen Soziologen Anselm L. Strauss (1978) anzusehen.

Es sind unter dessen Weiterführungen vor allem vier Akzentsetzungen für eine Beschäftigung mit mediatisierten Welten interessant. *Erstens* weist Strauss darauf hin, dass sich das Konzept der sozialen Welten „für ein besseres Verständnis des Prozesses des sozialen Wandels" (Strauss 1978: 120) eignet. Dieser Gedanke klingt schon deutlich bei Shibutani an, wenn er reflektiert, wie sich soziale Welten mit der Moderne (und deren Medien) verändert haben. *Zweitens* verdeutlicht Strauss, dass soziale Welten auf sehr unterschiedliche Weise „skaliert" (Strauss 1978: 126) werden können, d. h. von sehr ‚kleinen' sozialen Welten lokaler Gruppen bis hin zu in ihrer Größe bzw. Ausdehnung sehr ‚umfassenden' sozialen Welten reichen können. Gerade bei weitreichenden Ausdehnungen spielen Medien eine nicht unerhebliche Rolle. Zusätzlich geht er von einer „Verschachtelung" unterschiedlicher sozialer Welten aus, wenn er darauf hinweist, dass einzelne soziale Welten einerseits Subwelten haben, andererseits sich durchkreuzen, weil Menschen in unterschiedlichen sozialen Welten

Mitglied sind. Im Kern wird dieses Konzept seinen Überlegungen nach auf diese Weise der „Flüchtigkeit" (Strauss 1978: 123) heutiger Kulturen gerecht und durchbricht die klassische Unterscheidung von Mikro- und Makroanalysen. *Drittens* – und diesbezüglich unterscheidet sich Strauss deutlich von Shibutani – betont er, dass es das Konzept der sozialen Welten ermöglicht, die Analyse von verschiedenen Formen der Kommunikation mit der „tastbare[r] Angelegenheiten" (Strauss 1978: 121f.) zu verbinden. Dazu gehören für ihn Tätigkeiten, Orte, Technologien und Organisationen, die typisch für eine bestimmte soziale Welt sind. Strauss führt dabei zur Beschreibung von sozialen Welten und deren Beziehung zueinander *viertens* ein weiteres Konzept ein, nämlich das der „Arena" (Strauss 1978: 124; Strauss 1993: 226). So konstatiert er, dass in jeder sozialen Welt „verschiedene Fragen von den Repräsentanten ihrer implizierten Subwelten debattiert, ausgehandelt, ausgefochten, aufgezwungen und manipuliert werden" (Strauss 1978: 124) bzw. dass die Intersektionalität von sozialen Welten kommunikativ durch Arenen getragen wird. Wiederum ist Arena ein „skalierbares Konzept" (Strübing 2007: 93), das sich sowohl auf Familienkonferenzen und Institutssitzungen als auch auf mediale Debatten oder globale Medienereignisse beziehen lässt. Arenen verweisen damit eng auf Fragen der Medienkommunikation, und man kann von „social world media" sprechen, die je charakteristisch für eine soziale Welt und deren Beziehungen zu anderen sind: „Soziale-Welt-Medien sind voll von solchen teilweise unsichtbaren Arenen" (Strauss 1978: 124).

Man kann solche Überlegungen direkt auf die bisherigen Argumente zum Kommunikationsbegriff beziehen, wonach Kommunikation einerseits eingebettet ist in vielfältige weitere soziale Praktiken, andererseits bei der Analyse von Medienkommunikation die Institutionalisierungen und Verdinglichungen der Medien zu berücksichtigen sind. Die „Soziale-Welt-Perspektive" (Strauss 1978) verweist folglich in eine ähnliche Richtung wie die bisherigen Argumente. Dabei liefert Anselm L. Strauss wichtige Argumente, die sich dazu eignen, das bisher entwickelte Konzept der mediatisierten Welten weiter auszuformulieren. Zusammenfassend können wir Folgendes festhalten:

- Erstens können wir das mit dem Begriff der Mediatisierung gefasste Wechselverhältnis von medienkommunikativem Wandel einerseits und soziokulturellem Wandel andererseits konkretisieren in einer *Beschreibung sich verändernder mediatisierter Welten*. Besteht eine solche Wechselwirkung, so lässt sich diese dadurch untersuchen, dass wir die Veränderung einzelner mediatisierter Welten analysieren bzw. die Veränderung der Intersektionalitäten unterschiedlicher mediatisierter Welten.
- Zweitens müssen wir mediatisierte Welten in sehr unterschiedlichen *Skalierungen* sehen. Diese können, was deren Ausdehnung, aber auch deren interne Differenziertheit betrifft, sehr beschränkt sein, oder vergleichsweise

umfassend. Um es hier nochmals explizit zu sagen: ‚Klein' bezieht sich bei dem umrissenen Verständnis mediatisierter Welten nicht einfach auf deren ‚Reichweite', sondern ebenso auf die Reduktion der Komplexität möglicher Relevanzen, die sich insbesondere durch eine thematische Reduktion ergibt. Beispiele hierfür sind die mediatisierte Welt einer sozialen Bewegung, einer Religionsgemeinschaft, einer Szene usw.

- Drittens hebt der Begriff der mediatisierten Welt nicht darauf ab, dass sich diese *alleinig* in Medienkommunikation artikuliert, sondern in deren *Verschachtelung* mit den dafür notwendigen Technologien (die als Geräte auch bestimmte physische Präsenzen haben), mit anderen Formen des Handelns, mit bestimmten Orten und Organisationen. Um *mediatisierte* Welten handelt es sich, wenn für deren Artikulation über Medien vermittelte Kommunikation konstitutiv ist und sie damit Konkretisierungen von Medienkultur darstellen.
- Viertens schließlich haben mediatisierte Welten *charakteristische kommunikative Arenen*, die sich in ein übergreifendes Gesamt dieser mediatisierten Welt fügen. Diese kommunikativen Arenen sind transmedial, können aber auch verschiedene Formen direkter Kommunikation mit einschließen. Entsprechend geht es bei einer Beschreibung von mediatisierten Welten stets auch um eine Bestimmung ihrer kommunikativen Arenen, die es sowohl medienübergreifend als auch in Bezug auf weiteres Handeln und andere Aspekte der Manifestation dieser mediatisierten Welten zu untersuchen gilt.

Insgesamt können wir damit das Konzept der mediatisierten Welten als einen pragmatischen Ansatzpunkt zur Beschreibung heutiger Medienkulturen auf der Ebene der Alltagswelt begreifen. Während eine umfassende Beschreibung von Medienkulturen ein nur schwer zu leistendes Unterfangen ist, bietet das Konzept der mediatisierten Welten einen Ansatzpunkt für konkrete empirische Studien. Es lässt sich beispielsweise die mediatisierte Welt des Berufsalltags in Behörden untersuchen, die mediatisierte Welt der Schule, die mediatisierte Welt einer Szene, die mediatisierte Welt von Familien und Paarbeziehungen usw. (siehe hierzu die Beiträge in Krotz und Hepp 2012, 2013). Über die Erforschung solcher einzelner mediatisierter Welten können wir uns Schritt für Schritt einem übergreifenderen Verständnis heutiger Medienkulturen annähern.

4.3 Netzwerke der Kommunikation und des Sozialen

An dieser Stelle ist die Frage berechtigt: Wie lassen sich die verschiedenen kommunikativen Arenen mediatisierter Welten analytisch beschreiben? Hierfür sind sicherlich sehr verschiedene Konzepte und Kategorien notwendig. Viele von diesen können erst in empirischen Analysen entwickelt werden, wenn man einen deduktiven Zugriff auf die sich mitunter rasant wandelnden mediatisierten Welten heutiger Medienkulturen vermeiden möchte. Aus kommunikations- und medienwissenschaftlicher Sicht bleibt jedoch folgende übergreifende Frage zu klären: Welches Beschreibungskonstrukt bietet sich an, um die unterschiedlichen Formen der (Medien-)Kommunikation insgesamt zu beschreiben, die in den Arenen mediatisierter Welten ineinandergreifen? Das Analysekonzept, das ich dafür vorschlagen möchte, ist das des kommunikativen Netzwerks, das es gleichwohl klar vom sozialen Netzwerk zu unterscheiden gilt.

Hiermit bewegt man sich in dem Metaphernfeld der Konnektivität, auf das bereits mehrfach Bezug genommen wurde (Hepp 2006). Im Allgemeinen fasst der Ausdruck Konnektivität – wie bereits bei der Betrachtung unterschiedlicher Typen (medienvermittelter) Interaktion in Anlehnung an John B. Thompson aufgeführt – ‚Beziehungen' oder ‚Verbindungen', die einen sehr unterschiedlichen Charakter haben können. Das Konzept der Konnektivität ist zuerst einmal ein offener Ansatz, um das Herstellen von Kommunikationsbeziehungen unterschiedlicher Art und Reichweite zusammenfassend zu beschreiben (vgl. dazu Tomlinson 1999: 3–10). Die Stärke dieser Offenheit ist darin zu sehen, dass nicht von vornherein bestimmte *Folgen* dieser Kommunikationsbeziehungen unterstellt werden: Kommunikative Konnektivitäten können hergestellt werden durch wechselseitige (beispielsweise E-Mail oder Telefon), durch produzierte (beispielsweise WWW oder Fernsehen) oder in virtualisierter Medienkommunikation (beispielsweise Computerspiele). Sie können als Wechselbeziehung eine ‚Verständigung' oder ‚politische Legitimation' nach sich ziehen, aber auch vielfältige ‚Konflikte' und ‚Verdrängungen'. Genau dies gilt es, kontextuell sensibel zu erforschen.

In einer solchen Forschung sind – zumindest heuristisch – zwei Zugangsweisen zu unterscheiden: erstens eine, die Strukturaspekte betont, zweitens eine, die Prozessaspekte in den Vordergrund rückt. Während es bei dieser zweiten Art des Zugangs um die Beschreibung von *Kommunikationsflüssen* als prozesshafte Abfolge von kommunikativen Handlungen geht, kann man die erste mit dem Begriff des *Kommunikationsnetzwerks* verbinden. Eine Betrachtung von Kommunikationsnetzwerken zielt darauf ab, mehr oder weniger dauerhafte Strukturen von Kommunikation herauszuarbeiten. Hier lässt sich die ursprünglich auf *soziale* Netzwerke bezogene Definition Manuel Castells' auf *Kommunikations*netzwerke übertragen. Kommunikationsnetzwerke wären dann

> offene Strukturen und in der Lage, grenzenlos zu expandieren und dabei neue Knoten zu integrieren, solange diese innerhalb des Netzwerks zu kommunizieren vermögen, also solange sie dieselben Kommunikationskodes besitzen […]. (Castells 2001: 528f.)

4.3 Netzwerke der Kommunikation und des Sozialen

Dieses Zitat verdeutlicht zuerst einmal den Umstand, dass sich Kommunikationsnetzwerke entlang spezifischer Kodes artikulieren. Strukturen von Kommunikationsnetzwerken sind nicht einfach da, sondern werden in einem fortlaufenden Kommunikationsprozess (re-)artikuliert, d. h., Kommunikationsnetzwerke verweisen stets auf Flüsse der sie konstituierenden Kommunikationspraxis. In der Vielfalt von Handlungspraxis liegt begründet, dass Kommunikationsnetzwerke alles andere als hermetisch voneinander abgeschlossen sind, dass also ein und dieselbe Person Teil verschiedener Kommunikationsnetzwerke sein kann: Eine Jugendliche mit Migrationshintergrund beispielsweise ist im Kommunikationsnetzwerk ihrer lokalen Clique eingebunden, einem weitergehenden Kommunikationsnetzwerk der Diasporagemeinschaft, sowie dem zentrierten Kommunikationsnetzwerk einzelner deutscher Massenmedien.

Diese Anmerkungen helfen zu fassen, was man unter dem Ausdruck ‚Knoten' verstehen kann. Auf einer heuristischen Ebene ist ein Knoten der Punkt, an dem sich kommunikative Konnektivitäten kreuzen. Auf den ersten Blick mag eine solche Formulierung irritieren. Nichtsdestotrotz hilft sie uns, den wichtigen Aspekt einzuordnen, dass sich als ‚Knoten' innerhalb von Kommunikationsnetzwerken sehr divergente Dinge fassen lassen und dieser Begriff skalierbar ist: Wechselseitige Medienkommunikation ist ein Prozess der Herstellung einer bestimmten Art von Konnektivität, in der die sprechenden Personen die zentralen ‚Knoten' sind. ‚Knoten' können aber ebenso andere soziale Formen haben. Zum Beispiel kann man lokale Gruppen als ‚Knoten' in dem Kommunikationsnetzwerk einer weitergehenden sozialen Bewegung oder Szene beschreiben, oder man kann Organisationen wie lokale Unternehmungen als Knoten im weitergehenden Kommunikationsnetzwerk eines transnationalen Konzerns begreifen. Es geht in solchen Fällen immer wieder um Fragen der kommunikativen Konnektivität produzierter Medienkommunikation, durch die ein weitergehender Sinnhorizont von (lokalen) Gruppen oder Institutionen geschaffen wird, die selbst wiederum durch Netzwerke einer internen (medienvermittelten) Interaktion gekennzeichnet sind. Kommunikationsnetzwerke sind auf vollkommen unterschiedlichen Ebenen auszumachen – und das ist der Grund, warum dieses Konzept eine Chance eröffnet, Kommunikationsstrukturen *über verschiedene Ebenen hinweg* zu erfassen (und zu vergleichen).

Gleichwohl ist es wichtig, *nicht* davon auszugehen, dass sich Kommunikationsnetzwerke stets mit sozialen Netzwerken eins zu eins decken, wenn wir unter letzteren in gewissen Graden dauerhafte soziale Strukturen fassen wollen (Holzer 2006: 74–79). Kommunikationsnetzwerke haben als *Kommunikations*strukturen einen Eigenwert für sich und verweisen hierbei auf *unterschiedliche* soziale Netzwerke. Ein Beispiel wäre die Werbekommunikation für Produkte wie iPod oder iPad, deren Strukturen sich als transmediale Kommunikationsnetzwerke rekonstruieren lassen, denen aber kaum ein soziales Netzwerk entspricht (siehe auch Knoblauch 2008: 84f.). Umgekehrt können wir jedoch davon ausgehen, dass nicht nur ein Kommunikationsnetzwerk der „brand community" (Pfadenhauer 2008b: 217) von Apple-Fans besteht, sondern dass man diesbezüglich auch ein enges Wechselverhältnis von sozialem und kommunikativem Netzwerk ausmachen kann.

Grundsätzlich wird damit betont, dass das Konzept des Kommunikationsnetzwerks es ermöglicht, die kommunikativen Konnektivitäten von mediatisierten Welten transmedial zu betrachten. Wir können den Begriff des Kommunikationsnetzwerks auf die bereits unterschiedenen Grundtypen von Kommunikation beziehen, wobei sich diese jeweils durch *unterschiedliche Grundstrukturen* von möglichen Kommunikations(-teil-)netzwerken auszeichnen.

So ist die kommunikative Konnektivität der *direkten Kommunikation* dadurch gekennzeichnet, dass diese lokal erfolgt (siehe hierzu Tab. 3.2). Wir können die lokale Konnektivität der direkten Kommunikation an einem bestimmten Ort zu einer bestimmten Zeit gleichwohl in ihrer Struktur fassen, wenn wir diese bezogen auf verschiedene strukturelle Ausprägungen von Kommunikationsnetzwerken analysieren. Man kann hier auf die bereits in den 1950er Jahren formulierten Überlegungen des US-amerikanischen Sozial- und Wirtschaftswissenschaftlers Harold J. Leavitt (1951: 39) verweisen. In einem Experiment beschränkte dieser die Vollstruktur der kommunikativen Vernetzung in einer Gruppe mit fünf Personen (jeder ist mit jedem kommunikativ vernetzt) auf „vier Kommunikationsnetzwerke" mit unterschiedlichem „Zentralitätsgrad" (Mann 1999: 56) (siehe Abb. 4.1). Bei dem Lösen einer Gruppenaufgabe durften die Gruppenmitglieder dann nur schriftlich entlang der jeweiligen Vernetzungsstruktur kommunizieren. Die Radstruktur ist dabei ein zentralisiertes Kommunikationsnetzwerk, bei der eine Person die Nabe bildet. Die Kreisstruktur ist vergleichsweise dezentral. Die Y-Struktur hat eine bedingte Zentrierung. In der Reihenstruktur gibt es eine gewisse Zentrierung in der Abfolge der Kommunikation. In dem Experiment zeigte sich dann, dass zwar diejenigen, die in einer Kreisstruktur kommunizierten, die größte Zufriedenheit hatten, dass ein zentralisierteres Netz aber zu einer „schnelleren und genaueren Problemlösung führte als ein weniger zentralisiertes Netz" (Mann 1999: 58).

Nun ist der Grad, in dem sich solche Experimente verallgemeinern lassen, immer beschränkt. Es zeigt sich aber deutlich das Potenzial einer solchen Analyse von Kommunikationsstrukturen. Dies trifft einmal mehr zu, wenn man im Blick hat, dass sich solche Überlegungen auch auf *wechselseitige Medienkommunikation*

4.3 Netzwerke der Kommunikation und des Sozialen

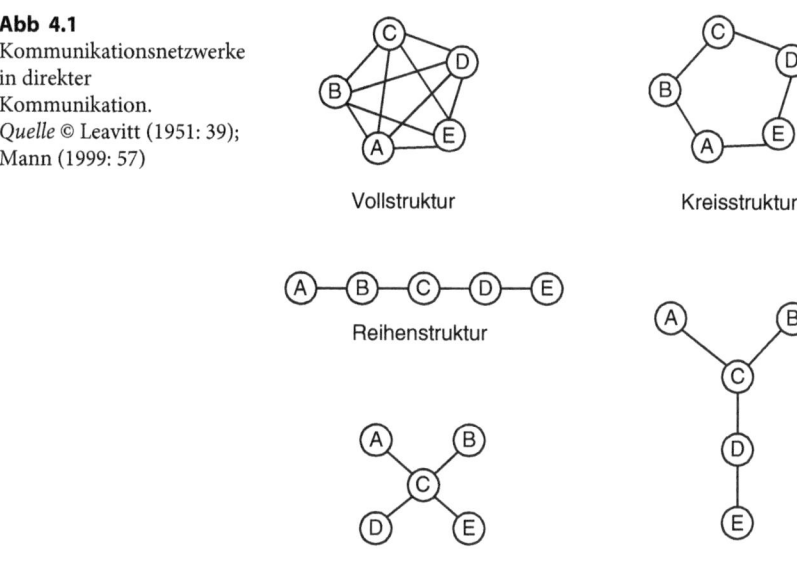

Abb 4.1 Kommunikationsnetzwerke in direkter Kommunikation. *Quelle* © Leavitt (1951: 39); Mann (1999: 57)

übertragen lassen. Deren Charakteristikum ist ja gerade, dass diese translokal adressiert erfolgen kann, sich solche Kommunikationsnetzwerke also ortsübergreifend entwickeln. Hierbei muss aber berücksichtigt werden, dass die beschriebenen Grundstrukturen von fünf Personen stark vereinfachend sind. So haben wir es bei den im ‚wirklichen Leben' bestehenden mediatisierten Welten und ihren Kommunikationsarenen mit ungleich komplexeren Netzwerken wechselseitiger Medienkommunikation zu tun, die einerseits aus mehr Mitgliedern bestehen und deren Strukturen sich andererseits gerade in der medialen Vermittlung situativ verschieben können: Während man beispielsweise bestimmte Themen in einer Gruppe von Personen, mit denen man in Kommunikationskontakt steht, eher egalitär in einer Vollstruktur kommuniziert (‚eine Mail an alle'), entscheidet man sich möglicherweise bei Entscheidungsfindungen in derselben Gruppe eher für eine Y-Struktur, indem eine kleinere Gruppe ein Problem ‚vordiskutiert' und dann weitere informiert werden.

Hat man die *produzierte Medienkommunikation* im Blick, so sind die Knoten solcher Kommunikationsnetzwerke nicht einfach einzelne Menschen. Man kann davon sprechen, dass klassische Massenmedien wie das Fernsehen, die Zeitung oder das Radio (auch in ihrer Verbreitung über das Internet) ein hochgradig zentriertes Kommunikationsnetzwerk darstellen. Deren Nabe bilden die Organisationen (oder Gruppen von Personen), die produzierte Inhalte anbieten und mit denen verschiedene weitere Personen oder Personengruppen kommunikativ ‚konnektiert' sind. Hier kommt man wiederum zu dem bereits diskutierten Punkt, dass Medien als Technologien es gestatten, bestimmte Verhältnisse von Kommunikationsmacht durch ihre Verdinglichung auf Dauer zu stellen. Herkömmliche Massenmedien verstetigen über Kommunikationsnetzwerke, die in Sendeanstalten, Sendemasten, Kabeln usw. verdinglicht sind, ihre machtgeprägte Kommunikationsstruktur. Als eine solche Form der Verdinglichung kann man auch bestimmte Formen des Software-Kodes begreifen, der beispielsweise bei den WWW-Seiten einer Online-Zeitung sicherstellt, dass sich bestimmte Diskussionen nur in beschränkten Kommunikationsforen abspielen, wohingegen die ‚zentralen' Inhalte von einer Redaktion zur Verfügung gestellt werden. Diese verdinglichte Kommunikationsmacht schafft Potenziale, aber auch Hierarchien und Abhängigkeitsverhältnisse in Kommunikationsnetzwerken. Ein Potenzial wäre der in den letzten Jahren entstehende kritische Datenjournalismus. Dieser wertet Datenquellen, die über das Internet zugänglich sind, auch automatisiert aus. Hierdurch entstehen neue Möglichkeiten einer kritischen Recherche, wenn beispielsweise die Bewegungen von Truppeneinheiten rekonstruiert und die offiziellen Verlautbarungen von Militärs kritisch hinterfragt werden können. Hierarchien und Abhängigkeitsverhältnisse aber bleiben insofern bestehen, als auch solche ‚Geschichten' einer Verbreitung in produzierter Medienkommunikation über bekannte Online-Angebote und klassische Massenmedien bedürfen, wenn sie größeren Gruppen von Menschen bekannt werden sollen. So hatten die Enthüllungen von WikiLeaks erst dann eine größere Bekanntheit, als Medienorgane wie Spiegel(-Online) darüber berichteten.

Bemerkenswerterweise gestattet eine Betrachtung von kommunikativen Konnektivitäten auch eine Auseinandersetzung mit den immer wieder diskutierten Modi computervermittelter Kommunikation nach Merrill Morris und Christine Ogan (1996). Diese haben verschiedene Modi computervermittelter Kommunikation einerseits nach Zeitlichkeit („synchron" vs. „asynchron"), andererseits nach Beziehungsstruktur („one-to-one", „one-to-few", „one-to-many", „many-to-one" und „many to many") unterschieden. Im Blick hatten die beiden Kommunikations- und Medienforscherinnen, verschiedene Kommunikationsmöglichkeiten des Internets zu systematisieren. E-Mail ist dann beispielsweise eine asynchrone „one-to-one"- oder „one-to-few"-Kommunikation, Internettelefonie geschieht mit derselben Beziehungsstruktur „synchron", eine Online-Zeitung kommuniziert asynchron „one-to-many" usw.

4.3 Netzwerke der Kommunikation und des Sozialen

Fragen der Beziehungsstruktur lassen sich allerdings viel klarer entlang einer Beschreibung von einzelnen Kommunikationsnetzwerken fassen, angefangen von der kleinsten Vollstruktur „einer zu einem" über verschiedene Gruppenstrukturen bis hin zu den Kommunikationsnetzwerken „vieler zu vielen". So geht es ja nicht einfach um die Frage, welche Kommunikationsmöglichkeiten allgemein E-Mail, Internettelefonie oder Online-Zeitungen bieten können. Relevant ist die Frage, wie in bestimmten Kontexten Kommunikationsnetzwerke mittels dieser Medien aufgebaut und aufrechtgehalten werden. Und hier mag es beispielsweise in einzelnen technologieaffinen Kontexten durchaus üblich sein, „synchron" zu mailen, d. h., umgehend auf jede Mail zu antworten, als ob man chatten würde. Spezifische Kommunikationsnetzwerke zu erfassen ermöglicht also eine wesentlich differenziertere Betrachtung als das vergleichsweise grobe Raster von Morris und Ogan. Dabei ist – wie die genannten Beispiele zeigen – allerdings zu berücksichtigen, dass auch Kommunikationsnetzwerke in einer Zeitlichkeit bestehen. Einzubeziehen ist damit, inwiefern entlang bestimmter Kommunikationsnetzwerke in Echtzeit oder zeitversetzt agiert wird.

Schließlich können wir auch den Begriff der *virtualisierten Medienkommunikation* auf Kommunikationsnetzwerke beziehen. So lässt sich sagen, dass beispielsweise bei Computerspielen technisch ein bestimmter Raum der kommunikativen Vernetzung geschaffen wird, u. a. mit Avataren anderer Spielerinnen und Spieler oder mit solchen, die von der Computersoftware gesteuert werden. Wie sich diese Kommunikationsnetzwerke bilden können, ist in der Software in einem gewissen Maße vorstrukturiert, bleibt aber in dem Sinne translokal unbestimmt, als es die Ausgestaltung dieser Möglichkeiten ist, die dann die *de facto* bestehenden Kommunikationsnetzwerke ausmacht. Es kann hier allein um die Kommunikationsbeziehung eines Spielers zu einem softwaregesteuerten Avatar gehen, oder aber um eine Nutzung der Spielumgebung eines Online-Spiels für den Aufbau von Kommunikationsnetzwerken unter den Spielern, wobei man es dann wiederum zusätzlich mit Formen der wechselseitigen Medienkommunikation zu tun hat, wenn beispielsweise in der Spielumgebung gechattet wird. Während solche Formen der Medienkommunikation für lange Zeit als typisch nur für jüngere Leute galten, kann man mittlerweile sagen, dass diese ein Teil des Repertoires auch älterer Generationen werden (Quandt et al. 2007, 2009).

Diese Beispiele sollen verdeutlichen, dass es eine Betrachtung von Kommunikationsnetzwerken gestattet, transmedial, d. h. über verschiedene Medien hinweg, die kommunikative Artikulation von mediatisierten Welten in den Blick zu bekommen. Die Prägkräfte der einzelnen Medien gilt es dabei insofern zu berücksichtigen, als diese unterschiedliche Potenziale und Restriktionen des Aufbaus und der Aufrechterhaltung dieser Kommunikationsnetzwerke haben und eine damit verbundene Kommunikationsmacht auf Dauer stellen (können). Dies ist gleichwohl als Potenzial anzusehen. Es kann nicht sinnvoll davon gesprochen werden, dass ein und dasselbe Medium kontextfrei bestimmte Kommunikationsnetzwerke ‚erzwingen' würde. Dies trifft auch auf traditionale Massenmedien zu, insbesondere wenn man im Blick hat, dass deren Kommunikationsnetzwerk nicht zwangsläufig das der Beziehung zwischen einem ‚Sender' und einem ‚Empfänger' war. So hat sich der Dramatiker und Lyriker Bertolt Brecht (1932) in der Frühzeit des Mediums Radio mit dessen Potenzialen auseinandergesetzt. Eines der Argumente, das er entwickelte, war, dass das Radio als „Kommunikationsapparat" auch Möglichkeiten starker wechselseitiger Kommunikation biete. Und ebenso gilt es im Blick zu haben, dass die Kommunikationsnetzwerke klassischer Massenmedien nicht bei einem ‚Empfänger' enden. Wie bereits in den 1950er Jahren Elihu Katz und Paul Lazarsfeld als zwei Klassiker der Kommunikations- und Medienwissenschaft in der Studie „Personal Influence" herausarbeiteten, müssen wir von einem „Zwei-Stufen-Fluss" von Kommunikation ausgehen (Katz und Lazarsfeld 1955). Die von Massenmedien getragenen Kommunikationsbeziehungen sind eingebunden in vielfältige weitere Kommunikationsbeziehungen der direkten Kommunikation (und wechselseitigen Medienkommunikation), die es ebenfalls in einer Analyse zu berücksichtigen gilt: In den Medien wahrgenommene Geschehnisse werden in Alltagsgesprächen weiter vermittelt, ausgehandelt, bewertet und kritisiert. Dies trifft nicht nur auf Meinungsführer zu, wie in dieser Forschung ursprünglich gezeigt wurde, sondern auf uns alle (Hepp 1998; Keppler 1994). Letztlich geht es bei einer Beschäftigung mit unseren heutigen mediatisierten Welten aus kommunikations- und medienwissenschaftlicher Sicht also darum, in Bezug auf einzelne dieser mediatisierten Welten medienübergreifend Kommunikationsnetzwerke in den Blick zu rücken.

Hierbei ist es wichtig, auf einen bereits erwähnten Punkt zurückzukommen, nämlich dass Kommunikationsnetzwerke nicht ‚an sich' bestehen, sondern fortlaufend im kommunikativen Handeln von Menschen hergestellt werden. Wichtig wird in einer solchen Sicht das ‚*Netzwerken*' *als Prozess*, d. h. die ‚Abfolgen' oder ‚Flüsse' von kommunikativem Handeln, in denen sich Kommunikationsnetzwerke im zeitlichen Verlauf artikulieren. In einem solchen Zugang wird zusätzlich die mitunter bestehende Situativität von Kommunikationsnetzwerken greifbar.

Besonders deutlich haben dies Analysen des Medienethnografen Andreas Wittel (2006) gezeigt, auch wenn dieser keine weitergehende Unterscheidung zwischen kommunikativen und sozialen Netzwerken vornimmt. Im Kern geht es Wittel um eine Auseinandersetzung mit einer bestimmten Form von Sozialität,

4.3 Netzwerke der Kommunikation und des Sozialen

die er als „Netzwerk-Sozialität" bezeichnet und insbesondere in der „New Economy" Londons um das Jahr 2000 ausmacht. Diese Sozialität basiert nach seiner Argumentation nicht auf langanhaltenden Narrationen des gemeinsamen Erlebens. Vielmehr ist sie informationell. Es geht um das Schaffen von sozialen Netzwerken, die zumindest teilweise aus weiteren Kontexten herausgehoben sind und die letztlich zum wechselseitigen Nutzen dienen (sollen). Eine Voraussetzung ist dafür die Information des bzw. der anderen um das jeweilige Tun. Die „Netzwerk-Sozialität" fußt in einer fortlaufenden, vergleichsweise unerforschten Praxis des Netzwerkens. Diese können wir in der bisher entwickelten Begrifflichkeit als den prozesshaften Aufbau bzw. die Aufrechterhaltung komplexer Kommunikationsnetzwerke der (Medien-)Kommunikation begreifen. Beispiele, die Andreas Wittel dafür nennt, sind Netzwerkveranstaltungen wie „First Tuesday", auf denen sich lokal Menschen der sogenannten New Economy treffen. Diese lassen sich als Veranstaltungen des kommunikativen Netzwerkens begreifen. Sie haben „dieselbe Funktion wie ein mittelalterlicher Markt, es geht vor allem um Tausch und Austausch" (Wittel 2006: 169), allerdings von (Kontakt-)Informationen. Andere Beispiele wären das Organisieren von individuellen Kommunikationsnetzwerken durch Datenbanken mit dem Ziel, so instrumentell ein soziales Netzwerk aufrechtzuerhalten. Oder aber das private, durch E-Mail-Kommunikation gestützte Organisieren von Dinner-Partys zur situativen kommunikativen Vernetzung von Menschen, die einander nicht kennen, aber aus Sicht der Einladenden ähnliche Interessen haben.

Solche Analysen zeigen zweierlei. Erstens wird deutlich, welchen Aufwand das Aufbauen und das Aufrechterhalten von Kommunikationsnetzwerken bedeuten kann. Kommunikationsnetzwerke sind nicht einfach gegeben, sondern werden in kommunikativem Handeln artikuliert, das es auch in einer Prozessperspektive zu untersuchen gilt. Dabei zeigen die genannten Beispiele, in welchem Maße Medien mit ihren prägenden Kräften in solche Handlungsketten eingebunden sind. Keine der genannten lokalen Veranstaltungen wäre in ihrer jeweiligen Form ohne den Einbezug von computervermittelter Kommunikation bzw. Datenbanken zu ihrer Organisation denkbar. Und der Charakter der computervermittelten Kommunikation und Datenbank prägt dabei beispielsweise mit, wie man seine Kontakte organisiert und sortiert.

Zweitens wird in den Analysen greifbar, dass eine sorgfältige Betrachtung von kommunikativen Netzwerken eine Voraussetzung für das Erfassen von sozialen Netzwerken ist. Zwar decken sich die sozialen Netzwerke der Londoner „New Economy" nicht mit den beschriebenen, mitunter situativen bzw. momenthaften Kommunikationsnetzwerken. Ohne deren Analyse ist es aber kaum möglich, die mediatisierte Welt der „New Economy" und ihre sozialen

Netzwerke zu erfassen. Entsprechend können wir die Analyse von Andreas Wittel als einen ersten Versuch lesen, eine solche mediatisierte Welt empirisch zu beschreiben.

4.4 Kommunikative Figurationen

Aus der bisherigen Argumentation folgt eine Frage: Begreift man mediatisierte Welten als die alltagsweltlichen Konkretisierungen von Medienkultur und geht man davon aus, dass sich diese aus kommunikations- und medienwissenschaftlicher Sicht entlang der ihnen zugrundeliegenden Kommunikationsnetzwerke beschreiben lassen, ist Folgendes zu klären: Wie sind diese verschiedenen Kommunikationsnetzwerke einer mediatisierten Welt und ggf. darüber hinaus in einer Medienkultur in ihrer Gesamtheit zu beschreiben? Dazu bietet sich meines Erachtens der Begriff der kommunikativen Figuration an, den man in einer Weiterentwicklung der Überlegungen des bereits zitierten Soziologen Norbert Elias formulieren kann. Dieser Begriff erscheint insofern geeignet, weil er direkt an konnektivitätstheoretische Überlegungen anknüpft, wie sie zuletzt entwickelt wurden. Dabei wird aber auch deutlich, dass unsere bisherigen Vorstellungen von Kommunikationsnetzwerken in einem weiter übergreifenden Begriff von kommunikativen Figurationen aufgehen.

Folgt man der Argumentation von Norbert Elias, sind Figurationen „Netzwerke von Individuen" (Elias 1993: 12), die in wechselseitiger Interaktion – wie beispielsweise im gemeinsamen Spiel oder gemeinsamen Tanz – ein größeres soziales Gebilde konstituieren. Dies kann die Familie sein, die Gruppe, der Staat oder die Gesellschaft: In all diesen Fällen lassen sich solche sozialen Gebilde als unterschiedlich komplexe Netzwerke von interagierenden Individuen beschreiben. Mit diesem Zugang möchte Elias die Vorstellung vermeiden, „dass die ‚Gesellschaft' aus Gebilden außerhalb des ‚Ichs', des einzelnen Individuums, bestehe und dass das einzelne Individuum zugleich von der Gesellschaft umgeben und von ihr durch eine unsichtbare Wand getrennt sei" (Elias 1993: 11f.). Für Elias verweisen „Individuum" und „Gesellschaft" aufeinander und können nicht voneinander separiert werden. Sie fassen eher zwei Aspekte eines Gesamts, das er mit dem Begriff der Figuration zu fassen sucht. Figuration ist damit „ein einfaches begriffliches Werkzeug" (Elias 1993: 141), um soziokulturelle Phänomene in einem „Verflechtungsmodell" (Elias 1993: 141) interdependenter Handlungen zu fassen. Es geht – wenn man das Spiel als Beispiel für eine Figuration nimmt – darum, „das sich wandelnde Muster, das die Spieler als Ganzes miteinander bilden" (Elias 1993: 142), insgesamt zu beschreiben. Hierbei ist der Begriff der

4.4 Kommunikative Figurationen

Figuration ähnlich skalierbar wie der Begriff der mediatisierten Welt. Um Norbert Elias zu diesen Gedanken etwas umfassender zu zitieren:

> Man kann [den Begriff der Figuration] auf relativ kleine Gruppen ebenso wie auf Gesellschaften, die Tausende oder Millionen interdependenter Menschen miteinander bilden, beziehen. Lehrer und Schüler in einer Klasse, Arzt und Patienten in einer therapeutischen Gruppe, Wirtshausgäste am Stammtisch, Kinder im Kindergarten, sie alle bilden relativ überschaubare Figurationen miteinander, aber Figurationen bilden auch Bewohner eines Dorfes, einer Großstadt oder einer Nation, obgleich in diesem Fall die Figuration deswegen nicht direkt wahrnehmbar ist, weil die Interdependenzketten, die die Menschen hier aneinander binden, sehr viel länger und differenzierter sind. Man versucht dann, die Eigentümlichkeiten solcher komplexer Figurationen indirekt, durch die Analyse der Interdependenzketten, dem eigenen Verständnis näherzubringen. (Elias 1993: 143)

Der Begriff der Figuration zielt demnach darauf ab, soziale Entitäten als prozesshafte Verflechtungszusammenhänge einer empirischen Analyse zugänglich zu machen. Dabei geht es auch darum zu klären, „was Menschen eigentlich in Figurationen zusammenbindet" (Elias 1993: 144).

Solche Überlegungen aufgreifend lässt sich von *kommunikativen Figurationen* als musterhaften Interdependenzgeflechten von Kommunikation sprechen. Folglich kann man sagen, dass bereits ein einzelnes Kommunikationsnetzwerk eine spezifische kommunikative Figuration bildet: Es handelt sich hier um ein Interdependenzgeflecht kommunikativen Handelns, bei dem wechselseitige, produzierte und virtualisierte Medienkommunikation unter dem Einbezug von Medien artikuliert wird. Weit interessanter ist es aber, den Begriff der kommunikativen Figuration auf die Kommunikationsnetzwerke verschiedener mediatisierter Welten in ihrer Gesamtheit zu beziehen. Entsprechend kann man formulieren, dass sich die mediatisierte Welt beispielsweise einer Szene in einer bestimmten Figuration von Kommunikationsnetzwerken konkretisiert. Ebenso kann man die mediatisierte Welt einer Diasporakultur an einer charakteristischen kommunikativen Figuration festmachen, man kann von der kommunikativen Figuration der mediatisierten Welt einer europäischen Öffentlichkeit sprechen usw.

Betrachtet man Kommunikationsnetzwerke als Teil übergreifender kommunikativer Figurationen, geht es also darum, diese *nicht* – wie tendenziell in der strukturanalytischen Netzwerkforschung gemacht – isoliert zu analysieren und für sich zu beschreiben. Es geht darum, sich damit auseinanderzusetzen, wie die *verschiedenen* Kommunikationsnetzwerke in der Artikulation einer spezifischen mediatisierten Welt ineinandergreifen.

Kommunikative Figurationen bestehen zumeist transmedial. Eine kommunikative Figuration fußt in den seltensten Fällen nur auf *einem* Medium, sondern auf *verschiedenen*. Um einige Beispiele zu nennen: Für die kommunikative Figuration von Familien – gerade in ihrer zunehmenden translokalen Zerstreuung – ist das (Mobil-)Telefon ebenso zentral wie Social Web, (digitale) Fotoalben, Briefe, Postkarten oder das gemeinsame Fernsehen. Begreift man (nationale oder transnationale) Öffentlichkeiten als kommunikative Figurationen, so existieren diese ebenfalls über unterschiedliche Medien hinweg. Dies betrifft nicht nur klassische Medien der Massenkommunikation, sondern mit WikiLeaks, Twitter und Blogs ebenso Medien des Social Webs. Wir haben es aber auch mit kommunikativen Figurationen von Sozialorganisationen zu tun, wenn beispielsweise in Sozialbehörden Datenbanken, Internetportale sowie herkömmliche Flyer und andere Medien der PR ineinandergreifen mit dem Ziel, verschiedene Bereiche des Sozialen – angefangen von der frühkindlichen Bildung bis hin zur Altenarbeit – ‚neu' zu organisieren. Der Wandel von mediatisierten Welten verweist deutlich auf den Wandel von kommunikativen Figurationen, die sich in verschiedenen Medien ‚materialisieren'.

Dies lässt sich anhand einer Untersuchung verdeutlichen, die wir zur Mediatisierung von Migrationsgemeinschaften durchgeführt haben (Hepp et al. 2011). In dieser Studie ging es uns darum, über die unterschiedlichen Medien und Interaktionsformen hinweg die kommunikative Vernetzung der marokkanischen, russischen und türkischen Diaspora in Deutschland nachzuzeichnen. Mit der hier verwendeten Begrifflichkeit lässt sich sagen, dass diese Untersuchung darauf abzielt, die kommunikativen Figurationen der Migrationsgemeinschaften herauszuarbeiten. Hierbei spielen die Kommunikationsnetzwerke der direkten Kommunikation eine Rolle, insofern es um die kommunikativen Vernetzungen der Migrantinnen und Migranten bei Familiengesprächen, Vereinstreffen und anderen Veranstaltungen vor Ort geht. Aber auch die wechselseitige Medienkommunikation, nicht nur am aktuellen Lebensort, sondern über (Mobil-)Telefon, Brief, E-Mail oder (Video-) Chat auch zur Herkunft, zu anderen Migrantinnen und Migranten der eigenen Herkunft sowie weiterer Herkünfte, muss im Blick gehalten werden. Des Weiteren müssen die Kommunikationsnetzwerke beachtet werden, die auf der produzierten Medienkommunikation beruhen: die Einbindung in einen deutschsprachigen Kommunikationsraum durch das Fernsehen (gerade, um die Sprache zu lernen) oder den Zugang zu produzierten Inhalten der Herkunft wie entsprechendes Satellitenfernsehen, Internetradio oder (Online-)Zeitungen, durch die eine Brücke zum entsprechenden Kommunikationsnetzwerk der Herkunftsmedien gehalten wird. Schließlich haben wir zumindest bei jüngeren Migrantinnen und Migranten einzelne Hinweise darauf gefunden, dass die virtualisierte Medienkommunikation in Form von Computerspielen für sie wichtig ist.

4.4 Kommunikative Figurationen

Dabei konnten wir zeigen, dass sich eine solche komplexe kommunikative Figuration der Diaspora in einer *Koartikulation* von kommunikativer Vernetzung und kultureller Identität fassen lässt: Über die von uns untersuchten Diasporagemeinschaften hinweg haben wir drei Medienaneignungstypen unterschieden, nämlich Herkunftsorientierte, Ethnoorientierte und Weltorientierte. Vereinfacht formuliert lässt sich sagen, dass *Herkunftsorientierte* eine subjektiv gefühlte Zugehörigkeit zu ihrer Herkunftsregion haben, die ihr Leben in der ‚Fremde' prägt. Diese Orientierung geht einher mit einer kommunikativen Vernetzung, die wir als Herkunftsvernetzung bezeichnen. Während eine intensive lokale kommunikative Konnektivität am Lebensort besteht, zumeist mit Mitgliedern der eigenen Diasporagemeinschaft, existieren darüber hinaus umfassende translokale Kommunikationsbeziehungen zur Herkunftsregion. Anders verhält es sich bei den *Ethnoorientierten*. Die Bezeichnung dieses Typus verdeutlicht, dass dieser seine Zugehörigkeit im Spannungsverhältnis zwischen Herkunft und nationalem Aufnahmekontext sieht. Die kommunikative Vernetzung der Ethnoorientierten lässt sich als bikulturelle Vernetzung beschreiben. Diese Bezeichnung zeigt, dass die kommunikative Vernetzung des Typus in dem Sinne bikulturell ist, dass sie lokal wie translokal vor allem im Spannungsverhältnis zwischen zwei (vorgestellten) nationalen Kulturen erfolgt, der Herkunft und des aktuellen Migrationslandes. Eine nochmals andere kulturelle Identität und kommunikative Vernetzung haben die *Weltorientierten*. Der Begriff der Weltorientiertheit soll verdeutlichen, dass die subjektiv gefühlte kulturelle Zugehörigkeit – auf welchem Niveau auch immer – jenseits des Nationalen besteht. Vorstellungen der Nation – ob der deutschen, der Herkunft oder eines bilateralen Spannungsverhältnisses zwischen beiden – werden durchschritten, und das supranationale Europa oder gar das Menschsein als solches wird zum Bezugspunkt von Zugehörigkeit. Der subjektiv gefühlten Zugehörigkeit entspricht eine kommunikative Vernetzung, die sich als transkulturelle Vernetzung bezeichnen lässt. In Differenz zu den anderen Typen ist die Reichweite kommunikativer Vernetzung umfassender und tendiert zum Europäischen oder (vorgestellten) Globalen. Das kommunikative Netzwerk erstreckt sich über verschiedenste Länder und Kulturen hinweg.

Hat man nun die kommunikative Figuration dieser Diasporagemeinschaften *insgesamt* im Blick, müssen diese verschiedenen Vernetzungsmuster zusammen gedacht werden. Denn für die mediatisierte Welt heutiger Diaspora ist es gerade charakteristisch, dass es darum geht, sowohl die Kommunikationsbeziehungen zur Herkunft zu halten, als auch eine kommunikative Vernetzung zum Migrationsland und anderen Räumen zu haben. Die Kommunikationsnetzwerke einzelner Migrantinnen und Migranten bzw. der Typen, in denen sich diese systematisieren lassen, sind also in einem übergreifenden Gesamt kommunikativer Figuration zu sehen. Dieses gilt es zu erfassen, wenn man die mediatisierte Welt heutiger Migrationsgemeinschaften beschreiben möchte.

Auf diese Weise erhält man einen Zugang dazu, wie sich aktuelle mediatisierte Welten der Diaspora insgesamt beschreiben lassen. So kann über alle Unterschiede einzelner Aneignungstypen und Kontexte hinweg ein Moment ausgemacht werden, das sich als die für Migrantinnen und Migranten bestehende, primäre Prägkraft der aktuellen Mediatisierung begreifen lässt. *Dies ist die mit dem letzten Mediatisierungsschub bestehende Unmittelbarkeit der medienvermittelten, translokalen Kommunikation in der Diaspora.* Im Bereich der produzierten Medienkommunikation können Migrantinnen und Migranten zeitgleich an verschiedenen Kommunikationsräumen partizipieren: Satelliten- und Internetfernsehen, aber auch der Download von Filmen, das Hören von Internetradio oder Lesen von Online-Zeitungen eröffnen die Möglichkeit, parallel am politischen wie populärkulturellen Diskurs der Herkunft, in Deutschland wie auch in anderen Ländern der Welt teilzunehmen. Und durch die verschiedenen Medien der personalen Kommunikation – ob internetbasiert oder nicht – ist es problemlos möglich, mit der eigenen Familie und dem eigenen (migrantischen) Freundeskreis nicht nur vor Ort vernetzt zu sein, sondern auch translokal hin zu anderen Orten, an denen Diasporaangehörige leben, ob im Herkunfts-, im Migrationsland oder in anderen Ländern der Welt. Das Social Web mit seinen verschiedenen Plattformen auch der Herkunftsländer gestattet eine vergleichsweise einfache Organisation (und Repräsentation) solcher Kontakte. *Von Prägkräften kann man an dieser Stelle sprechen, weil es sich dabei nicht einfach nur um Möglichkeiten handelt – sondern mit deren Vorhandensein dominiert auch immer wieder die Erwartung ihrer Nutzung.* Exemplarisch zeigt sich daran, dass Migrantinnen und Migranten in der heutigen mediatisierten Welt der Diaspora damit rechnen, fortlaufend für eine Unterstützungskommunikation per (Mobil-)Telefon und E-Mail einander ‚zur Verfügung zu stehen'. Über diese Medientechnologien ist diese Unterstützungskommunikation *wechselseitig institutionalisiert.* Indem wir auf diese Weise die Diaspora als eine spezifische mediatisierte Welt charakterisieren können, lässt sich auch generell von „medialen Migranten" sprechen: Für die Form des Lebens als Migrantin bzw. Migrant in heutigen Medienkulturen sind technische Kommunikationsmedien konstitutiv.

Ausgehend von dieser Studie zur mediatisierten Welt von Migrantinnen und Migranten bzw. weitere Reflektionen einbeziehend lassen sich einige allgemeinere Überlegungen zu kommunikativen Figurationen formulieren. So wird deutlich, dass bei der Betrachtung von kommunikativen Figurationen nicht nur Kommunikationsnetzwerke von Bedeutung sind. Einzubeziehen sind ebenso die verschiedenen Akteure, die für eine kommunikative Figuration charakteristisch sind und

4.4 Kommunikative Figurationen

die in ihr verbreiteten Medien. Daneben ist es wichtig, die ‚Ausrichtung' des Handelns bzw. der Praktiken im Blick zu haben, wie sie für die kommunikative Figuration je spezifisch ist. Letzteres betrifft im Fall der Diaspora eine Ausrichtung des Handelns auf migrantische Vergemeinschaftung.

Verallgemeinert man solche Überlegungen, lassen sich kommunikative Figurationen im Hinblick auf vier Aspekte fassen (Hepp und Hasebrink 2013):

- Dies sind erstens ihre *Kommunikationsformen*. Der Begriff der Kommunikationsform fasst dabei die verschiedenen regelhaften Weisen kommunikativen Handelns, die sich zu komplexeren Mustern kommunikativer Praxis fügen (und hier beispielsweise auch die bisher diskutierten Muster kommunikativer Vernetzung).
- Zweitens lässt sich mit Bezug auf diese Kommunikationsformen für jede kommunikative Figuration ein für diese kennzeichnendes *Medienensemble* ausmachen. Hierunter wird das Gesamt der Medien verstanden, über die bzw. mit Bezug auf die eine kommunikative Figuration besteht.
- Drittens kann für jede kommunikative Figuration eine typische *Akteurskonstellation* festgestellt werden, d. h. ein Gefüge von Personen, Organisationen usw., die durch ihr kommunikatives Handeln die kommunikative Figuration konstituieren.
- Viertens schließlich ist jede kommunikative Figuration durch eine bestimmte *thematische Rahmung* gekennzeichnet, d. h. ein handlungsleitendes und orientierendes Thema der kommunikativen Figuration, das diese als ein sinnhaftes „Ganzes" erfassbar macht.

In diesem Sinne verstandene kommunikative Figurationen lassen sich als diejenigen Interdependenzgeflechte von Kommunikation begreifen, über die und durch die wir Menschen unsere soziokulturelle Wirklichkeit kommunikativ konstruieren. Entsprechend sind kommunikative Figurationen immer auch im Hinblick darauf zu sehen, wie durch sie *Zugehörigkeiten* geschaffen werden, wie mit ihnen *Segmentierungen* bestehen, wie sich durch sie *Machtverhältnisse* artikulieren und wie sie der Etablierung von *Regelsetzungen* dienen.

Diese Überlegungen verdeutlichen, worauf eine Betrachtung der kommunikativen Figurationen mediatisierter Welten abzielen sollte: Es geht nicht darum, die Aneignung des Einzelmediums zu beschreiben bzw. ein singuläres Kommunikationsnetzwerk. Vielmehr sollte durch das In-Beziehung-Setzen einer Vielzahl solcher Analysen die kommunikative Konstruktion einer mediatisierten Welt bzw. einer soziokulturellen Entität insgesamt beschrieben werden. Eine solche Analyse vermeidet ein voreiliges Postulieren irgendwelcher Medienlogiken und setzt sich damit auseinander, wie sich Mediatisierung in einzelnen Bereichen heutiger Medienkulturen konkretisiert.

Vergemeinschaftungen heutiger Medienkulturen   5

Bereits im letzten Kapitel klangen mehrfach Bezüge zwischen Medienkulturen und Vergemeinschaftungen an. Auch in der Alltagswelt spricht man ja davon, dass die Nation nicht nur eine (Medien-)Kultur ist, sondern auch eine Gemeinschaft, dass es die Kultur einer sozialen Bewegung wie der Umweltschutzbewegung gibt, die gleichzeitig ebenfalls als Gemeinschaft der Gleichgesinnten erscheint usw. Allein diese aus dem Alltag herausgegriffenen Beispiele verdeutlichen, um welchen Blickwinkel es im Weiteren geht: Während der Begriff der (Medien-)Kultur den Akzent auf die Muster von Bedeutungsproduktion legt, geht es beim Begriff der Gemeinschaft – oder, um deren Prozesshaftigkeit zu betonen: der Vergemeinschaftung – um die Zusammengehörigkeit, die jemand mit einer bestimmten Figuration von Menschen empfindet. Beides hängt miteinander zusammen, ist aber nicht deckungsgleich: Zusammengehörigkeit empfindet man mit einer Gruppe von Menschen, die sich durch bestimmte ‚Charakteristika' von anderen Menschen ‚unterscheidet' (und in der Abgrenzung auch ‚unterscheiden will'), wobei sich diese ‚Charakteristika' gerade in ihrer Bedeutungsdimension als Verdichtungen bestimmter kultureller Muster und damit der Konstruktion von Vergemeinschaftung fassen lassen.

In den letzten Jahrzehnten ist viel darüber diskutiert worden, wie sich Vergemeinschaftung(en) mit der fortschreitenden Mediatisierung von Kultur gewandelt haben. Bekannt sind die Überlegungen von Howard Rheingold (1994) zu „virtuellen Gemeinschaften". Mit diesem Begriff ist der bereits im Hinblick auf die Cyberkulturdiskussion behandelte Utopismus des Internets verbunden. Rheingold sieht die sich in direkter Kommunikation gründenden Gemeinschaften einem Verfall ausgesetzt und bringt dies in Verbindung mit der Diagnose eines „Verlusts des Bewusstseins sozialer Gemeinsamkeiten" (Rheingold 1994: 25). Letzteres kann aber, so seine Argumentation, aufgefangen werden durch computervermittelte Kommunikation. Diese gestattet es, im Cyberspace neue Vergemeinschaftungen – eben „virtuelle Gemeinschaften" – zu begründen. Solche Vergemeinschaftungen beruhen auf einem neuen Bewusstsein von Gemeinsamkeit, das thematisch ist. Im Kern geht es also um geteilte Interessen für bestimmte Themen.

Solche Überlegungen haben eine breite wissenschaftliche Diskussion ausgelöst (siehe überblickend Deterding 2008). Das Hauptargument gegen Rheingold ist einerseits sein Utopismus, andererseits, dass er das ‚Virtuelle' gegen das ‚Reale' setzt. Die sich in der computervermittelten Kommunikation konstituierenden Vergemeinschaftungen sind allerdings umfassend entgrenzt zu den Menschen und Orten des ‚Realen' und können nicht als eine vom Alltagsleben losgelöste ‚zweite Realität' beschrieben werden, wie Nancy Baym (2000) früh gezeigt hat.

Eine jüngere These betrifft die bereits zitierten Überlegungen von Andreas Wittel (2006) zur „Netzwerk-Sozialität". Seine Analysen sind – wie wir gesehen haben – sehr instruktiv, was Fragen des Prozesses von Vernetzung und der Einbindung von prägenden Medien(-technologien) dabei betrifft. Problematischer erscheinen sie jedoch, wenn er zu seinen Schlussfolgerungen im Hinblick auf die Beziehung von Netzwerk-Sozialität und Vergemeinschaftung kommt. So behandelt er die Netzwerk-Sozialität im „Gegensatz zu Gemeinschaft":

> Gemeinschaft erfordert Stabilität, Kohärenz, Einbettung und Zugehörigkeit. Damit verbunden sind starke, lang anhaltende Bindungen, Nähe und eine gemeinsame Geschichte oder Narration des Kollektivs. Netzwerk-Sozialität bildet den Gegensatz zu Gemeinschaft in diesem Sinne. […] Netzwerk-Sozialität besteht aus flüchtigen und vergänglichen, aber dennoch wiederholten sozialen Beziehungen; aus kurzlebigen, aber intensiven Begegnungen. In der Netzwerk-Sozialität ist die soziale Bindung nicht bürokratisch, sondern informationell […]. Sie wird auf der Basis der Kommunikations- und Transporttechnologie errichtet. (Wittel 2006: 163)

Für Andreas Wittel ist diese Netzwerk-Sozialität die herausgehobene Form von Sozialität in der „Netzwerkgesellschaft" (Castells 2001). Und in gewissem Sinne haben wir – auch wenn Wittel die Thesen von Rheingold stark kritisiert – wiederum eine Art Verfallsszenario: Die Stabilität, Kohärenz und Einbettung von Gemeinschaften verschwindet zuungunsten von Flüchtigkeit, Kurzlebigkeit und Informationalität der neuen Netzwerk-Sozialität.

Sicherlich verändert sich Vergemeinschaftung in heutigen Medienkulturen, und hier können die Überlegungen von Andreas Wittel erheblich dazu beitragen, bestimmte Momente dieser Veränderung zu fassen. Kritisch ist aber zu sehen, dass Wittel nicht von einem *Wandel* von Vergemeinschaftung ausgeht, sondern von deren *Verlust*. Er macht etwas Ähnliches, was er Rheingold zumindest

5 Vergemeinschaftungen heutiger Medienkulturen 93

implizit vorwirft, indem er in Rückgriff auf Ferdinand Tönnies (1979) davon ausgeht, „Gemeinschaften [teilten] ein gemeinsames geografisches Territorium, eine gemeinsame Geschichte, ein gemeinsames Wertesystem" (Wittel 2006: 174). In solchen Formulierungen schimmert das Bild einer traditionalen Vergemeinschaftung durch. Wir wissen aber nicht nur, dass heutige Vergemeinschaftungen zumindest in Teilen in dem Sinne „posttraditional" sind, dass die Zugehörigkeit zu ihnen eine „prinzipiell *offene*" ist, *„weil* diese Gemeinschaft nur eine Idee, eine Imagination" (Hitzler 1998: 86; Herv. i. O.) darstellt. Darüber hinaus wissen wir, dass diese Vergemeinschaftungen – zumindest der prinzipiellen Möglichkeit nach – über sehr verschiedene Territorien verstreut sind. Die Zugehörigkeit zu diesen Vergemeinschaftungen ist nicht durch die Tradition eines Ortes vermittelt, sondern durch die in unterschiedlichen Graden ortsunabhängige Wahl des bzw. der Einzelnen. Dabei ist das Vergemeinschaftungserleben mitunter hochgradig „situativ": bei herausgehobenen Events wie Musikkonzerten und Partys – oder auch bei den von Andreas Wittel beschriebenen Veranstaltungen der Netzwerktreffen. Es geht also nicht um den Verlust von Vergemeinschaftung, sondern um deren Veränderung in heutigen Medienkulturen hin zu mehr Translokalität, Posttraditionalität und Situativität.

Wie müssen wir aber dann Vergemeinschaftung fassen, wenn wir solche Veränderungen in den Blick bekommen wollen? Es bietet sich an dieser Stelle an, auf eine sehr klassische Definition zurückzugreifen, da diese hinreichend allgemein ist, um auch den aktuellen Wandel zu fassen. Dies ist die Bestimmung von Vergemeinschaftung durch den Soziologen Max Weber. Weber hat in den 1910er Jahren Vergemeinschaftung wie folgt definiert: „Vergemeinschaftung soll eine soziale Beziehung heißen, wenn und soweit die Einstellung des sozialen Handelns – im Einzelfall oder im Durchschnitt oder im reinen Typus – auf subjektiv *gefühlter* (affektueller oder traditionaler) *Zusammengehörigkeit* der Beteiligten beruht" (Weber 1972: 21; Herv. i. O.). Eine solche gefühlte Zusammengehörigkeit führt dann zu Vergemeinschaftung, wenn sie handlungsleitend für Menschen ist. Um nochmals Weber zu zitieren: „Erst wenn [Menschen] auf Grund dieses Gefühls ihr Verhalten irgendwie *aneinander orientieren*, entsteht eine soziale Beziehung zwischen ihnen [...] – und erst, soweit diese eine gefühlte Zusammengehörigkeit dokumentiert, ‚Gemeinschaft'" (Weber 1972: 22; Herv. i. O.). Auch hier haben wir also wiederum den eingangs angeführten Gedanken, dass Vergemeinschaftung – zumindest, wo eine Dauerhaftigkeit dieser sozialen Beziehung besteht – auf musterhafte Formen der wechselseitigen Orientierung aneinander verweist und damit auf (Medien-)Kultur.

Die Definition Webers erscheint deswegen als Ausgangspunkt für die Überlegungen in diesem Kapitel wichtig, weil sie vor allem zwei Probleme umgeht:

Erstens setzt sie nicht bei Vorstellungen einer bestimmten Territorialität als Bezug von Vergemeinschaftung an, sondern beim Charakter der sozialen Beziehung. Vergemeinschaftungen können also lokal, aber auch über verschiedene Orte hinweg verstreut bestehen. Weber selbst nennt als Beispiele unter anderem die lokale Hausgemeinschaft, die translokal verstreute, religiöse pneumatische Brüdergemeinschaft *und* die territorial gefasste Vergemeinschaftung der Nation. Diese potenzielle Translokalität von Vergemeinschaftung ist nicht nur im Hinblick auf Fragen der medialen Vermittlung (und damit auch: Mediatisierung) von Vergemeinschaftung wichtig. Darüber hinaus haben wir es einmal mehr mit einem skalierbaren Konzept zu tun: Wir finden Vergemeinschaftungen im ‚ganz Kleinen' wie im ‚ganz Großen', können diese aber in all diesen Fällen auf eine spezifische soziale Beziehung von Zusammengehörigkeit oder – wie wir heute sagen würden – von Zugehörigkeit zurückführen.

Zweitens betont Max Webers Definition, dass die jeweilige Zusammengehörigkeit „gefühlt" ist, was er gerade nicht mit traditional gleichsetzt. Er macht also darauf aufmerksam, dass wir insbesondere auch Vergemeinschaftungen im Blick haben müssen, die eben *nicht* traditionaler Natur sind, dennoch aber für stark empfundene Zugehörigkeiten stehen. In diesem Sinne sind für Weber Vergemeinschaftung (als gefühlte Zusammengehörigkeit) und Vergesellschaftung (als rationale Interessensverbindung) auch keine gegenläufigen oder sich ausschließenden sozialen Beziehungsfigurationen. Aus der zweckrationalen Vergesellschaftung der gemeinsamen Büroarbeit kann also die gefühlte Bürogemeinschaft werden (muss aber nicht). Wir können in solchen Überlegungen bereits den Anklang von Vorstellungen der von Ronald Hitzler beschriebenen „posttraditionalen Vergemeinschaftungen" sehen. Diese werden von dem polnisch-britischen Soziologen Zygmunt Bauman „ästhetische Gemeinschaften" genannt, und deren Paradox von Vergemeinschaftung wird wie folgt beschrieben:

> [E]inerseits muss [die ästhetische Gemeinschaft] für jedermann zugänglich sein, weil eine Prüfung der individuellen Berechtigung die Freiheit ihrer Mitglieder beeinträchtigen bzw. negieren würde. Zugleich muss sie jedoch den daraus resultierenden Mangel an Bindekraft verheimlichen, um die Beruhigungsfunktion nicht zu verlieren, auf die es ihren Anhängern vor allem ankommt. (Bauman 2009: 82)

Hiermit wäre der Rahmen dessen umrissen, worum es in diesem Kapitel gehen soll. Dies ist die Frage, inwiefern das Aufkommen und der Wandel heutiger Formen von Vergemeinschaftung auf eine fortschreitende Mediatisierung von Kultur verweisen, an deren (vorläufigem) Ende die gegenwärtigen Medienkulturen mit ihren mediatisierten Welten stehen.

5.1 Lokalität und Translokalität

Der Gegensatz von Lokalität und Translokalität klang bereits zweifach in der bisherigen Argumentation an. Einerseits im Hinblick auf das Spezifikum von Kommunikation, die, sobald sie medienvermittelt erfolgt, translokale Konnektivitäten herstellt. Andererseits im Hinblick auf die Charakterisierung von Medienkulturen, die ausgehend von einem solchen Grundverständnis der Translokalität von Medienkommunikation selbst als translokale Phänomene charakterisiert wurden. Der Gegensatz von Lokalität und Translokalität ist aber auch im Hinblick auf Vergemeinschaftung relevant. Auf direkter Kommunikation beruhende, *lokale Vergemeinschaftungen* sind in dem Sinne ‚direkt' erfahrbar, als wir die soziale Beziehung aufgrund der Unmittelbarkeit direkter Kommunikation mit allen Sinnen ‚erleben' können. Die Hausgemeinschaft ist ein Beispiel dafür.

Es geht demnach um einen sehr spezifischen Begriff von *Lokalität* als ‚Örtlichkeit', ohne diese naturalistisch zu verstehen (Massey 1994: 39). Wir können sagen, dass *eine Lokalität ein Ort geteilter Räume ist, der in Bezug auf materielle bzw. physische Aspekte gefasst und soziokulturell definiert ist.* Dieser Ort wird von Menschen insofern kontrolliert, als sie ihn durch ihre Alltagspraktiken konstituieren, wobei sie auf ihnen sozial zur Verfügung gestellte Ressourcen angewiesen sind. Die Bedeutung, die eine Lokalität hat, ist kulturell und damit diskursiv vermittelt, d. h., sie kann nicht aus ihrer Materialität hergeleitet werden. Die Bedeutung von Lokalitäten wird auch mittels Medien konstruiert, indem sie selbst Medienorte darstellen (Hartmann 2009). Allerdings manifestieren sich die Bedeutungen einzelner Lokalitäten auch in ihren von Menschen geschaffenen oder ausgewählten materiellen Gegebenheiten. Die Ausdehnung, die eine Lokalität hat – ihre kulturellen Grenzen – variiert dabei kontextuell. So ist es sehr wohl sinnvoll, eine häusliche Welt, einen Straßenzug oder einen Stadtteil als Lokalität zu bezeichnen, sicherlich allerdings nicht einen Staat oder Staatenbund (da wir es bei letzterem eher mit Fragen der Territorialität als denen der Lokalität zu tun haben, siehe Hepp 2013: Kap. 6.3). Ganz in diesem Sinne fasst der Begriff des Lokalen *den Raum der Vernetzung der Lokalitäten, die die Alltagswelt einer Person ausmacht, die in einem bestimmten kulturellen Kontext lebt.* Damit zeichnen sich *lokale Vergemeinschaftungen* dadurch aus, dass sie im Lokalen bestehend in direkter Kommunikation erfahrbar sind.

Davon unterscheiden sich *translokale Vergemeinschaftungen*, indem sie gerade nicht ausschließlich auf direkter Kommunikation erfahrbar sind. Sie sind ortsübergreifend und setzen somit auch translokale Kommunikation voraus. Entsprechend sind translokale Vergemeinschaftungen in unterschiedlichen Graden

„imaginierte", oder wie es in der deutschen Übersetzung heißt: „vorgestellte Gemeinschaften", um hier einen Ausdruck des US-amerikanischen Politikwissenschaftlers Benedict Anderson (1996; orig. 1983) zu entlehnen. Bemerkenswert an den Überlegungen von Anderson ist, dass dessen Begriff der vorgestellten Gemeinschaft in der weiteren Diskussion fast ausschließlich auf seinen primären Analysegegenstand bezogen wird, nämlich die Nation als eine vorgestellte Vergemeinschaftung. Benedict Anderson sieht sein begriffliches Konzept aber gleichwohl wesentlich allgemeiner:

> In der Tat sind alle Gemeinschaften, die größer sind als die dörflichen mit ihren Face-to-Face-Kontakten, vorgestellte Gemeinschaften. Gemeinschaften sollten nicht durch ihre Authentizität voneinander unterschieden werden, sondern durch die Art und Weise, wie sie vorgestellt werden. [...] Die Nation wird als *begrenzt* vorgestellt, weil selbst die größte von ihnen mit vielleicht einer Milliarde Menschen in genau bestimmten, wenn auch variablen Grenzen lebt, jenseits derer andere Nationen liegen. (Anderson 1996: 15; Herv. i. O.)

Dieses Zitat verdeutlicht exemplarisch, dass die eigentliche, kommunikations- und medienwissenschaftlich interessante Grundfrage das Aufkommen und der Wandel von Formen translokaler Vergemeinschaftung mit fortschreitender Mediatisierung ist. Hierzu liefern viele Studien unterschiedliche Indizien: Anderson selbst zeichnet in seinen Analysen nach, dass das Entstehen der Vergemeinschaftung der Nation u. a. auf die Etablierung der klassischen Massenmedien und einer aufkommenden nationalen Medienkultur verweist: „Roman und Zeitung [...] lieferten die technischen Mittel, d. h. die Repräsentationsmöglichkeiten für das Bewusstsein von Nation" (Anderson 1996: 29). Ein solcher Gedanke wurde von John B. Thompson (1995) in seiner bereits mehrfach erwähnten Studie zu „Medien und Moderne" fortgeführt. Allerdings interessiert ihn mehr das Entstehen des modernen Staates als die damit einhergehende Artikulation einer nationalen Vergemeinschaftung. Historisch weiter kontextualisierend hat dies – wie wir ebenfalls bereits gesehen haben – Friedrich Tenbruck (1972) anhand von unterschiedlichen Gesellschaftstypen reflektiert. Aber auch für gänzlich andere translokale Vergemeinschaftungen wie beispielsweise die Diaspora wird der Stellenwert von Medienkommunikation betont (Dayan 1999). *Translokale Vergemeinschaftungen sind demnach zumindest in Teilen medienvermittelte Vergemeinschaftungen.*

Der Wissens- und Religionssoziologe Hubert Knoblauch (2008) hat im Rahmen einer solchen Diskussion typisierend die Unterschiede zwischen lokalen Vergemeinschaftungen und translokalen Vergemeinschaftungen herausgearbeitet. Nach seinen Überlegungen sollten wir lokale Vergemeinschaftungen als Wissensgemeinschaften begreifen, translokale Vergemeinschaftungen als Kommunikationsgemeinschaften.

5.1 Lokalität und Translokalität

Der Grund, lokale Vergemeinschaftungen – zumindest in einer historischen Dimension, wie es auch Friedrich Tenbruck (1972: 59) getan hat – als *Wissensgemeinschaften* zu charakterisieren, besteht darin, dass die Mitglieder dieser dauerhaft zusammenlebenden und stark homogenen Vergemeinschaftungen einen Großteil des Wissens teilen. Aufgrund dessen, dass die Mitglieder solcher Vergemeinschaftungen in fortlaufendem, direkten Kontakt miteinander sind, erscheinen viele ihrer Wissensbestände als „unausgesprochenes Wissen" (Knoblauch 2008: 84), das sich insbesondere im gemeinsamen Handeln artikuliert. In lokalen Wissensgemeinschaften ‚weiß man über sich Bescheid' und hat einen nicht weiter kommunikativ thematisierten Wissensbestand. Solche lokalen Wissensgemeinschaften gehen historisch Formen translokaler Vergemeinschaftung voraus.

Mit der fortschreitenden Mediatisierung lässt sich eine Entkontextualisierung und Anonymisierung von Vergemeinschaftung ausmachen. Mit Entkontextualisierung fasst Knoblauch den bereits diskutierten Umstand, dass in der medienvermittelten Interaktion eine erweiterte zeitliche und räumliche Verfügbarkeit von Kommunikation damit einhergeht, dass an die Stelle des Kontexts der Kopräsenz separierte Kontexte von Kommunikation treten. Wir haben es mit der Vervielfachung von nun „mediatisierten Kontexten" (Knoblauch 2008: 82) der Kommunikation zu tun. Gerade wenn medienvermittelte Kommunikation als standardisierte Medienkommunikation der Massenmedien erfolgt, sind wir zusätzlich mit einer Anonymisierung konfrontiert. Diese zeigt sich darin, dass die Interaktion nicht mit bestimmten Anderen erfolgt, sondern (aus Sicht des Kommunikators) mit einem Potenzial von Anderen. Dies ist im Zusammenhang eines weiteren Kulturwandels zu sehen, der sich u. a. in einer zunehmenden Differenzierung von Kultur manifestiert. Entsprechend kann gerade *nicht* (mehr) von geteilten Wissensbeständen ausgegangen werden. Hinzu kommt, dass man bei translokaler Kommunikation aufgrund der Beschränkung von Kommunikationsmitteln Implizites explizieren muss. Translokale Vergemeinschaftungen werden somit als *Kommunikationsgemeinschaften* charakterisierbar, die sich mit den letzten Mediatisierungsschüben zunehmend ausbilden. Entscheidend dafür ist nach Knoblauch, dass sich die gefühlte Zusammengehörigkeit der Vergemeinschaftung in strukturierten sozialen Beziehungen manifestiert:

> Von *Kommunikationsgemeinschaften* können wir erst dann reden, wenn diese Gemeinsamkeiten der Kommunikation und ihrer Objektivierung auch in soziale Strukturen umgesetzt werden: Während sich etwa beim Fernsehen nur sehr schwache soziale Strukturen ausbilden, die man als ‚Publikum' bezeichnet (von ‚Lindenstraßen-Fangruppen' u. ä. abgesehen, die aktiv gemeinschaftsbildend sind), ermöglichen gerade die interaktiven Medien die Ausbildung sozialer Strukturen: Handelnde, die wechselseitige Netzwerke knüpfen, in denen gemeinsame Themen

(z. B. Arbeitssuche, Homosexualität, Zahnarztphobie) oder Formen (Spiele, Wetten, Versteigerung) kommunikativ behandelt werden, bilden ganz ohne Zweifel Kommunikationsgemeinschaften. [...] *Die Zugehörigkeit zur Gemeinschaft wird wesentlich durch vorgängige und parallele Kommunikation geleistet – und zwar weitgehend und ausschließlich durch Kommunikation und nicht durch Tradition und Wissen.* (Knoblauch 2008: 86; Herv. A. H.)

Hubert Knoblauch versteht seine Darlegungen explizit nicht als empirische Beschreibungen, sondern als eine an der Phänomenologie geschulte Begriffsarbeit. Diese soll für eine solche Empirie – ob als historische oder auf die Gegenwart bezogene Analyse – die Grundlage bilden. Man könnte also formulieren, dass die Begriffe der lokalen Wissensgemeinschaft und der translokalen Kommunikationsgemeinschaft Idealtypen von Vergemeinschaftung fassen, zwischen denen man sich verschiedene Übergangs- und Hybridformen vorstellen kann. Beide Begriffe bilden dann die Fluchtpunkte eines Strahls, an einem Ende die rein lokale Vergemeinschaftung des geteilten Wissens, am anderen die rein auf Medienvermittlung beruhende translokale Vergemeinschaftung der Kommunikation.

In unserer Systematisierung des Beschreibungspanoramas von (trans-)lokaler Vergemeinschaftung hilft diese Begriffsarbeit sehr. Man sollte aber vorsichtig sein, sie in der Form in eine einfache Wandlungserzählung zu pressen, dass mit fortschreitender Mediatisierung translokale Vergemeinschaftungen zunehmend lokale ersetzen würden. Hierdurch würde man nicht nur dem bereits kritisierten Reduktionismus der Mediumstheorie erliegen. Vor allem würde man sich der Möglichkeit berauben, das in gegenwärtigen Medienkulturen *de facto* auszumachende Wechselspiel von lokaler und translokaler Vergemeinschaftung zu erfassen.

So bleiben für Menschen auch in heutigen Medienkulturen lokale Vergemeinschaftungen zentral. Wie bereits mehrfach betont: Als physische Wesen leben Menschen nach wie vor an bestimmten Orten, und die lokale Vergemeinschaftung an diesen bleibt ein zentrales Moment von Zusammengehörigkeit in unserem Leben. Man kann hier nach wie vor auf manche der von Max Weber (2009: 22) genannten Vergemeinschaftungen verweisen, beispielsweise die „erotische Beziehung" oder die „Familie". Andere Beispiele mögen nach wie vor die Vergemeinschaftung eines Dorfes oder Stadtteils sein, wobei es diesbezüglich selbstverständlich Momente der Ausdifferenzierung gibt (beispielsweise die Vergemeinschaftungen der dörflichen Feuerwehr- einerseits und der Sportvereinsjugend andererseits, denen man nicht beiden angehören muss, auch wenn man sich als Teil der Vergemeinschaftung eines Dorfs versteht).

Lokale Vergemeinschaftungen sind mit fortschreitender Mediatisierung nicht verschwunden. Vielmehr scheint es im Hinblick auf den Wandel heutiger Medienkulturen um andere Dinge zu gehen. So sind auch die lokalen Vergemeinschaftungen

5.1 Lokalität und Translokalität

in dem Sinne mediatisiert, dass deren Artikulation von geteilter Zusammengehörigkeit ebenfalls in Teilen medienvermittelt und medienbezogen erfolgt. Bei der *Medienvermittlung* lässt sich exemplarisch an den Stellenwert der Mobilkommunikation im Leben von heutigen Paarbeziehungen denken (Linke 2010). Beim *Medienbezug* sollte man im Blick haben, in welchem Maße die direkte Kommunikation von Familiengesprächen immer wieder mit Rekonstruktionen von Medieninhalten bzw. mit kurzen Referenzen auf dieselben durchzogen ist. Dies trifft insbesondere zu, wenn es um Fragen von Werten und Moral geht (Hepp 1998; Keppler 1994; Ulmer und Bergmann 1993). Wir können uns heutige lokale Vergemeinschaftungen also nicht als ‚medienfreie Zonen' vorstellen. Indem sie Vergemeinschaftungen der mediatisierten Welten gegenwärtiger Medienkulturen sind, muss man auch hier Prozesse der medialen Vermittlung im Blick haben.

Bezogen auf translokale Vergemeinschaftungen ist entscheidend, dass diese sehr vielfältig sein können. So zeigen alleine die bisher genannten Beispiele – angefangen von der Nation bis hin zu thematisch orientierten Vergemeinschaftungen von Menschen mit bestimmten Interessen, Orientierungen oder Problemen –, dass es *die* alles kennzeichnende translokale Form von Vergemeinschaftung nicht gibt. Als Spezifikum heutiger Medienkulturen erscheint eher die *Vielfalt translokaler Vergemeinschaftung*, deren Zugehörigkeit wir in vielen Fällen in dem Sinne ‚wählen' können, als wir durch unsere Beteiligung an spezifischen Kommunikationsprozessen Teil der Vergemeinschaftung werden. Dabei gilt es zu berücksichtigen, dass diese Vergemeinschaftungen trans*lokal* sind, d. h. rückbezogen bleiben auf das lokale Leben von uns als physischem Wesen Mensch. Entsprechend konkretisieren sich translokale Vergemeinschaftungen trotz aller medialer Vermittlung in lokalen Gruppen. Die medienvermittelte Kommunikation bildet so etwas wie einen Sinnhorizont der Vergemeinschaftung – ein Aspekt, auf den ich später nochmals zurückkommen möchte.

In einer solchen weitergehenden Kontextualisierung erscheint es allerdings wichtig, einen zentralen Punkt der Argumentation von Hubert Knoblauch zu betonen, nämlich dass die Artikulation medienvermittelter, translokaler Vergemeinschaftungen die „Ausbildung sozialer Strukturen" (Knoblauch 2008: 86) voraussetzt. In der bisher entwickelten Begrifflichkeit lässt sich sagen, dass translokale Vergemeinschaftungen auf je spezifische kommunikative *und* soziale Netzwerke verweisen. Diese können u. a. deswegen sehr unterschiedliche Spezifika haben, weil verschiedene Medien unterschiedliche Prägkräfte entfalten. Und auch hier gilt einmal mehr, dass sich diese Kommunikationsnetzwerke in nicht unerheblichen Teilen transmedial entfalten. Das Kommunikationsnetzwerk einer Szene ist über unterschiedliche Medien wie Fanzines, digitale Musik, E-Mail, Social-Web-Gruppen usw. hinweg zu beschreiben (vgl. Hitzler und Niederbacher

2010: 30). Und dabei kann die Analyse solcher Kommunikationsnetzwerke immer nur ein erster Schritt bei einer Beschreibung der jeweiligen kommunikativen Figuration sein. In diesem Sinne verweist eine kommunikations- und medienwissenschaftliche Forschung zu translokaler Vergemeinschaftung wiederum auf die empirische Bestimmung einzelner kommunikativer Figurationen heutiger Medienkulturen.

5.2 Territorialisierung und Deterritorialisierung

Bereits mehrfach klangen im Hinblick auf translokale Vergemeinschaftungen, aber auch auf die Diskussion der Globalisierung von Medienkommunikation, Fragen der Territorialisierung und Deterritorialisierung an. Will man sich mit translokalen Vergemeinschaftungen heutiger Medienkulturen befassen, erscheint ein vertiefender Blick hierauf notwendig. Dazu müssen zunächst die beiden Begriffe der Territorialisierung und Deterritorialisierung klarer gefasst werden.

Territorialisierung lässt sich als der Prozess definieren, in dem ein benennbares Territorium (ein ‚Land', eine ‚Region', ein ‚Kontinent') als physisch verankerter Bezugsraum einer bestimmten (Medien-)Kultur bzw. einer auf diese verweisende Form von Vergemeinschaftung konstruiert wird. Der vielleicht verbreitetste Prozess einer solchen Territorialisierung ist die Artikulation von Nationalkultur als Bezugspunkt von Vergemeinschaftung: ‚Deutsch-Sein' als Kultur und Vergemeinschaftung, die sich beide auf die Territorialität eines ‚Deutschlands' beziehen.

In Abgrenzung dazu wurde bereits *Deterritorialisierung* als ‚Aufweichen' dieser scheinbar ‚natürlichen' Beziehung zwischen Kultur, Vergemeinschaftung und Territorialität definiert. Gerade im Kontext der Diskussion um Vergemeinschaftung ist es wichtig, zwei Formen von Deterritorialisierung zu unterscheiden. Dies ist zum einen die physische und zum anderen die kommunikative Deterritorialisierung. Hierbei ist es insbesondere die *physische Deterritorialisierung*, die im Fokus der Arbeiten vieler Globalisierungsforscherinnen und -forscher steht, wenn es um die zunehmende (globale) Mobilität von Menschen geht (Favell 2008; Pries 2001; Urry 2007): Eine Vielzahl von Personen reist und migriert in Zeiten der Globalisierung, und die Welt als Ganzes basiert in wesentlich höherem Maße auf Mobilität als in den Jahrhunderten davor.

Hiervon ist eine zweite Art der Deterritorialisierung zu unterscheiden, die sich *kommunikative Deterritorialisierung* nennen lässt. Diese bezieht sich insbesondere auf die zunehmende Mediatisierung und Globalisierung von Medienkommunikation. Mehr und mehr Medieninhalte sind über verschiedene Territorien hinweg

5.2 Territorialisierung und Deterritorialisierung

verfügbar: Fernsehformate von Soaps und Quiz-Shows, auf ein transnationales Publikum abzielende Filme oder Musik(-videos) (Hall 2002: 95–101). Hierdurch wird Medienkultur zumindest partiell deterritorial. Verschiedene Sinnangebote insbesondere im Bereich der Jugend- und Populärkultur, die in Zeiten der Globalisierung mittels Medien kommuniziert werden, lassen sich nur noch in beschränktem Maße auf bestimmte Territorien rückbeziehen.

Sicherlich können physische und kommunikative Deterritorialisierung nicht gegeneinandergesetzt werden. Sie sind vielmehr auf verschiedenen Ebenen miteinander verwoben. Wenn man Migrationsgemeinschaften bzw. Diaspora als Beispiel für physische Deterritorialisierung nimmt, so ist es offensichtlich, dass diese nur deshalb „exemplarische Gemeinschaften des transnationalen Augenblicks" (Tölölyan 1991: 3) sein können, weil ihre Mitglieder gemeinsame kulturelle Repräsentationen teilen. Und diese geteilten kulturellen Repräsentationen, wie beispielsweise im Falle der indischen Diaspora Bollywood-Filme oder des transnationalen indischen Fernsehens ZeeTV (Thussu 1998), sind letztlich medial vermittelt und basieren auf einer kommunikativen Konnektivität. Nichtsdestoweniger ist es heuristisch wichtig, physische und kommunikative Deterritorialisierung voneinander zu unterscheiden. Hierfür sprechen insbesondere drei Gründe:

- *Geschwindigkeit*: Kommunikative Deterritorialisierung scheint wesentlich schneller stattzufinden als physische. Mediale Flüsse können in Zeiten einer globalen kommunikativen Infrastruktur viel schneller (und billiger) über verschiedene Territorien hinweg ‚bewegt' werden als Flüsse von Gütern und Menschen.
- *Flüchtigkeit*: Kommunikative Deterritorialisierung scheint wesentlich ‚flüchtiger' zu sein als physische Deterritorialisierung. Wenn man Migration als ein herausgehobenes Beispiel für physische Deterritorialisierung nimmt, so ist dieser Prozess sehr manifest in der lokalen Nachbarschaft: Eine Person irritiert als ‚Fremder' bzw. ‚Fremde' in hohem Maße durch seine oder ihre Alltagspraktiken – und dies mag auch der Grund dafür gewesen sein, warum sich die klassische Soziologie in solchem Maße für den sozialen Typus des ‚Fremden' interessierte. Im Gegensatz dazu sind viele Aspekte der kommunikativen Deterritorialisierung nur schwer zu erkennen, beispielsweise ‚nationalisierte' Versionen transkulturell gehandelter Soap-Operas oder Quiz-Shows, die gewöhnlich als ‚nationales Fernsehen' angeeignet werden, während das Format selbst ‚deterritorialisiert' ist (Hallenberger 2005; Moran 2009).
- *Reichweite*: In scheinbarem Widerspruch hierzu steht die Reichweite, in der die kommunikative Deterritorialisierung mediatisierte Welten durchdringt. Diese ist wesentlich größer als die physischer Deterritorialisierung. Während in

vielen Regionen der Welt die physische Mobilität geringer ist, als man vermutet (Morley 2000: 86–104), sind auch dort Medienprodukte unterschiedlichster Kontexte zugänglich. Aufgrund ihrer Geschwindigkeit und Flüchtigkeit durchdringt die kommunikative Deterritorialisierung mediatisierte Welten sehr weitreichend.

An dieser Stelle ist es hilfreich, die bisherigen Überlegungen zum Aufkommen von Vorstellungen der Nationalkultur und nationaler Vergemeinschaftung aufzugreifen. Wenn unterschiedliche Lokalitäten durch Medien intensiv miteinander national-territorial verbunden sind, können Menschen in einen kommunikativen Prozess eingebunden werden, der auf die Konstruktion einer geteilten „vorgestellten Gemeinschaft" (Anderson 1996) bzw. eines „home territory" (Morley 2000) abzielt. Solche Überlegungen verweisen darauf, in welchem Maße Fragen der Territorialität mit der Konstruktion der translokalen Vergemeinschaftungen einer Nation zusammenhängen. Dies wird insbesondere am Beispiel der Geschichte des Fernsehens deutlich: Dieses wurde zwar in den 1950er Jahren zuerst einmal – um hier eine der damaligen Werbesprüche zu zitieren – als „global" vermarktet, indem es als ein „Fenster zur Welt" beworben wurde. Diese Werbung zielte allerdings bereits auf eine lokale Aneignung in dem Sinne ab, dass das Fernsehen seinen Platz im häuslichen Leben (oder in der Dorf- bzw. Eckkneipe) finden musste. In Bezug auf die Konstruktion von Vergemeinschaftung ging es aber um Nationalisierung, indem der Horizont der ersten Repräsentationen des Fernsehens zum National-Territorialen tendierte: Die ersten wichtigen Fernsehereignisse waren nationale Feste, nationale Fußballspiele oder nationale serielle Produktionen, und auch die Grenzen des Sendegebiets von Fernsehanstalten waren national. Wie schon die Printmedien und das Radio zuvor, half das Fernsehen, eine territorialisierte „vorgestellte Gemeinschaft" der Nation zu artikulieren.

Im Hinblick auf die bisherigen Überlegungen zu Fragen der Vergemeinschaftung ist es damit möglich, nationale Medienkulturen nicht nur als solche zu fassen, deren translokale kommunikative Verdichtungen in dem Sinne territorialisiert sind, dass nationale Grenzen die primären Grenzen vielfältiger kommunikativer Figurationen sind. Es geht in nationalen Medienkulturen auch um die kommunikative Konstruktion einer nationalen Vergemeinschaftung. Wir können diese als *territoriale translokale Vergemeinschaftung* bezeichnen, der ebensolche Verdichtungen von Medienkultur entsprechen. Mit fortschreitender Mediatisierung und Globalisierung der Medienkommunikation haben jedoch andere medienkulturelle Verdichtungen und Vergemeinschaftungen einen Relevanzgewinn erfahren, nämlich *deterritoriale translokale Vergemeinschaftungen*, denen wiederum analoge medienkulturelle Verdichtungen entsprechen. Das bedeutet, dass

5.2 Territorialisierung und Deterritorialisierung

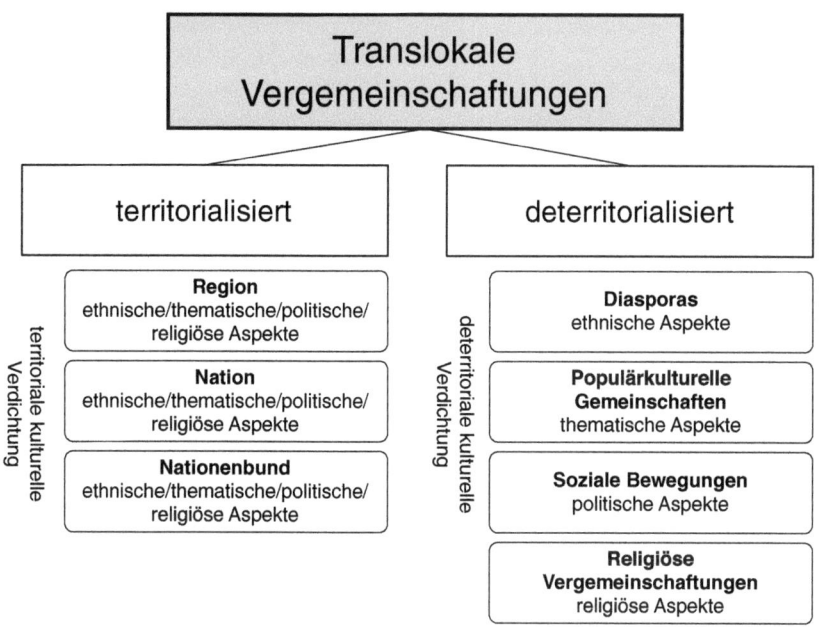

Abb. 5.1 Translokale Vergemeinschaftungen

Territorialität für die Grenzen dieser kulturellen Verdichtungen und Vergemeinschaftungen *nicht* konstitutiv ist.

In einer ‚Gesamtschau' stehen gegenwärtig also vielfältige territorialisierte und deterritorialisierte translokale Vergemeinschaftungen und ihnen entsprechende kulturelle Verdichtungen nebeneinander (siehe Abb. 5.1): Auf der einen Seite bestehen eher territorial fokussierte Verdichtungen kommunikativer Konnektivität, weswegen es sinnvoll ist, von medienvermittelten ‚regionalen' oder ‚nationalen' translokalen Vergemeinschaftungen mit ihren entsprechenden Medienkulturen zu sprechen. Zur gleichen Zeit bestehen kommunikative Verdichtungen über solche territorialen Grenzen hinweg, kommunikative Figurationen, die den Raum für deterritoriale translokale Vergemeinschaftungen mit entsprechenden Medienkulturen eröffnen.

Heuristisch lassen sich zumindest vier Arten solcher deterritorialen Vergemeinschaftungen im Hinblick auf ethnische, thematische, politische und religiöse Aspekte unterscheiden. Bezogen auf Ethnizität findet sich eine wachsende Vielfalt an Diasporas. Auf thematischer Ebene lässt sich eine zunehmende Zahl deterritorialer populärkultureller Vergemeinschaftungen ausmachen, wie z. B. Jugendkulturen oder Szenen. Auf politischer Ebene besteht ein Relevanzgewinn deterritorialer sozialer Bewegungen wie beispielsweise der globalisierungskritischen Bewegung. Und auch religiöse Vergemeinschaftungen als eine historisch sehr alte Form deterritorialer Vergemeinschaftungen haben in den letzten Jahren wieder an Relevanz gewonnen.

Um eine solche ‚Gesamtschau‘ weiter zu erfassen, muss betont werden, dass die analytisch unterschiedenen Formen translokaler Vergemeinschaftung ineinander übergehen (können) bzw. miteinander verschachtelt sind. Um einige Beispiele zu nennen: Durchaus können die Migrationsgemeinschaften der Diaspora für sie charakteristische Populärkulturen ausbilden. Ebenso gibt es einen fließenden Übergang zwischen Diasporas und politischen Vergemeinschaftungen sozialer Bewegungen, wenn Migrantinnen und Migranten aufgrund ihrer Migrationserfahrung im Bereich der globalisierungskritischen Bewegung bzw. der Menschenrechtsbewegung aktiv werden. Gleichzeitig schließen sich regionale, nationale und supranationale Vergemeinschaftungen nicht aus. Oder wir können uns Prozesse vorstellen, in denen deterritoriale Vergemeinschaftungen und mit diesen korrespondierende Medienkulturen in Kommunikationsprozessen territorialisiert werden: Aus einer ursprünglich einmal deterritorialen Populärkultur entwickelt sich beispielsweise eine regionale Populärkultur. Die ‚Gesamtschau‘ der obenstehenden Abbildung kann also keinesfalls als statisch begriffen werden. Sie bedarf einer ständigen Weiterentwicklung und Revision, sobald wir weitergehende Kenntnisse über die sich wandelnden Medienkulturen und deren Vergemeinschaftungen haben. In einer in diesem Sinne verstandenen Vorläufigkeit ermöglicht es uns diese Systematik aber, ein gewisses Verständnis der translokalen Vergemeinschaftungsprozesse heutiger Medienkulturen zu bekommen. Hierin ist ihr Nutzen zu sehen.

5.3 Deterritoriale Vergemeinschaftungen

Ausgehend von dem bisher Gesagten geht es im Weiteren darum, einen näheren Blick auf deterritoriale translokale Vergemeinschaftungen zu werfen. Der Grund dafür ist, dass diese mit den letzten Schüben der Mediatisierung und Globalisierung von Medienkommunikation einen gewissen Relevanzgewinn erfahren haben. Fasst man die bisherigen Überlegungen zusammen, sind unter deterritorialen Vergemeinschaftungen diejenigen translokalen Vergemeinschaftungsformen zu verstehen, für deren kommunikative Artikulation Territorialität nicht konstitutiv ist. So unterschiedlich populärkulturelle Vergemeinschaftungen, Diasporas,

5.3 Deterritoriale Vergemeinschaftungen

soziale Bewegungen und religiöse Vergemeinschaftungen im Einzelfall sind – analytisch teilen sie folgende drei Aspekte:

- *Netzwerke lokaler Gruppen*: Diese deterritorialen Vergemeinschaftungen artikulieren sich zuerst einmal in lokalen Gruppen, die durch eine entsprechende direkte Kommunikation gekennzeichnet und lokal verwurzelt sind. Diese verschiedenen Gruppen fügen sich zu einem übergreifenden translokalen sozialen Netzwerk zusammen.
- *Translokaler Sinnhorizont*: Innerhalb dieses Netzwerkes deterritorialer Vergemeinschaftungen besteht ein translokaler Sinnhorizont, d. h. eine gemeinsame Sinnorientierung, die diese Vergemeinschaftungen als solche begründet. Der translokale Sinnhorizont wird aufrechterhalten durch Prozesse medienvermittelter Kommunikation, also durch verschiedene mediatisierte Kommunikationsnetzwerke, die transmedial über wechselseitige Medienkommunikation (beispielsweise Chats innerhalb des sozialen Netzwerks), produzierte Medienkommunikation (beispielsweise Fanzines der deterritorialen Vergemeinschaftung) und zumindest im Einzelfall auch virtualisierte Medienkommunikation (beispielsweise Computerspielumgebungen zur Vergemeinschaftung) bestehen.
- *Deterritoriale Erstreckung*: Wie der Begriff deterritoriale Vergemeinschaftung schon sagt, ist für die Artikulation dieses translokalen Netzwerks der Vergemeinschaftung ein spezifisches Territorium *nicht* konstitutiv. Dies heißt im Umkehrschluss aber nicht, dass es innerhalb von deterritorialen Vergemeinschaftungen keine Nationalisierungen gäbe, wie auch andere territoriale Bezüglichkeiten eine Rolle spielen: Es lassen sich in deren Netzwerken durchaus nationale und regionale Verdichtungen ausmachen. Jedoch gehen deterritoriale Vergemeinschaftungen nicht in solchen territorialen Verdichtungen auf.

Anhand dieser Punkte wird deutlich, dass man, um den Vergemeinschaftungswandel in heutigen Medienkulturen zu fassen, den Blick auf die Spezifik der kommunikativen Vermittlung von Vergemeinschaftung lenken muss. Es geht um die kommunikativen Netzwerke, die diesen Vergemeinschaftungen zugrunde liegen. Wodurch sich diese im Detail auszeichnen, muss jeweils in konkreten empirischen Untersuchungen geklärt werden und variiert je nach Untersuchungskontext zum Teil erheblich. Gleichwohl lassen sich auf der Basis bisher bestehender Forschungen für jede der vier deterritorialen Vergemeinschaftungen, die hier heuristisch unterschieden wurden, einzelne Momente ausmachen, die man im Blick haben sollte.

Mehrfach bereits habe ich auf unsere eigene Forschung zur Mediatisierung und kommunikativen Vernetzung der Diaspora verwiesen (Hepp et al. 2011). Entsprechend kann ich mich an dieser Stelle kürzer fassen und kontextualisiere nur das bisher

Argumentierte weiter. Es ist dann sinnvoll, im Hinblick auf Migrationsgemeinschaften von *ethnischen Aspekten deterritorialer Vergemeinschaftung* zu sprechen, wenn man den Ausdruck „ethnisch" nicht als eine essenzialisierende Begrifflichkeit versteht. Stuart Hall (1994: 207) merkte zu Recht an, dass Ethnizität eine diskursive Konstruktion ist, bei der kulturelle Eigenschaften wie Sprache, Gebräuche und Traditionen auf die Gesamtvorstellung einer Vergemeinschaftung projiziert werden. Entsprechend geht es bei Vergemeinschaftungen der Diaspora um Konstruktionen von Ethnizität, für die Territorialität nicht konstitutiv ist. Hierbei lässt sich argumentieren, dass mit der Migration sowohl physische Deterritorialisierung (die örtliche Zerstreuung dieser Diasporas) als auch kommunikative Deterritorialisierung (die Möglichkeiten des Aufbaus und Aufrechterhaltens verschiedenster Kommunikationsnetzwerke in der translokalen Zerstreuung) wichtige Aspekte sind. Allerdings darf Migration dabei nicht mit der Bildung von Diasporas gleichgesetzt werden: Letztere sind nicht temporär, sondern vorgestellte Vergemeinschaftungen, die sich anhand von *dauerhaften* translokalen Beziehungs- und Kommunikationsnetzwerken konstituieren (Clifford 1994: 311).

Sicherlich sind Diasporagemeinschaften historisch gesehen ein ‚altes' Phänomen. Die jüdische Diaspora ist dafür ein prominentes Beispiel am Grenzbereich zu religiöser Vergemeinschaftung (vgl. Cohen 2008). Bereits bei dieser zeigt sich aber, welchen Stellenwert Medien (in diesem Falle religiöse Texte) für deren Aufrechterhaltung haben. Die zunehmende Mediatisierung und Globalisierung der Medienkommunikation hat über solche religiösen Traditionen hinaus unterschiedliche Artikulationen von Diasporagemeinschaften gefördert (Anderson 2007; Bailey et al. 2007): Ohne die Möglichkeit, vielfältige Kommunikationsnetzwerke insbesondere durch Satellitenkommunikation und Internet über die territorialen Grenzen von Nationalstaaten dauerhaft zu artikulieren, wäre es kaum denkbar, die gegenwärtige Vielfalt von Gemeinschaften der Diaspora und ihrer Identitäten mehr oder weniger dauerhaft aufrechtzuerhalten. Wie wir in unseren eigenen Studien, betonen auch andere Wissenschaftlerinnen und Wissenschaftler, dass diasporische Konnektivitäten durch heutige Kommunikationstechnologien unterstützt werden (vgl. beispielsweise Bromley 2002; Dayan 1999; Georgiou 2006; Gillespie 2002; Naficy 1993; Silverstone 2002). Empirische Studien haben dies detailliert für die Aneignung von Medien in Diasporagemeinschaften wie die Pandschab-Diaspora in Großbritannien (Gillespie 1995), für die Trini-Diaspora im englischsprachigen Ausland (Miller und Slater 2000) oder für die türkische Diaspora in Europa (Aksoy und Robins 2000; Robins und Aksoy 2006) gezeigt. Neuere Untersuchungen verdeutlichen, dass solche Kommunikationsnetzwerke über die verschiedensten Medien hinweg bestehen und dass die Etablierung des Internets und des Mobiltelefons zu einer stärkeren Synchronität dieser Kommunikation beiträgt (siehe hier nochmals Hepp et al. 2011 sowie Madianou und Miller 2012).

5.3 Deterritoriale Vergemeinschaftungen

In Bezug auf populärkulturelle Vergemeinschaftungen werden *thematische Aspekte deterritorialer Vergemeinschaftung* greifbar. Da populärkulturelle Vergemeinschaftungen zumeist kommerziell vermittelt sind, ist die Zugehörigkeit zu ihnen weit mehr durch Wahl als durch Tradition bestimmt. Dies trifft für die verschiedenen Szenen sowie Jugend-, Fan- und Freizeitkulturen zu, aber auch für „brand communities", die von Unternehmen ins Leben gerufen werden beziehungsweise um Marken herum entstehen.

Die Konzepte, mit denen diese thematisch ausgerichteten populärkulturellen Vergemeinschaftungen bisher gefasst werden, sind unterschiedlich. Zygmunt Bauman (2009) spricht hier von den bereits erwähnten „ästhetischen Gemeinschaften". Der französische Soziologe Michel Maffesoli (1996) hat den Begriff der „Neostämme" geprägt, die für ihn nicht entlang bestimmter Funktionserfüllungen oder Zwecke organisiert sind, sondern die ausgehend von einem thematischen Kern emotionale Vergemeinschaftungen darstellen (Keller 2008; Maffesoli 1996: 9 f.; 97). Damit ist man im Kern der Diskussion um Fragen der „posttraditionalen Vergemeinschaftung" (Hitzler 2008a) angelangt. Dieses Konzept – dem von Maffesoli nicht unähnlich – versucht auszudrücken, dass in Kontexten fortschreitender Individualisierung verschiedene Formen der kommerzialisierten Wiedervergemeinschaftung zu erkennen sind. So lassen sich differente (Freizeit- und Konsum-)Szenen ausmachen, die von einer Organisationselite ggf. durchaus mit Profitinteressen getragen werden und dem Individuum eine soziale Einbindung auf Zeit ermöglichen. Posttraditional ist die Vergemeinschaftung dieser Kollektive insofern, als sich die Zugehörigkeit zu ihr gerade nicht qua Tradition ergibt, sondern durch individuelle Partizipation mit einer gefühlsmäßigen Zuwendung auf Zeit. Dabei umfasst die Zugehörigkeit nicht die Totalität einer Person, und ihre Mitglieder werden nicht fraglos in sie hineinsozialisiert. Die detaillierten Studien von Ronald Hitzler und seinen Mitarbeiterinnen und Mitarbeitern zu Szenen als einer Form der posttraditionalen Vergemeinschaftung verdeutlichen dabei, wie verschiedene Kommunikationsnetzwerke bei der Artikulation dieser Szenen ineinandergreifen (vgl. Hitzler und Niederbacher 2010). Zu nennen sind dabei nicht nur die Kommunikationsnetzwerke der Organisationseliten und lokalen Gruppen, sondern auch die verschiedenen Szenemedien mit produzierten Inhalten (Szenemagazine und Websites, Musik etc.), über die letztlich erhebliche Aspekte des thematischen Kerns der Szene kommuniziert werden.

Neben ethnischen und kommerziellen Aspekten können *politische Aspekte deterritorialer Vergemeinschaftung* ausgemacht werden. Es ist offensichtlich, dass der Ausdruck ‚politisch' in diesem Zusammenhang weniger politisches Handeln in staatlichen Institutionen meint, sondern den Bereich, den der Soziologe Ulrich Beck (1993) als „Subpolitik" bezeichnet hat. In diesem Bereich kann insbesondere auf eine Art deterritorialer Vergemeinschaftungen verwiesen werden, nämlich auf soziale Bewegungen. Nach einer gängigen Definition sind soziale Bewegungen Netzwerke von Gruppen und Organisationen, die sozialen Wandel durch Protest herbeiführen, verhindern oder rückgängig machen wollen (Rucht 1994: 22f.). Solche Bewegungen setzen in erheblichem Maße bei einer alltäglichen Identitätspolitik an (Woodward 1997: 24). Politische Veränderung – so das Credo der verschiedenen neuen sozialen Bewegungen – ergibt sich insbesondere durch die Veränderungen des alltäglichen menschlichen Handelns. Diese Überlegungen verdeutlichen, dass es sich bei diesen Gruppen um für die Identitätsartikulation relevante vorgestellte Vergemeinschaftungen handelt, die sich wiederum in ihrer translokalen Erstreckung auch über Medien konstituieren. So ist für die Konstitution neuer sozialer Bewegungen nicht nur die kommunikative Vernetzung von (alternativen) Medien von Bedeutung (Atton 2002, 2004; Bailey et al. 2008; Castells 2012; Couldry und Curran 2003). Sondern solche Bewegungen entfalten ihren eigentlichen Einfluss – ihre Identitätspolitik – auch mittels kommerzieller medialer Repräsentationen.

Welche Relevanz Medien für soziale Bewegungen haben, zeigt die politische Vergemeinschaftung der Globalisierungskritiker (Hepp und Vogelsang 2005). Diese ist zunächst einmal wiederum rückbezogen auf lokale Gruppen politischen Engagements, die sich in verschiedensten Regionen der Welt etabliert haben. Bei dem entstehenden Netzwerk globalisierungskritischer Gruppen geht es aber nicht nur darum, politische Ziele im engeren Sinne des Wortes zu erreichen, wie beispielsweise den Einfluss bzw. die Möglichkeiten der Gewinnmaximierung von deterritorial agierenden (Medien-)Konzernen zu reglementieren. Es geht zugleich um Fragen der Identitätspolitik und eine auf lokale Vergemeinschaftung bezogene Identitätsartikulation. Ronald Hitzler argumentiert, dass die globalisierungskritische Bewegung möglicherweise als eine „bewegte Szene" (Hitzler 2002; siehe auch Bemerburg und Niederbacher 2007) zu begreifen ist, die in ihren Zielen als soziale Bewegung einerseits klar gegen die negativen Seiten der Globalisierung gerichtet ist, dabei gleichzeitig aber Anschluss an andere kommerzialisierte Formen der Vergemeinschaftung gefunden hat. Das heißt, die globalisierungskritische Bewegung konstituiert sich über kommunikativ vernetzte lokale Gruppen und inszeniert ihre Veranstaltungen bzw. Demonstrationen als politische und gleichzeitig spaßmachende Events, die wiederum auf eine Übertragung in Form von standardisierten Angeboten in herkömmlichen Massenmedien bzw. dem Internet abzielen (vgl. Barker 2003: 188f.; Jong et al. 2005: 1). Erst durch die damit verbundene ereignishafte Repräsentation der globalisierungskritischen Bewegung in den verschiedensten Medien wird ihre Genese als deterritoriale vorgestellte Gemeinschaft vorangetrieben, so wie die Repräsentation in den Medien den

5.3 Deterritoriale Vergemeinschaftungen

Mittelpunkt ihrer Politik bildet. Manuel Castells schreibt solchen deterritorialen politischen Vergemeinschaftungen erhebliche politische Veränderungspotenziale zu, insofern sie „Projektidentitäten hervorbringen [können], die auf die Transformation der Gesellschaft als ganzer hinzielen und dabei in Kontinuität mit den Werten des kommunalen Widerstands gegen die herrschenden Interessen stehen, wie sie sich in den globalen Strömen von Kapital, Macht und Information niederschlagen" (Castells 2002: 380).

Der vierte Aspekt deterritorialer Vergemeinschaftung ist der religiöse. Hierbei ist es nicht leicht, den Begriff der *religiösen Vergemeinschaftung* scharf abzugrenzen. Aktuelle Diskussionen verstehen unter Religion ein Sinn- oder Bedeutungssystem (einschließlich damit ggf. verbundener Lehren, Bekenntnisse und Institutionen), das einen transzendenten und damit außeralltäglichen Anspruch symbolischer Deutung hat. Religion gibt dem alltäglichen Handeln eine ‚weitergehende' Bedeutung, die sich in religiösen Alltagspraktiken manifestiert und auf eine entsprechende Vergemeinschaftung verweist. Ausgehend hiervon lässt sich mit ‚religiös' in unterschiedlichen Abstufungen eine generelle Orientierung auf entsprechende transzendente Sinnsysteme bezeichnen.

Während die deterritorialen Bezüge von Religion insgesamt historisch nichts Neues sind, kann man doch festhalten, dass mit fortschreitender Mediatisierung und Globalisierung auch ein Wandel religiöser Vergemeinschaftung stattgefunden hat: Historisch gesehen war der deterritoriale Bestand religiöser Vergemeinschaftungen kommunikativ nur unter hohem Aufwand herzustellen – beispielsweise durch umherreisende Prediger (Winter 1996). Die Globalisierung und Mediatisierung ermöglichen hingegen, Kommunikationsnetzwerke deterritorialer religiöser Vergemeinschaftungen zu intensivieren. Greifbar wird dies mit Bezug auf Traditionskirchen wie der katholischen Kirche, deren 1986 eingeführte Weltjugendtage dazu dienen, einerseits durch ein Event die Vorstellung einer deterritorialen Vergemeinschaftung von Katholiken für junge Gläubige lokal erfahrbar zu machen, andererseits Bezugspunkt für eine möglichst breite Berichterstattung in den kircheninternen und -externen Medien zu sein, um eine nachhaltige Vernetzung der religiösen Vergemeinschaftung zu ermöglichen (vgl. Forschungskonsortium-WJT 2007; Pfadenhauer 2008a). Der Weltjugendtag ist insofern ein hybrides religiöses Medienevent, als in ihm Muster der traditionalen religiösen Festlichkeit mit denen populärer Medienevents verschmelzen (vgl. zum Folgenden Hepp und Krönert 2009). Mediatisierung zeigt sich hier auf unterschiedlichen Ebenen: Bei der Organisation des Ereignisses zielt die katholische Kirche auf eine hohe Präsenz in den Medien ab und richtet deshalb die sakralen Großveranstaltungen direkt auf Bedürfnisse der produzierten Kommunikation der Massenmedien aus, indem „Fernsehgottesdienste" und „Medienglaube" inszeniert werden. Über das profane Feiern auf der Straße wird wie über jedes andere populäre Event auch berichtet. Dies alles integrierend wird der Papst als „Medienberühmtheit" inszeniert. Und auch die Teilnahme am Weltjugendtag ist mit Mobiltelefon, digitalen Kameras, Videoleinwänden und Möglichkeiten der Partizipation am Weltjugendtagsradio umfassend mediatisiert. All das zielt letztlich darauf ab, die deterritoriale Vergemeinschaftung des Katholizismus in mediatisierter Form einer „branding religion" erfahrbar zu machen.

In Bezug auf heutige Medienkulturen sind Fragen religiöser Vergemeinschaftung insbesondere in zwei Bereichen relevant, nämlich erstens in dem Bereich populär-religiöser und spiritualistischer und zweitens in dem fundamentalistischer Bewegungen.

Der Begriff der Spiritualität erfasst eine Form der Religiosität, die dadurch gekennzeichnet ist, dass bei der religiösen Erfahrungsorientierung das persönliche Erleben im Mittelpunkt steht. Damit sind solche Bewegungen zuerst einmal distanziert gegenüber traditionalen Formen der organisierten Religion und ihren dogmatischen Lehren (vgl. dazu und zum Folgenden Knoblauch 2009). Spirituelle Bewegungen sind innerhalb von Religionsgemeinschaften in dieser grundlegenden Orientierung nichts Neues, haben sich jedoch in den letzten Jahren zu einer der großen religiösen Wachstumsbewegungen entwickelt. Dies trifft sowohl auf spirituelle Bewegungen innerhalb des Christentums zu (beispielsweise Charismatiker, Pfingstler) als auch auf den Islam mit seinen Sufi-Bewegungen. Schließlich zählen dazu auch (transkulturelle) spirituelle Bewegungen, die bis in die 1990er-Jahre hinein unter dem Namen „New Age" firmierten und die insgesamt alternativ-religiös waren (Knoblauch 1989). Wie Knoblauch herausarbeitet, sind hier durch eine allgemeine Orientierung auf spirituelle (Selbst-)Erfahrung Bewegungen entstanden, die am ehesten als transkulturelle Hybride charakterisiert werden können: Es werden nicht nur Elemente archaischer ‚westlicher Religionen' wiederbelebt (beispielsweise keltische oder germanische Rituale). Sondern ebenso werden „östliche Elemente" wie asiatische Meditationstechniken in einer modernistischen Form aufgegriffen und mit Okkultismus, Magie und Esoterik, aber auch spirituellen Momenten des Katholizismus in Verbindung gebracht. Solche spirituellen Bewegungen von „Neureligiösen", „Fernöstlichen" oder „Reinkarnationsgläubigen" haben keine geschlossene Lehre oder eine traditionale kirchliche Organisation. Vielmehr sind sie Netzwerke von Personen und lokalen Gruppen mit einer spezifischen spirituellen Orientierung, die einerseits durch verschiedene Formen der Medienkommunikation mittels Internet (beispielsweise entsprechende Websites) bzw. traditionaler Massenmedien (beispielsweise Esoterikpublikationen), andererseits durch entsprechende Events miteinander in Kontakt stehen.

5.3 Deterritoriale Vergemeinschaftungen

Gerade religiöse Events sind selbst als mediatisierte Phänomene zu begreifen, was exemplarisch die sozialen Veranstaltungen der Marienerscheinungen zeigen. Auch wenn sich die Dramaturgie hier mehr an einer (traditionalen) Liturgie als an einer Show orientiert, ist es eine mediatisierte Liturgie, bei der die religiöse Erscheinung auf der Bannung durch Audio- und Videomitschnitte bzw. Fotografie abzielt (Knoblauch 2009: 224–225). Hierdurch entsteht ein mediatisiertes Ereignis, das ebenso wie der Weltjugendtag als ein Hybridevent zu begreifen ist. Insgesamt zeigt sich so das Entstehen einer „populären Religion" (Knoblauch 2009). Diese zeichnet sich dadurch aus, „dass sich die Religion an die neue Form der Populärkultur anpasst" (Knoblauch 2009: 198).

Während die bis hierher skizzierten spiritualistischen Bewegungen, trotz zum Teil rasanten Wachstums, öffentlich seltener zur Kenntnis genommen werden, sind fundamentalistische Bewegungen diejenige Form deterritorialer religiöser Vergemeinschaftungen, die im (kritischen) Blick öffentlicher Diskurse steht. Zu denken ist hier beispielsweise an den islamischen Fundamentalismus, der in seiner heutigen Form durchaus auch eine Reaktion auf die Globalisierung ist. In der Medienberichterstattung werden solche fundamentalistischen Bewegungen gerne als der Prototyp des Religiösen eingestuft, auch wenn von wissenschaftlicher Seite wiederholt darauf hingewiesen wird, dass es sich hierbei nur um *eine* Form der deterritorialen religiösen Vergemeinschaftung handelt. In Bezug auf fundamentalistische Bewegungen lässt sich an dieser Stelle wiederum die Argumentation von Manuel Castells aufgreifen, der diese zumindest in Teilen als Reaktion auf die Probleme der Globalisierung ansieht. Dabei sind fundamentalistische Bewegungen religiöse Vergemeinschaftungen, die durchaus auch im ‚Westen' auftreten. Nach Castells kann man eine deterritoriale religiöse Vergemeinschaftung dann als fundamentalistisch charakterisieren, wenn deren Mitglieder von einem göttlichen Gebot abgeleitete Normen, die von einer letztinstanzlichen Autorität interpretiert werden, als richtungweisend für jegliches Handeln anerkennen (vgl. Castells 2002: 15). Bei einem in diesem Sinne verstandenen Fundamentalismus rückt also im Gegensatz zu spirituellen Bewegungen „Dogma" und darum (auf neue Weise) organisierte Religionslehre in den Mittelpunkt – auch wenn es in Bezug auf „Erweckungserlebnisse" durchaus Bezüge zwischen beiden gibt.

Über Differenzen hinweg zeigen sowohl populär-religiöse spirituelle Bewegungen als auch fundamentalistische Bewegungen, dass in ihrem mediatisierten Charakter Religionszugehörigkeit nicht einfach mehr eine Frage der Tradition ist, sondern verstärkt eine Frage der Positionierung in mediatisierten Konstruktionen von Tradition (vgl. Schipper 2005). Für Angehörige heutiger religiöser Vergemeinschaftungen gilt damit ebenso wie für andere Angehörige gegenwärtiger Medienkulturen, dass sie ihre religiöse Zugehörigkeit im Rahmen einer mediatisierten „common culture" artikulieren (Hoover 2006: 289).

5.4 Mediatisierte subjektive Vergemeinschaftungshorizonte

Wie ich hoffe, haben meine Darlegungen verdeutlicht, dass die Spezifik von Vergemeinschaftung in heutigen Medienkulturen nicht in deren zunehmender ‚Virtualisierung' zu sehen ist. Kennzeichnend ist vielmehr eine fortschreitende Mediatisierung von Vergemeinschaftungsprozessen. Durch diese wird Vergemeinschaftung nicht nur ein ‚translokales Phänomen'. Darüber hinaus lösen sich ‚vorgestellte Vergemeinschaftungen' mit der zunehmenden Mediatisierung und Globalisierung von Kommunikationsnetzwerken und kommunikativen Figurationen mit ausschließlich territorialen Bezüglichkeiten. Mit zunehmender translokaler Erstreckung von Kommunikationsprozessen haben deterritoriale Vergemeinschaftungen an Relevanz gewonnen. Solche deterritorialen Vergemeinschaftungen zeichnen sich dadurch aus, dass für ihre Artikulation Territorialität keine konstitutive Kategorie ist.

Dabei ist die Unterscheidung von ethnischen, thematischen, religiösen und politischen Aspekten solcher deterritorialer Vergemeinschaftungen heuristisch, und es können verschiedene Mischformen ausgemacht werden. Dies klang mehrfach an, zuletzt beim populärkulturellen Moment spiritueller religiöser Vergemeinschaftung. Ein weiteres Beispiel wäre die Open-Source-Bewegung, die durch thematische wie auch politische Aspekte der Vergemeinschaftung gekennzeichnet ist (Tepe und Hepp 2007): Die thematische Orientierung auf Software-Entwicklung kommt damit zusammen, dass die freie Verfügbarkeit des Kodes als ein (sub-)politisches Unterfangen angesehen wird.

Solche Hybridformen verdeutlichen den aus kommunikations- und medienwissenschaftlicher Perspektive relevanten Aspekt der *zunehmenden Komplexität von mediatisierter Vergemeinschaftung*. Diese Komplexität ergibt sich allerdings nicht nur daraus, dass verschiedene Hybridformen von Vergemeinschaftung bestehen, sondern zusätzlich dadurch, dass sich aus *subjektiver Sicht* die unterschiedenen Aspekte von Vergemeinschaftung überlagern: Die Zugehörigkeit zu einer bestimmten sozialen Bewegung schließt diejenige zu einer populärkulturellen Vergemeinschaftung nicht (zwangsläufig) aus. Dasselbe gilt für die Zugehörigkeit zu einer Diaspora oder religiösen Vergemeinschaftung. Ebenso ist die gleichzeitige Verortung in territorialen und deterritorialen Vergemeinschaftungen aus subjektiver Sicht kein Sonder-, sondern vermutlich eher der Normalfall: Man sieht sich *zugleich* als Deutscher und als Teil der globalisierten Anti-Atomkraft-Bewegung, um ein Beispiel zu nennen. Wir stehen damit vor der Aufgabe, Formen der mediatisierten Vergemeinschaftung nicht nur aus Sicht der Vergemeinschaftung zu betrachten, sondern ebenso aus der subjektiven Sicht des bzw. der Einzelnen.

5.4 Mediatisierte subjektive Vergemeinschaftungshorizonte

Zur Bestimmung dessen, was die *subjektive Sicht auf Vergemeinschaftung* ausmacht, bietet es sich einmal mehr an, auf die Sozialphänomenologie Alfred Schütz' und Thomas Luckmanns zurückzugreifen. Wie bereits angeführt, zeichnet sich in einer solchen Perspektive die alltägliche Lebenswelt bzw. Alltagswelt dadurch aus, dass sie fraglos erfahren wird. Das Handeln in der Alltagswelt gilt zunächst einmal als unproblematisch. Dieses Fraglose ist umgeben vom Unbestimmten, d. h. einem „unbestimmte[n] und folglich nicht in gleicher Sicherheit vorliegende[n] Horizont" (Schütz und Luckmann 1979: 31). Dieser Horizont wird nun als „grundsätzlich bestimmbar, als auslegungsfähig" erlebt: „Schon das Fraglose hat demnach seine Auslegungshorizonte, also Horizonte der bestimmbaren Unbestimmtheit" (Schütz und Luckmann 1979: 31).

Es ist nun möglich, diese Überlegungen auf Fragen der translokalen Vergemeinschaftung zu beziehen: Fraglos erlebt werden neben Vergemeinschaftungen in der Gruppe, die sich auf direkte Kommunikation stützen, sicherlich Momente translokaler Vergemeinschaftungen, die auf wechselseitiger Medienkommunikation basieren: im Telefonat oder Mailaustausch mit Freunden an anderen Orten beispielsweise. Die weitergehenden translokalen Sinnhorizonte von Vergemeinschaftung sind aber insofern ‚bestimmbare Unbestimmtheiten', als sie nicht auf direkter bzw. wechselseitiger (Kommunikations-)Erfahrung beruhen, sondern auf ‚Vorstellungen', wie sie durch standardisierte Medienkommunikation entstehen können.

Betrachten wir dies nun aus subjektiver Sicht, so können wir sagen, dass für jeden einzelnen Menschen ein Sinnhorizont als komplexes Ganzes von Vergemeinschaftungen besteht, in dem sie bzw. er sich – sicherlich mit situativer Varianz – verortet. Es ist dieses Gesamt, das als *subjektiver Vergemeinschaftungshorizont* bezeichnet werden soll. Dieser ist zuerst einmal für eine einzelne Person eine „bestimmbare Unbestimmtheit", indem er als in der Alltagswelt unproblematischer Bezugsrahmen von Vergemeinschaftung erlebt wird. Einzelne Momente des Vergemeinschaftungshorizonts – und dabei insbesondere die Sinnhorizonte der auf medienvermittelten Kommunikationsprozessen beruhenden, translokalen Vergemeinschaftungen – können aber durch verschiedene Erlebnisse problematisch werden. Hierbei stehen allerdings direktes lokales Erleben und vermitteltes translokales Erleben in Beziehung zueinander. Um ein Beispiel zu nennen: Der Konflikt der lokalen Gruppe von Religionsanhängern kann dazu veranlassen, die translokale Vergemeinschaftung dieser Religion insgesamt infrage zu stellen, wenn man ein bestimmtes lokales Handeln als nicht vereinbar erlebt mit dem, was man als spezifisch für die affektuellen Beziehungen in der Vergemeinschaftung insgesamt ansieht. Erlebt haben wir dies in unserer Forschung zum Medienevent des katholischen Weltjugendtags. Ein engagierter junger Katholik kehrte dieser religiösen Vergemeinschaftung den Rücken, nachdem der örtliche Priester ihm und seiner Gruppe den weiteren Zugang zum Gemeindehaus verwehrte, da deren Feiern dort ‚zu laut' seien. Die Bindekraft des Erlebens des mediatisierten Events und die damit kommunizierte Vergemeinschaftung ist im Vergleich zum lokalen Handeln und Erleben nur bedingt.

Für heutige Medienkulturen lässt sich nun argumentieren, dass der subjektive Vergemeinschaftungshorizont getragen wird von vielfältigen (medialen) Kommunikationsnetzwerken und eingebunden ist in verschiedene kommunikative Figurationen. Er ist damit umfassend mediatisiert. Dies betrifft zuerst einmal alle Momente translokaler Vergemeinschaftung. Wie mehrfach argumentiert, rekurrieren deren Sinnhorizonte umfassend auf Medienkommunikation in ihren verschiedenen Schattierungen – ja, man kann vermuten, dass ein in breitem Maße translokal ausgerichteter subjektiver Vergemeinschaftungshorizont nur in Medienkulturen vorstellbar ist. Bemerkenswert aber ist, dass auch lokale Momente des subjektiven Vergemeinschaftungshorizonts durch Mediatisierung gekennzeichnet sind. Nimmt man hier nochmals als ein Beispiel von lokaler Vergemeinschaftung die Paarbeziehung, wird dies greifbar. So lässt sich für (jüngere) Paare zeigen, dass deren Beziehung und damit auch Erleben von Vergemeinschaftung umfassend von gemeinsamer Medienaneignung durchdrungen ist (vgl. dazu Linke 2010). In den Paarbeziehungen wird nicht nur fortlaufend ein beziehungsspezifisches Medienkommunikationsrepertoire ausgehandelt – also ein Repertoire gemeinsam genutzter Medien. Ebenso findet in den Paarbeziehungen über den Tagesverlauf hinweg eine mehr oder weniger fortlaufende Abstimmung von Alltagshandeln mittels Medien statt. Hier sind (Mobil-)Telefon und internetbasierte Medien wie Chat von Relevanz. Dabei geht es nicht nur um einfache Handlungskoordination, sondern auch um Vorbereitungen medienbezogener sozialer Veranstaltungen wie beispielsweise das gemeinsame Fernsehen oder Computerspielen, die wiederum (auch) auf Vergemeinschaftung in der Paarbeziehung abzielen. Wir können damit von einer „Mediatisierung der Paarbeziehung" (Linke 2010: 163) sprechen. Diese ist ein Beispiel dafür, dass lokale Momente subjektiver Vergemeinschaftungshorizonte in heutigen Medienkulturen ebenfalls als mediatisiert zu begreifen sind.

Solche Beispiele bringen uns zu Fragen der *kommunikativen Mobilität*, die – so die Überlegung – das Erleben des heutigen Lokalen in fortschreitendem Maße kennzeichnet. Der Ausdruck kommunikative Mobilität versucht, die Beziehung zwischen Medien und einer zunehmenden lokalen Mobilität in gegenwärtigen Medienkulturen insgesamt zu fassen. Diese Beziehung kann auf zweifache Weise gestaltet sein, nämlich erstens in der Form, dass ‚Endgeräte' der Medienkommunikation selbst zunehmend mobil werden. Beispiele dafür wären das bereits mehrfach diskutierte Mobiltelefon, aber auch Laptops, Personal Digital Assistants

5.4 Mediatisierte subjektive Vergemeinschaftungshorizonte

(PDAs), MP3-Player, mobile digitale Fernseh- und DVD-Abspielgeräte, mobile Spielkonsolen und verschiedene Formen des „wearable computing" (bspw. mit Computersensoren versehene Kleidung). Gleichzeitig bedeutet kommunikative Mobilität auch, dass zweitens stationäre Medien sich zunehmend auf Menschen in Bewegung richten. Mit Bezug auf die Überlegungen von Raymond Williams zur „mobilen Privatisierung" der modernen europäischen Gesellschaften (Williams 1990: 26) wird deutlich, dass solche Aspekte kommunikativer Mobilität bereits bei der produzierten Medienkommunikation des Fernsehens greifbar gewesen sind. So schuf das Fernsehen mehr oder weniger stabile, zentrierte Kommunikationsräume für Menschen, die sich zwischen verschiedenen Orten (Wohnort, Arbeitsort) bewegen. Andere Beispiele für den Mobilitätsfokus stationärer Medien wären Videokameras, die Menschen in Bewegung überwachen, oder die Versuche von Reisenden, durch die Nutzung von Internetcafés Kommunikationsbeziehungen aufrechtzuhalten, wenn sie unterwegs sind.

Diese Definition von kommunikativer Mobilität verweist bereits darauf, dass sie in Beziehung gesehen werden muss zu einer anderen Form der Mobilität – nämlich der *lokalen Mobilität*. Lokale Mobilität bezieht sich auf die zunehmende Tendenz von Menschen, in einem doppelten Sinne mobil zu sein. Auf der einen Seite haben wir so etwas wie eine situative lokale Mobilität (die Mobilität einer Person über den Tages-, Wochen- oder Monatsverlauf, beispielsweise beim beruflichen Pendeln). Lokale Mobilität in diesem Sinne bedeutet nicht einfach ein ‚Jetten durch die Welt' (in den meisten Fällen zumindest nicht), sondern ist eher eine Art von Mobilität zwischen definierten Orten. Dies ist die Form von Mobilität, die Raymond Williams mit seinem Konzept der mobilen Privatisierung im Blick hat. Auf der anderen Seite haben wir so etwas wie eine biografische lokale Mobilität (eine lokale Mobilität über den Lebensverlauf einer Person hinweg, beispielsweise in Form von Migration).

Vor einem solchen Hintergrund sollten wir eine Betrachtung von mediatisierten subjektiven Vergemeinschaftungshorizonten in Beziehung setzen zu Fragen der kommunikativen Mobilität. Situative lokale Mobilität kennzeichnet die Alltagswelt vieler Menschen in gegenwärtigen Medienkulturen (vgl. überblickend Urry 2007). Diese kann ein (regelmäßiges) Pendeln zwischen Wohn- und Arbeitsort sein, aber auch komplexere Formen annehmen, wie beispielsweise das phasenweise Sich-Befinden an unterschiedlichen Arbeitsorten im Außendienst. In all solchen Situationen werden durch die Aneignung verschiedener Medien der wechselseitigen Medienkommunikation Beziehungsnetzwerke aufrechterhalten, wobei gerade bei phasenweise bestehender lokaler Mobilität (auch) durch Medienkommunikation gestützte, dauerhafte Beziehungen und Momente von Vergemeinschaftung relevant werden können (Berg 2010, 2013). Noch deutlicher wird dies bei der biografischen lokalen Mobilität, als deren herausragendes

Beispiel die bereits mehrfach angesprochene Migration bzw. die auf diese verweisenden Vergemeinschaftungen der Diaspora genannt werden können. Deren translokale Vergemeinschaftungen sind in ihrer Spezifik kaum fassbar, wenn man nicht auch Fragen der lokalen Mobilität einbezieht.

Insgesamt ist der subjektive Vergemeinschaftungshorizont in enger Beziehung zur *kulturellen Identität* einer Person zu sehen. Identität ist dabei nicht etwas Statisches, sondern ein fortlaufender Prozess der Identifikation (Hall 1994; Krotz 2009). Diese Formulierung verweist auf zweierlei: Erstens entsteht im Sinne des symbolischen Interaktionismus Identität in der Interaktion zwischen einem ‚Ich' und ‚der Gesellschaft'. Zweitens kann im Verständnis der Artikulationstheorie von Stuart Hall nicht die Existenz eines dauerhaften ‚Ichs' oder ‚Subjektes' als essenzielles Zentrum einer Person angenommen werden. Jedes Subjekt nimmt zu verschiedenen Zeiten und in unterschiedlichen Kontexten andere Identitäten an. Diese lassen sich nicht um ein kontextunabhängiges ‚Ich' als ‚Identitätskern' vereinheitlichen.

Statt von einer Identität als einem abgeschlossenen Ding zu sprechen, erscheint es damit sinnvoller, sich Identität als einen fortlaufenden Prozess der Artikulation zu denken, für den die kommunikative, kontextuell-situative Abgrenzung gegenüber verschiedenen Identifikationsangeboten eine grundlegende Voraussetzung ist. Für die kulturelle Identität in heutigen Medienkulturen gilt, dass deren Bezüge auf ‚die Gesellschaft' in erheblichen Teilen auf die subjektiven Vergemeinschaftungshorizonte verweisen. Die Horizonte von Vergemeinschaftung einer einzelnen Person konkretisieren sich in ganz erheblichem Maße in ihrer kulturellen Identität. Oder anders formuliert: Die Identifikationen, die das Gesamt der kulturellen Identität einer Person in heutigen Medienkulturen ausmachen, sind zu einem erheblichen Anteil Identifikationen mit bestimmten lokalen und translokalen Vergemeinschaftungen.

Insofern als diese Vergemeinschaftungshorizonte selbst mediatisiert sind, können wir an dieser Stelle von *Medienidentitäten* als einem weiteren Charakteristikum gegenwärtiger Medienkulturen sprechen. Damit ist wiederum nicht gemeint, dass *alles* an unseren heutigen Identitäten medienvermittelt wäre. Viele Erfahrungen, auf denen die Artikulation von Identität beruht, sind Erfahrungen in direkter Kommunikation. Gleichwohl lässt sich aber argumentieren, dass die *Form von Identität*, wie sie für Medienkulturen kennzeichnend ist, nicht jenseits von Medienkommunikation vorstellbar ist. Um dies an einem fiktiven Beispiel zu verdeutlichen: Dass sich die kulturelle Identität eines bestimmten Menschen in dessen gleichzeitiger Zugehörigkeit zu und Identifikation mit der deutschen Nation, der globalisierungskritischen Bewegung, dem Buddhismus und der Hip-Hop-Community ausdrückt, verweist darauf, dass sein Sinnhorizont all dieser Vergemeinschaftungen nicht nur medienvermittelt, sondern auch mediatisiert ist. Spricht man von Medienidentitäten, so ist damit dieser Zusammenhang gemeint.

Medienkultur erforschen 6

Die vorherigen Kapitel dieses Buchs beschäftigten sich damit, wodurch sich Medienkulturen auszeichnen: Es handelt sich dabei um Kulturen, die durch eine Mediatisierung und damit bestimmte mediale Prägkräfte gekennzeichnet sind, in denen das (Alltags-)Leben ein Leben in mediatisierten Welten ist, die durch ganz bestimmte kommunikative Figurationen charakterisiert werden können bzw. in denen die subjektiven Vergemeinschaftungshorizonte in relevanten Teilen medial getragen sind. All dies sind wichtige Aussagen über Medienkultur, in vielen Fällen aber auch solche, die dazu auffordern, sich mit diesen Aspekten von Medienkultur differenzierter empirisch zu befassen: Umrissen wurde ein Begriffsapparat, ausgehend von dem man sich Medienkulturen annähern kann, den es aber in einer weiteren empirischen Forschung fortzuentwickeln und weiterzudenken gilt. Vor diesem Hintergrund ist es fast eine logische Konsequenz, dass dieses Buch über Medienkultur mit der Frage endet: Worauf ist zu achten, wenn man Medienkultur (weiter) erforschen will?

Hierbei kann aufgrund des knappen Umfangs selbstverständlich keine umfassende Einführung in die empirische Medienkulturforschung gegeben werden. Das wäre ein anderes Buch, das trotz der Vielzahl bestehender Einführungen in die Empirie der Kommunikations- und Medienwissenschaft erst noch zu schreiben ist. Was aber geleistet werden kann, ist etwas anderes: Umrissen werden soll der methodologische Rahmen einer solchen empirischen Medienkulturforschung. In diesem Sinne geht es im Weiteren darum, Kernpunkte einer Methodologie der Medienkulturforschung abzustecken. Dies soll anhand von vier Stichwörtern geschehen: erstens dem des Theorien-Entwickelns, zweitens dem des De-Zentrierens, drittens dem des Muster-Bestimmens und viertens dem des Transkulturell-Vergleichens.

6.1 Theorien entwickeln

Wie bereits mehrfach betont, sind Medienkulturen aktuell einem umfassenden Wandel ausgesetzt. Wir können nicht sicher sein, ob unsere etablierten kommunikations- und medienwissenschaftlichen Theorien (schon oder noch) hinreichend sind, um die Komplexität heutiger Medienkulturen angemessen zu erfassen. Ebenso wenig können wir aufgrund des anhaltenden Wandlungsprozesses von Medienkulturen mit Bestimmtheit sagen, ob bereits formulierte Kategorien und Begriffe dauerhaft gültig bleiben. Deswegen erscheint es besonders wichtig, eine Forschung zu betreiben, die auf das ‚(Weiter-)Entwickeln' bzw. ‚Finden' (neuer) Theorien angelegt ist.

Es bietet sich an dieser Stelle an, nochmals Bezug zu nehmen auf die bereits zitierten Überlegungen von Sonia Livingstone (2009) zur fortschreitenden „medialen Vermittlung von allem". In ihrer Argumentation verbindet sie die aktuelle Diskussion um Konzepte wie Vermittlung und Mediatisierung mit der Erfahrung eines grundlegenden Wandels des Stellenwerts von Medienkommunikation in der heutigen Welt: Es geht nicht mehr darum, Medien als unabhängige Institutionen zu beschreiben, die auf andere Institutionen eine Wirkung ausüben. Vielmehr müssen wir reflektieren, dass wir in Kontexten leben, die umfassend von Medienkommunikation durchdrungen sind – in Medienkulturen und deren mediatisierten Welten, wie man mit Bezug auf die Argumentation in diesem Buch sagen würde. Dies stellt aber gerade für die bisherigen, insbesondere auf die Analyse von Institutionen der Massenkommunikation ausgerichteten Konzepte der Kommunikations- und Medienwissenschaft eine Herausforderung dar.

Denkt man die Argumente von Livingstone weiter, steht die Diskussion um Mediatisierung letztlich für das Entwickeln bzw. Prüfen von möglichen, neuen Konzepten, Kategorien und Begriffen. Diese müssen dann hinreichend erscheinen, um den aktuellen Stellenwert von Medienkommunikation zu erfassen. Geht man davon aus, dass solche Forderungen nicht nur eine reine Rhetorik sind, sondern für ein inhaltliches Anliegen stehen, verweisen diese Überlegungen letztlich auf eine Frage: Was heißt es genau, neue Theorien zu entwickeln?

Wirft man diese Frage auf, bietet es sich an, sich die ursprüngliche Argumentation um den Ansatz zu vergegenwärtigen, der in die Sozialwissenschaften unter dem Titel der „Grounded Theory" eingegangen ist. Auch bei dessen Genese in den 1960er Jahren ging es um ein ähnliches Anliegen, wenn auch nicht in der Kommunikations- und Medienwissenschaft, sondern in der Soziologie. So begründen die US-amerikanischen Soziologen Barney G. Glaser und Anselm L. Strauss die Notwendigkeit von materialbasierter Theorieentwicklung mit den Argumenten, wie sie in verschiedenen aktuellen kommunikations- und medienwissenschaftlichen Publikationen mitschwingen: Zunehmend sei die Soziologie – so ihre 1967 formulierte Kritik – auf das Prüfen bestehender Theorien ausgerichtet. Es dominiere eine empirische Forschung, die die Theorien der Klassiker der Soziologie an (neuen) Gegenstandsfeldern „häppchenweise [...] testen" will, um sie zu „modifizieren und reformulieren" (Glaser und Strauss 1998: 19f.). Das schließt aber das Entwickeln originär neuer Theorien aus. Soziologie wäre so zunehmend zur Tradierung eines bestimmten Schatzes „großer Theorien" geworden, die auf verschiedene Gegenstandsfelder angewendet und in nur beschränktem Maße weiterentwickelt wurden.

Dem halten Glaser und Strauss entgegen, „dass die Meister durchaus nicht genügend Theorien bereitgestellt haben, um alle Bereiche des gesellschaftlichen Lebens abzudecken" (Glaser und Strauss 1998: 20). Hinzu kommt, dass verschiedene Theorien der Klassiker nicht angemessen sind, weil ihnen die Methoden fehlten, um ihre Daten theoretisierend auszuwerten. Vor allem aber gilt, dass menschliche Beziehungen einem fortlaufenden Wandel ausgesetzt sind, wir also gegenwärtig mit soziokulturellen Phänomenen konfrontiert sind, die in den Theorien der Klassiker nicht berücksichtigt sein konnten. Vor diesem Hintergrund forderten Glaser und Strauss dazu auf, von einer theorienprüfenden und -falsifizierenden zu einer theoriengenerierenden Forschung überzugehen.

Sie entwarfen nun einen Ansatz für das Entwickeln neuer Theorien, den sie als Grounded Theory bezeichnen. Im Kern dieses Ansatzes steht die Überlegung, dass sich neue Theorien ausgehend von einer empirischen Forschung zu bestimmten Phänomenbereichen entwickeln lassen. Theorien entstehen dabei in einer vergleichenden Analyse von insbesondere qualitativ erhobenem Material – Interview-Transkripte, Beobachtungen, Protokolle, Fotografien etc. –, über die schrittweise zuerst stark materialnahe Konzepte, dann abstraktere Kategorien entwickelt werden. Letztere sind die Grundlage der Grounded Theory. Diese heißt also deswegen materialbasiert, weil sie sich durch die Form ihrer Entwicklung in einem bestimmten Untersuchungsfeld ‚gründet'.

Hierbei unterscheiden Glaser und Strauss zwei Formen von Theorien, die in einer solchen komparativen Analyse gewonnen werden können: materiale und formale Theorien. Materiale Theorien sind für sie solche, „die für ein bestimmtes Sachgebiet oder empirisches Feld der Sozialforschung (wie z. B. die Pflege von Patienten, Rassenbeziehungen, die Berufsausbildung, die Delinquenz oder Forschungseinrichtungen) entwickelt werden" (Glaser und Strauss 1998: 42). Formale Theorien sind Theorien, „die für einen formalen oder konzeptuellen Bereich der Sozialforschung (wie Stigmata, abweichendes Verhalten, formale Organisation, Sozialisation, Statuskongruenz, Autorität und Macht, Belohnungssysteme oder soziale Mobilität) entwickelt werden" (Glaser und Strauss 1998: 42). Beide

Arten von Theorien stehen insofern in einer Beziehung zueinander, als formale Theorien aus der vergleichenden Betrachtung der Schlüsselkategorien verschiedener materialer Theorien gewonnen werden: Verschiedene materiale Theorien zur Konstitution einzelner Szenen wie die des Black Metal, des Hip-Hops, der Rollenspieler etc. ermöglichen beispielsweise eine formale Theorie der Bildung von Szenen überhaupt. Genau dies haben – was bereits in diesem Buch ausführlicher diskutiert wurde (siehe Kap. 5) – auf der Basis verschiedener solcher empirischer Forschungen Ronald Hitzler und Arne Niederbacher (2010) vorgelegt. Formale Theorien integrieren also wiederum mittels des Vorgehens der vergleichenden Kategorienbildung sehr unterschiedliche materiale Theorien.

Wie Glaser (2007) später betont, hat sich jedoch aus seiner Sicht die Forschung der Grounded Theory zu sehr darauf konzentriert, materiale Theorien zu entwickeln. Formale Theorien seien ihr zu sehr aus dem Blick geraten. Insbesondere letztere sind aber notwendig, wenn man die sich wandelnde soziale Wirklichkeit in einem übergreifenden Begriffsapparat erfassen möchte. Gleichwohl sind nach seiner Argumentation formale Theorien *nicht* „die sogenannte ‚große Theorie‘, allgemeine Theorie" (Glaser 2007: 100). Auch formale Theorien bleiben durch die Form der Verkettung von materialbasierten Theorien selbst „grounded". Die Ebene ihrer Abstraktion bemisst sich durch ihren Fokus: Es kann hier um eine formale Theorie bestimmter sozialer Beziehungen gehen, bestimmter Institutionen, aber auch bestimmter weitergehender Zusammenhänge. Wir finden also den in diesem Buch bereits mehrfach angesprochenen Gedanken der Skalierbarkeit – in diesem Fall: der Skalierbarkeit formaler Theorie – wieder.

Entsprechend haben wir es sowohl bei materialen als auch formalen Theorien mit Theorien des Typus der „materialbasierten Theorien" (Theorien des Typus zwei in Tab. 3.1) zu tun, wie sie im Kapitel zur Mediatisierung als Metaprozess und Panorama unterschieden wurden. Und generell kann man sagen, dass der von Glaser und Strauss vorgeschlagene Weg nur einer von verschiedenen möglichen zum Entwickeln neuer Theorien ist. Wir kennen auch andere Vorgehensweisen der Theorieentwicklung, beispielsweise im Rahmen der Ethnografie oder der heuristischen Sozialforschung (siehe für diese Krotz 2005). Aber auch andere Forschungstraditionen sind auf eine materialbasierte Theorieentwicklung ausgerichtet, wie die Cultural Studies. Diesen geht es ebenfalls um ein von einzelnen Studien ausgehendes Theoretisieren und nicht um die Überprüfung einer ‚großen Theorie' (Morley 2003). Wir verfügen über verschiedene Ansätze von Verfahren der Theorieentwicklung, die zum Teil auch standardisierte bzw. statistische Daten einbeziehen. Trotz aller Unterschiede treffen sich diese Verfahren in dem Punkt, dass sie darauf abzielen, durch empirische Analysen Theorien zu entwickeln, die es uns ermöglichen, soziokulturelle Phänomene auf eine Art und Weise zu fassen, die diesen angemessen ist. Diese Angemessenheit – so die Überlegung – kann dadurch sichergestellt werden, dass die Theorieentwicklung selbst in ihren verschiedensten Schritten materialbezogen bleibt.

Die metatheoretischen Überlegungen zur Mediatisierung von Kultur (eine Theorie des Typus drei in Tab. 3.1) sollten also einen allgemeinen Rahmen bieten, um erkenntnisleitende Fragen aufzuwerfen, die es dann in theorieentwickelnder Forschung zu untersuchen gilt: Wie werden soziale Beziehungen in heutigen Medienkulturen gestaltet? Was bedeutet Spielen in mediatisierten Welten? Wie artikuliert sich Politik in gegenwärtigen Medienkulturen? Diese und viele weitere Fragen, die in den Begriffen von Glaser und Strauss auf formale Theorien abzielen, gilt es herunterzubrechen, damit sie im Hinblick auf handhabbare, materiale Phänomenbereiche erforschbar werden (bestimmte Paarbeziehungen, spezifische Formen des mediatisierten Spiels, eine umgrenzte Art mediatisierter Politik usw.). Es sollte aber nicht vergessen werden, dass eine solche Forschung gerade auch auf das Entwickeln formaler Theorien abzielt. Das Wechselspiel von materialer und formaler Theoriebildung bietet dann eine Basis, um weitergehende empirische Forschung zu heutigen Medienkulturen zu orientieren.

Die Rahmensetzung einer Metatheorie der Mediatisierung und deren Konkretisierung in einem Konzept von Medienkultur, wie es in diesem Buch entwickelt wurde, macht also eine auf Theorieentwicklung ausgerichtete Forschung nicht obsolet. Sie soll gerade *nicht* die Setzung einer ‚großen Theorie' sein, die es letztlich in der Empirie nur noch anzuwenden gilt. Vielmehr geht es darum, durch solche übergreifenden Reflexionen einen Zugang zu unserem heutigen Leben zu gewinnen, der es uns ermöglicht, bestimmte Forschungsfragen erst zu stellen. Eine umfassende Mediatisierung von Kultur ausgehend von dem bisherigen Wissensstand zu postulieren, gestattet es, spezifische Fragen an einzelne Phänomenbereiche von Medienkultur zu stellen. Und hier gilt es, vielfältige weitere, auf Theoriefindung ausgerichtete Forschung zu betreiben – letztlich, um dann zu einer Theorie der Mediatisierung zu gelangen, die weit weniger ‚meta' ist und im Idealfall auf eine Vielzahl formaler Theorien verweist.

6.2 De-zentrieren

Während wir – wie bisher in diesem Buch argumentiert wurde – mit einer zunehmenden Mediatisierung von Kultur konfrontiert sind, hat uns der britische Medien- und Kulturforscher David Morley kürzlich daran erinnert, die Zentralität von Medien nicht in einer unreflektierten Art und Weise überzubetonen. So argumentiert er in dem Buch „Media, modernity and technology" (Morley 2007) bzw. in einem Artikel (Morley 2009) für einen Ansatz, den er als „non-mediacentric media studies" bezeichnet. Dieser Ansatz zeichnet sich für ihn durch Folgendes aus:

> Es ist offensichtlich, dass wir im gegenwärtigen Kontext über den historisch eher exklusiven Fokus der Medien- und Kommunikationswissenschaft auf das Fernsehen hinausgehen müssen, wie wir auch die gegenwärtige Bedeutung einer größeren Vielfalt von Kommunikationstechnologien adressieren müssen. Gleichwohl [...] müssen wir jedoch die Medien in unserem analytischen Ansatz ‚de-zentrieren', um besser die Art und Weise zu verstehen, in der medienvermittelte Prozesse und das Alltagsleben miteinander verwoben sind. [...] Die Kernfrage ist hier, um es paradox zu formulieren, wie können wir eine nicht-medienzentrierte Form der Kommunikations- und Medienwissenschaft generieren, wie können wir die Vielfalt der Möglichkeiten verstehen, in denen neue und alte Medien sich gegenseitig aneinander anpassen und in symbiotischen Formen koexistieren und, entsprechend, wie können wir besser erfassen, wie wir mit diesen als Teil unseres persönlichen oder häuslichen ‚Medienensembles' leben. (Morley 2007: 200)

In diesem Zitat thematisiert Morley Argumente, wie sie bisher in diesem Buch entwickelt wurden, und bezieht diese auf die Kommunikations- und Medienwissenschaft als solche. Der Wandel von Medienkommunikation, mit dem wir gegenwärtig konfrontiert sind, hat erhebliche Rückwirkungen auf das, was diese wissenschaftliche Disziplin ausmacht. Sie kann nicht mehr einfach nur das akademische Fach sein, das sich mit der produzierten Medienkommunikation von Zeitung, Fernsehen, Radio und Kino befasst, sondern muss der Vielfalt heutiger, medienvermittelter Kommunikationsformen gerecht werden. Die Vorstellung, das Fach könnte sich auf ausgewählte einzelne Medien konzentrieren, wird immer problematischer, wenn beispielsweise das Internet sehr verschiedene Formen medienvermittelter Kommunikation entlang *einer* technischen Infrastruktur ortsübergreifend verfügbar macht und dabei mehr und mehr Bereiche unserer Alltagswelt berührt. In dieser Hinsicht muss sich die Kommunikations- und Medienwissenschaft mehr mit dem befassen, was David Morley als „Medienensemble" bezeichnet und was hier als Gesamt von mediatisierten Welten mit ihren kommunikativen Figurationen charakterisiert wurde. Mit anderen Worten: Es geht um einen transmedialen Zugang zu Fragen der (Medien-)Kommunikation. Gleichzeitig sollte eine solche transmediale Perspektive aber ‚nicht-medienzentriert' sein, sondern sollte ‚die Medien de-zentrieren' und ‚kontextualisieren'.

Im Hinblick auf das De-Zentrieren der Medien bietet es sich an, das bereits bei der Entwicklung des Begriffs von Medienkultur angeführte Konzept der „mediated centres" von Nick Couldry (2003) nochmals aufzugreifen. Dessen Vorstellung des medienvermittelten Zentrums hilft uns zu verstehen, was die zentrierenden Kräfte

6.2 De-zentrieren

von Medien in heutigen Medienkulturen sind. In vielerlei Hinsicht repräsentiert das „medienvermittelte Zentrum" den Mythos, dass die Medien – verstanden als Kurzbegriff für die produzierte Medienkommunikation der Massenmedien – einen privilegierten Zugang zum Zentrum einer Medienkultur bieten würden: „Die Medien" kommunizieren, was in einer Kultur gerade ‚Wichtiges' geschieht (siehe auch Couldry 2006). Ein solcher Blick gestattet uns einen bestimmten Zugang auf „Medienrituale". Letztere versteht er als die Rituale, durch die Menschen einer Kultur sich die Zentralität der Medien bestätigen und so das „mediated centre" konstruieren. Es können herausgehobene Medienevents sein, die ‚wichtige' Ereignisse thematisieren: Adelshochzeiten, Weltmeisterschaften oder auch der bereits erwähnte katholische Weltjugendtag (Hepp und Couldry 2010). Es können aber auch die kleinen Rituale des Alltags sein, das stündliche Lesen von Online-Zeitungen im Tagesverlauf, das abendliche Einschalten der Fernsehnachrichten oder das morgendliche Lesen der Tageszeitung, durch die man sich habitualisiert und ritualisiert die Zentralität von Medien in heutigen Medienkulturen bestätigt. Nimmt man einen solchen Blickwinkel ein, so heißt *De-Zentrieren* vor allem eines: den Prozess zu analysieren, durch den Medien über verschiedene Geflechte von Handlungen hinweg in heutigen Medienkulturen als ‚zentral' konstruiert werden.

Ein Problem im Hinblick auf Fragen der Mediatisierung mag möglicherweise aber sein, dass das Konzept des medienvermittelten Zentrums einem älteren Ansatz von Kommunikations- und Medienwissenschaft verpflichtet bleibt, dem es nicht um heutige Medienumgebungen geht, sondern um klassische Massenmedien, die als produzierte Medienkommunikation auf einen bestimmten Sender zentriert sind. In Medienkulturen, für die die Durchsättigung mit technischen Medien der wechselseitigen und virtualisierten Medienkommunikation charakteristisch ist, verlieren klassische Massenmedien – so die immer wieder zu hörende These – ihre herausgehobene Position. Entsprechend sei die Konstruktion ihres medienvermittelten Zentrums geschwächt.

Der deutsche Kommunikations- und Medienwissenschaftler Uwe Hasebrink hat deswegen vorgeschlagen, stärker die genutzten Medien insgesamt in den Fokus der Forschung zu rücken: Es geht weniger darum, die Aneignung eines einzelnes Mediums zu untersuchen, sondern vielmehr das „Medienrepertoire" einer Person oder Personengruppe (Hasebrink und Popp 2006; Hasebrink und Domeyer 2010, 2012), d. h. das Gesamt der angeeigneten Medien. Dahinter steht das Argument, dass wir uns beispielsweise über ein Thema wie ‚Atomkraft' informieren wollen. Dazu führen wir nicht nur Gespräche mit anderen Personen, sondern nutzen eine Vielfalt von Medien: Zeitung, Fernsehen, WWW usw.

Nick Couldry (2009: 444f., 2012, 2013) selbst hat sich mit dieser These auseinandergesetzt. Er tendiert argumentativ in eine ähnliche Richtung wie Uwe

Hasebrink, setzt gleichwohl andere Akzente. Hierbei argumentiert er, „anstatt dass interpersonale Medien von zentral produzierten Medienflüssen getrennt werden und so ein alternatives soziales ‚Zentrum' zu dem anbieten, das von diesen Medien offeriert wird, erscheint es wahrscheinlicher, dass ‚social media' und zentral produzierte Medien mehr und mehr eine Verbindung eingehen". Die sogenannten sozialen Medien des Webs 2.0 sind zunehmend verbunden mit klassischen Massenmedien (und deren digitalen Pendants). Zum Beispiel wurde Wikipedia erst bekannt durch Artikel in (Online-)Zeitungen und Zeitschriften; Facebook wird dazu verwendet, klassische produzierte Medieninhalte zu vermarkten; Online-Diskussionen werden in Fernsehsendungen eingebunden usw. Man kann entsprechend argumentieren, dass internetbasierte Medien nicht *zwangsläufig* gegen die Artikulation eines ‚medienvermittelten Zentrums' gerichtet sind. Wie es Nick Couldry ausdrückt: „Anstatt zu kollabieren, werden ‚die Medien' eine Stätte der Auseinandersetzung konkurrierender Kräfte: marktbasierte Fragmentierung vs. fortlaufender Druck der Zentralisierung, die in neuen medienbezogenen Mythen und Ritualen fortleben" (Couldry 2009: 447).

Nichtsdestotrotz bleibt es wichtig, das Konzept des Medienzentrismus im Hinblick auf Fragen der Mediatisierung zu erweitern. In einem gewissen Sinne haben wir es in heutigen Medienkulturen nämlich auch mit einem ‚alltagsweltlichen Medienzentrismus' zu tun. Bei diesem wird der Zugang zu und die Nutzung von digitalen Medien als ‚zentral' konstruiert. Ein Beispiel hierfür ist, was man möglicherweise ‚Mobiltelefonzentrismus' nennen könnte, der in Beziehung zu den Prägkräften des Mobiltelefons steht. Hierunter ist zu verstehen, dass nicht nur der Besitz eines Mobiltelefons in heutigen Medienkulturen *erwartet* wird, sondern auch, dass man *mit diesem* nahezu fortlaufend und überall erreichbar ist, zumindest für eine bestimmte Gruppe von Menschen. Wenn sich jemand dem widersetzt, muss sie oder er explizit für eine solche Position argumentieren. Sie gilt also nicht als der ‚Normalfall'. Als ‚zentral' für das heutige Leben wird die ständige medienkommunikative Erreichbarkeit begriffen. Man kann hier ‚kleinere Formen' des Medienzentrismus erkennen, bei denen aber wiederum Diskurse standardisierter Medienkommunikation (z. B. Werbung) und Diskurse wechselseitiger Medienkommunikation (z. B. die diskursiven Praktiken des Mobiltelefonierens) ineinandergreifen.

Ausgehend von solchen Überlegungen heißt De-Zentrieren zweierlei. Erstens bedeutet es eine Analyse der Prozesse, durch die in heutigen Medienkulturen der Besitz und die Nutzung bestimmter Medien als kommunikativ zentral (das heißt: als wichtig) konstruiert wird. Zweitens beinhaltet es eine Analyse der Prozesse, durch die Medienkommunikation in ihren vielfältigen Formen als der Zugang zu den primären Ressourcen von Medienkulturen konstruiert wird. Oftmals greift beides ineinander, aber nicht zwangsläufig.

Solch eine Forschung sollte aber darauf basieren, ‚die Medien' – bzw. konkreter: Medienkommunikation – zu kontextualisieren. Wie bereits im Hinblick auf ein Grundverständnis von Mediatisierung gezeigt, hat es wenig Sinn, ‚die Medien' als etwas zu konzeptionalisieren, das eine ‚einzelne Logik' hätte. In einer Auseinandersetzung mit Fragen der Mediatisierung ist man mit keinem einheitlichen Phänomen konfrontiert. Vielmehr müssen wir uns mit verschiedenen Formen technisch vermittelter Kommunikation auseinandersetzen, die stets in einem bestimmten Kontext geschieht. Während es verschiedene sehr anregende Reflexionen über Momente einer in diesem Sinne kontextualisierten Medienkommunikation in der Medien- und Kommunikationsforschung gibt (siehe beispielsweise Ang 1996; Lull 1987; Morley und Silverstone 1991; Schröder 1994), sollte man an dieser Stelle jedoch ein weiteres Moment im Blick haben: ‚Medien' im Sinne einer nicht-medienzentrierten Medien- und Kommunikationsforschung zu kontextualisieren, kann im Einzelfall auch dazu führen, dass ‚Medien' für einzelne Aspekte heutiger Alltagswelten weniger relevant sind, als wir dies vermutet haben.

6.3 Muster bestimmen

Wie immer wieder in diesem Buch betont, stehen im Fokus einer empirischen Medienkulturforschung – wie bei einer Kulturanalyse überhaupt – kulturelle Muster. Für eine weitere methodologische Argumentation ist es wichtig, sich nochmals zu vergegenwärtigen, was unter ‚Muster' zu verstehen ist. Um dies zu beantworten, ist es hilfreich, zu dem bereits skizzierten Verständnis von Medienkultur als einer Verdichtung von Klassifikationssystemen und diskursiven Formationen, auf die die Bedeutungsproduktion in alltagsweltlichen Praktiken Bezug nimmt, zurückzukommen. Bezieht man dieses Verständnis auf die gegenwärtige Diskussion um einen praxeologischen Ansatz in der Kulturforschung (Reckwitz 2005: 96), dann integriert es alle drei etablierten Diskurse in der Tradition des Sozialkonstruktivismus: einen mentalistischen (mit der Betonung der Relevanz von Klassifikationssystemen), einen textuellen (mit der Betonung der Relevanz diskursiver Formationen) und einen praxeologischen (mit der Betonung der Relevanz alltagsweltlicher Praktiken). Die damit verbundene Idee ist, die Zentralität alltagsweltlicher Praktiken bei der Artikulation von Kultur zu berücksichtigen, gleichzeitig aber auch einzubeziehen, dass sich Kultur nicht hierauf reduzieren lässt. Kultur ist ebenso präsent in diskursiven Formationen und Klassifikationssystemen, auf die wir in unseren Handlungen Bezug nehmen. In den meisten Fällen geschieht dies paradoxerweise, ohne im Sinne von Anthony Giddens (1995) ein „diskursives Bewusstsein" hierüber zu haben: Man könnte die Muster der Diskurse, in denen man sich bewegt, selbst nicht mit eigenen Worten beschreiben. Aber es muss ebenso berücksichtigt werden, dass eine solche Differenzierung heuristisch ist. Beispielsweise zeigt die Akteurs-Netzwerk-Theorie, dass ‚Denken' auf (auch materiellen) Wissenspraktiken basiert (Latour 2007). Die Diskursanalyse hat darauf hingewiesen, dass Diskurse durch Praktiken hervorgebracht werden, wie sie ebenfalls Praktiken produzieren und ein bestimmtes Wissen schaffen (Foucault 1992). Und Praktiken werden selbst vollzogen auf Basis sedimentierter mentaler Relevanzstrukturen, wie die Sozialphänomenologie zeigt (Schütz 1974). Man kann also davon sprechen, dass es *generell* um das Bestimmen von kulturellen Mustern geht. Diese kann man in Bezug auf sehr unterschiedliche Aspekte von Medienkultur ausmachen.

Das Argument ist demnach, dass eine empirische Medienkulturforschung nach kulturellen Mustern in unterschiedlichen, sich je nach Forschungsfrage konkretisierenden Hinsichten suchen sollte, während gleichzeitig deren Wechselbeziehung reflektiert wird. Die Verwendung des Ausdrucks Muster ist dabei irreführend, wenn er auf etwas ‚Statisches' bezogen wird. Im Gegensatz dazu sollte gegenwärtig sein, dass es u. a. um Muster des Prozesses geht. Insgesamt zielt der Ausdruck Muster so darauf ab, dass Medienkulturforschung nicht einfach das singuläre Phänomen beschreibt, sondern auf der Basis der Analyse unterschiedlicher singulärer Phänomene die *charakteristischen* Formen derselben in einem bestimmten kulturellen Kontext.

Entsprechend werden Medienkulturen als Verdichtungen von bestimmten kulturellen Mustern analysiert. Dies ist der Punkt, an dem ein weiterer Aspekt von Verdichtung relevant wird. Viele der kulturellen Muster, die beschrieben werden, sind nicht exklusiv für die jeweils beschriebene Medienkultur. Genau dies ist der Punkt, an dem sich die allgemeine Hybridisierung von Medienkulturen manifestiert. Die Spezifik einer Medienkultur als einer territorialisierten oder deterritorialisierten Verdichtung zeigt sich in der *Gesamtartikulation* bestimmter Wechselbeziehungen verschiedener kultureller Muster. Hier betont der Ausdruck Verdichtung die Spezifik einer Medienkultur in der Gesamtheit ihrer Muster wie auch die Offenheit einer Medienkultur in der Nicht-Exklusivität vieler oder doch einiger ihrer kulturellen Muster.

Eine solche Darstellung scheint möglicherweise in einem gewissen Widerspruch zur bisherigen Argumentation zu stehen, in der Muster des kommunikativen Handelns den Kernpunkt der Argumentation ausgemacht haben. Nicht nur bei der allgemeinen Bestimmung von Kommunikation, sondern auch bei der Reflexion des Stellenwerts von Kommunikationsnetzwerken oder der kommunikativen Artikulation von Vergemeinschaftung ging es letztlich insbesondere um Handlungsprozesse bzw. Praktiken. Ein solcher Widerspruch löst sich aber durch einen Hinweis auf die rahmende *Perspektive der Kommunikations- und*

6.3 Muster bestimmen

Medienwissenschaft auf: Begreift man das Fach der Kommunikations- und Medienwissenschaft als dadurch definiert, dass es sich mit soziokulturellen Phänomenen bezogen auf deren medienkommunikative Vermittlung auseinandersetzt, ist es die Praxis der Vermittlung selbst, die in das Zentrum empirischer Untersuchungen rückt. Entsprechend ist es eine Auseinandersetzung mit dem kommunikativen Handeln von Menschen, das den Kern einer kommunikations- und medienwissenschaftlichen Beschäftigung ausmacht.

An dieser Stelle wird es notwendig, das Bestimmen von Mustern an die Kategorien des Kommunikationsnetzwerks bzw. der kommunikativen Figurationen zurückzubinden. In methodologischer Hinsicht wird es nun nämlich möglich, beide als Begriffe zu verstehen, um Musterstrukturen kommunikativen Handelns zu erfassen: Beschreiben wir kommunikative Netzwerke, so rekonstruieren wir letztlich Strukturen kommunikativer Konnektivitäten, die sich mehr oder weniger dauerhaft in kommunikativem Handeln generieren. Es geht uns also um eine musterhafte Beschreibung kommunikativen Handelns im Hinblick darauf, welche kommunikativen Beziehungen sich in diesem konstituieren.

Welche Muster von kommunikativen Beziehungen kennzeichnen das Leben einer Person aus egozentrierter Perspektive? Wie lassen sich die Kommunikationsbeziehungen einer bestimmten Gruppe von Menschen fassen? Es sind Fragen wie diese, die den *Ausgangspunkt* einer kommunikations- und medienwissenschaftlichen Forschung zu Medienkultur darstellen. Gleichwohl verweisen diese Musteranalysen von Kommunikationsnetzwerken immer auch auf die übergreifenden Zusammenhänge, in denen eine solche kommunikative Vernetzung geschieht, wodurch der Blick auf kommunikative Figurationen gelenkt wird. Dabei ist man unweigerlich mit inhaltlichen Fragen von Kommunikation konfrontiert (,Welche Muster des Diskurses bestehen?'), wie auch Fragen der menschlichen Wahrnehmung und Wirklichkeitskonstruktion zu verhandeln sind (,Welche Muster des Denkens lassen sich ausmachen?'). Ausgehend hiervon wird es möglich, solche Muster umfassenderer als kommunikative Figurationen zu beschreiben. Hierbei geht es dann darum, neben den Kommunikationsformen die Akteurskonstellation, das Medienensemble und die thematische Rahmung in der Musteranalyse zu berücksichtigen.

6.4 Transkulturell vergleichen

Teilt man die bisher dargelegten Überlegungen, steht die Frage im Raum, wie dann eine vergleichende Forschung zu Medienkulturen vonstattengehen sollte: Viele Momente, die wir erst einmal intuitiv als spezifisch für *eine* Medienkultur begreifen, können wir nur dann genauer bestimmen, wenn wir diese *im Vergleich zu anderen* Medienkulturen sehen. Vor dem Hintergrund der bisher entwickelten Argumente ist allerdings ein komplexerer Analyserahmen notwendig als der in der bisherigen vergleichenden Medienforschung favorisierte. In dieser sind viele aktuelle Ansätze durch einen impliziten ‚territorialen Essenzialismus' gekennzeichnet, auch wenn der Versuch unternommen wird, konsequente international vergleichende Ansätze zu entwickeln (Curran und Park 2000; Thussu 2010). Gemeint ist damit, dass der Staat bzw. die Nationalkultur die prinzipiellen Referenzpunkte vergleichender Forschung bleiben.

Dies kann als internationaler und interkultureller Ansatz der vergleichenden Medienforschung bezeichnet werden (Hepp 2013: Abschn. 2.4). Die Kritik an diesem Ansatz ist nicht, dass einzelne Aspekte von Medienkommunikation auf den Staat bezogen sind und entsprechend in einem territorialen Rahmen verhandelt werden können. Insbesondere im Bereich der politischen Kommunikation mit ihrem Fokus auf national-territoriale politische Entscheidungsprozesse bleibt der Staat ein zentraler Bezugspunkt (Hepp und Wessler 2009). Jedoch besteht in der vergleichenden Medienforschung die Tendenz, diese Beziehung zwischen Staat, (politischem) Mediensystem, Medienmarkt und Medienkultur in einem Modell des binären Vergleichs zu ‚essenzialisieren'. Vergleichende Medienkulturforschung ist dann *ausschließlich* das komparative Bestimmen der Spezifik der ‚deutschen', ‚französischen', ‚englischen' usw. Medienkultur.

Bei der Behandlung von medienkulturellen Fragen im zuvor dargelegten Sinne erscheint dieser ‚territoriale Essenzialismus' problematisch, da bestehende Medienkulturen, wie wir gesehen haben, nicht *per se* in solche ‚nationalen Container' gebunden sind. Werden Fragen von Medienkultur im Allgemeinen fokussiert, ist man mit einer wesentlich größeren Komplexität konfrontiert: Auf der einen Seite haben Medienkulturen etwas zu tun mit Territorialisierung – hier verstanden als ein bestimmter Prozess der Bedeutungsartikulation oder Konstruktion. Auf der anderen Seite verweisen sie auf Deterritorialisierung in dem Sinne, dass viele der gegenwärtigen kulturellen Formen sich nicht mehr konstitutiv auf bestimmte Territorien beziehen lassen. Insgesamt zeigt dies, wie problematisch ein territorialisierendes ‚Container-Denken' für einen angemessenen vergleichenden Ansatz in der Medienkulturforschung ist, wenn es die Territorialität von Medienkultur essenzialisiert.

Aber wo kann dann eine vergleichende Forschung ansetzen? Die Antwort auf diese Frage lautet: bei einer neuen Vergleichssemantik, die man als ‚transkulturelle Perspektive' bezeichnen kann. Mit dem Ausdruck ‚transkulturell' soll *nicht* gesagt werden, dass sich die Forschung *nur* mit kulturellen Formen befassen sollte, die ‚jenseits' oder ‚über' Kulturen ‚hinweg' standardisiert sind. Vielmehr

6.4 Transkulturell vergleichen

referiert dieses Konzept auf Überlegungen von Wolfgang Welsch (1999). Dieser hat es dazu verwendet, zu fassen, dass sich bedeutende aktuelle kulturelle Phänomene nicht auf Fragen traditioneller Kulturen, die in bestimmten Territorien lokalisiert sind, herunterbrechen lassen. Vielmehr zeichnen sich vielfältige gegenwärtige kulturelle Formen gerade dadurch aus, dass sie zunehmend über verschiedene Territorien hinweg artikuliert werden, wie *daneben* territorialisierte Formen von Kultur bestehen. Beispiele dafür sind die im vorherigen Kapitel beschriebenen deterritorialen Vergemeinschaftungen.

Bezogen auf die Frage ‚Wie soll man vergleichen?' überwindet ein transkultureller Ansatz die Binarität eines internationalen und interkulturellen Ansatzes, ohne den Staat und die Nation als mögliche Bezugspunkte des Vergleichs auszuschließen. Das heißt, ein transkultureller Ansatz operiert nicht mit der Vorstellung von Medienkulturen, die durch territoriale Staaten gebunden sind. Im Zentrum steht vielmehr ein Verständnis, wonach Medienkulturen spezifische Verdichtungen in einer zunehmend globalen kommunikativen Konnektivität sind. Eine solche Vergleichssemantik versucht die Spezifik solcher Verdichtungen wie auch die komplexen Beziehungen zwischen ihnen zu fassen.

Es geht demnach um die Art und Weise, in der Vergleiche innerhalb von Forschungsarbeiten realisiert werden. Ein Vergleich in transkultureller Perspektive beginnt nicht innerhalb der binären Semantik eines nationalen Vergleichs, bei der jedes kulturelle Muster als Ausdruck einer nationalen Medienkultur verstanden wird. Vielmehr geht es um einen vielfachen Prozess des Vergleichs: Ohne dass die Daten von vornherein national-territorial aggregiert werden, gilt es, die Fälle über die unterschiedlichen kulturellen Kontexte hinweg miteinander zu vergleichen. Auf diesem Wege kann man zu einem Kategoriensystem gelangen, das nicht einfach nur nationale Differenzen beschreibt, sondern darüber hinaus auch weitere Gemeinsamkeiten und Differenzen von kulturellen Mustern. Mit einem solchen Vorgehen wird eine größere Komplexität der Analyse möglich, die es gestattet, Zugang zu medienkulturellen Verdichtungen zu finden, die sehr unterschiedliche Formen annehmen können.

Praktisch gesehen lässt sich ein solches vielfaches Vergleichen wie folgt realisieren:

- Erstens müssen Daten in Fälle von sozialen Einheiten strukturiert werden, beispielsweise bezogen auf Personen (verschiedene personenbezogene Datenquellen wie Interviews, Medientagebücher etc. kombinierend), oder Organisationen (verschiedene organisationsbezogene Datenquellen wie Interviews mit verschiedenen Personen, Transkripte von Gruppendiskussionen, Beobachtungsprotokolle etc. kombinierend) oder vergleichbare Einheiten.

- Zweitens beginnt der Prozess des transkulturellen Vergleichs dieser Fälle mit einer Kategorisierung unterschiedlicher kultureller Muster. Der entscheidende Punkt an dieser Stelle ist die Offenheit für verschiedene Formen des kulturellen Kartografierens. Mit dieser Offenheit ist ein sorgsamer Blick darauf verbunden, ob ein bestimmtes kulturelles Muster national-spezifisch, transkulturell stabil oder darüber hinaus charakteristisch für eine deterritoriale Vergemeinschaftung wie beispielsweise eine Diaspora, politische oder religiöse Bewegung usw. ist.
- Drittens werden die Ergebnisse eines solchen Vergleichs entlang der Auswahl von unterschiedlichen, im Rahmen der Untersuchung interessierenden kulturellen Verdichtungen strukturiert, und zwar entweder auf territorialer (Region, Nation) oder deterritorialer Ebene (unterschiedliche Arten von deterritorialisierten translokalen Vergemeinschaftungen) – oder auf der Ebene von Mustern, die über diese hinweg stabil sind.

Ein solches Vorgehen des Vergleichs ermöglicht es, verschiedene Arten von kulturellen Verdichtungen jenseits eines von vornherein gesetzten nationalen Rahmens zu untersuchen. Medienkulturen werden in einem solchen Vergleich als eine Artikulation von verschiedenen Mustern zugänglich.

Ausblick 7

Wie in der bisherigen Argumentation mehrfach angeführt wurde, will und kann dieses Buch keine endgültige Bestimmung dessen liefern, was einzelne Medienkulturen der Gegenwart auszeichnet. Vermutlich wird ein solches Buch auch auf absehbare Zeit nicht geschrieben werden, wenn man sich mit diesem eine allumfassende Beschreibung dessen erhofft, was Medienkultur ist: Die gegenwärtige Mediatisierung von Populärkultur, von politischer Kultur, von Religionskultur, Nationalkultur, Diasporakultur usw. ist zu vielfältig, um in einem einheitlichen Kompendium erfasst zu werden. Entsprechend ist der Versuch dieses Buchs viel bescheidener. Es zielt darauf ab, einige Überlegungen zu formulieren, entlang derer eine vielfältige, auf Theoriefindung ausgerichtete empirische Forschung zu Medienkultur erfolgen kann. Der Begriff der Medienkultur als Kultur mediatisierter Welten zielt also *nicht* auf eine *geschlossene Theorie* ab, sondern ist Aufforderung zu einer empirisch basierten fortlaufenden Theoretisierung dessen, *wie sich unsere Kulturen mit fortschreitender Mediatisierung wandeln.*

Das Begriffsinstrumentarium, das ich versucht habe anzubieten, ist sicherlich vergleichsweise einfach, wenn man es den umfassenden Theoriegebäuden gegenüberstellt, wie sie beispielsweise die Systemtheorie entwickelt hat. Dennoch oder vielleicht gerade deshalb ist es – so zumindest meine Hoffnung – für eine praktische Analyse relevant und kann durch vielfältige weitere, empirisch basierte Theoretisierungen fortentwickelt und ausformuliert werden.

Es ging darum zu zeigen, dass die Mediatisierung von Kultur gerade *nicht* bedeutet, dass heutige Kulturen nach einer einheitlichen Medienlogik funktionieren. Sicherlich verändern Medien als Institutionalisierungen und Verdinglichungen unser kommunikatives Handeln und damit auch unsere Artikulationen von Wirklichkeit. Dies manifestiert sich aber in verschiedenen Feldern und Kontexten auf vielfältige Weise. Deshalb erscheint es sinnvoller, von Prägkräften einzelner Medien zu sprechen, die es dann je kontextspezifisch zu untersuchen gilt. Für eine solche Untersuchung bieten sich – so die weiteren Überlegungen – verschiedene Ausgangsbegriffe an: der Begriff der mediatisierten Welt als alltagsweltliche Konkretisierung von Medienkultur, der Begriff der kommunikativen Vernetzung zur Beschreibung von Kommunikationsstrukturen in diesen mediatisierten Welten sowie der Begriff der kommunikativen Figuration, um übergreifende Zusammenhänge von Mediatisierung zu erfassen. Ebenso wurde argumentiert, dass wir – gerade im Hinblick auf die subjektive Ebene von Medienkultur – Fragen der ortsübergreifenden Vergemeinschaftung in ihren territorialisierten und deterritorialisierten Varianten im Blick haben sollten.

An dieser Stelle möchte ich zu einem der Ausgangspunkte dieses Buchs zurückkommen. Dies ist der Punkt der *kritischen Betrachtung* des aktuellen Wandels von Medienkultur. Ein solcher Zugang ist der Kern der Kulturindustrietheorie von Adorno und Horkheimer gewesen. In ihrer Nachfolge gilt es, folgende Fragen zu stellen: Kann es also nur darum gehen, die umrissenen Zusammenhänge zu beschreiben und zu erklären? Oder sollten wir nicht auch kritisch Stellung dazu beziehen? Diese Frage ist schnell gestellt, aber nicht so einfach zu beantworten, denn: Wie ist es möglich, in einer empirischen Medienkulturforschung kritisch zu sein, ohne einfach den eigenen normativen Rahmen, die eigenen kulturellen Muster auf selbst-zentrierte Weise zu reproduzieren? Wiederum gibt es auf diese Frage kaum eine kontextfreie Antwort. Jedoch erscheint es zumindest möglich, zum Abschluss dieses Buchs drei grundlegende Prinzipien zu formulieren, die helfen können, sich in einer multiperspektivischen Kritik mit aktuellen Medienkulturen und deren Wandel zu beschäftigen und dabei nicht einfach eine affirmative Forschung zu betreiben.

Als erstes Prinzip kann das der Notwendigkeit einer *Fokussierung auf den Konstruktionsprozess* genannt werden. Wie zuvor betont, werden in Medienkulturen ‚die Medien' selbst durch bestimmte kulturelle Muster als das ‚Zentrum' konstruiert. Daneben bestehen aber auch andere Muster des ‚Zentrierens' von Medienkulturen, beispielsweise das der Zentrierung des ‚National-Territorialen' in nationalen Medienkulturen, des ‚deterritorial Religiösen' in transnationalen religiösen Bewegungen, des ‚global Populären' in populärkulturellen Vergemeinschaftungen usw. Das in diesem Buch entworfene, nicht-essenzialistische Vorgehen der Analyse von Medienkulturen gestattet es, solche impliziten Prozesse des ‚Zentrierens' zu thematisieren, indem diese Zentrierungen infrage gestellt und damit nicht zum blinden Flecken der eigenen Analyse werden.

Als zweites Prinzip kann die *Fokussierung der Beziehung von kulturellen Mustern und Fragen der Macht* gesehen werden. Immer wieder ging es auf den

7 Ausblick

letzten Seiten auch um Kommunikationsmacht. Die Betonung der ‚zentrierenden' Aspekte in den Konstruktionsprozessen kultureller Artikulation thematisiert bereits Fragen der Macht, indem das Bilden eines ‚Zentrums' des Prozesses der Machtsicherung verstanden wird. Aber auch jenseits dieser ‚zentrierenden Aspekte' finden sich in Medienkulturen Muster, die in Beziehung zu Macht stehen: Bestimmte kulturelle Muster eröffnen Möglichkeiten der Hegemonie und Dominanz, andere nicht. Daneben wurde bei der Institutionalisierung und Verdinglichung von kommunikativem Handeln in bestimmten Medien bzw. durch diese ebenfalls die Frage diskutiert, inwieweit so Momente von Kommunikationsmacht auf Dauer gestellt werden. Entsprechend bedeutet das zweite Prinzip zu reflektieren, ob in die beschriebenen kulturellen Muster Machtbeziehungen eingeschrieben sind und wem diese nützen. Dem gilt es gegenüberzustellen, inwiefern durch andere Muster Möglichkeiten alltäglicher Handlungsfähigkeit eröffnet werden.

Als drittes Prinzip lässt sich die Integration all solcher Ergebnisse in einer *multiperspektivischen Kritik* nennen. Gerade ein vergleichendes Vorgehen erbringt unterschiedliche Perspektiven auf Medienkulturen, auf deren Konstruktionsprozesse und ihre Machtbeziehungen. Entsprechend kann das Ziel einer Analyse nicht eine Monosemierung dieser Komplexität sein. Vielmehr sollte eine analytische Beschreibung die unterschiedlichen Medienkulturen in ihren machtbezogenen Inkonsistenzen zugänglich machen. Dies gilt einmal mehr für eine transkulturell vergleichende Forschung.

Sicherlich ist es – wie mit Douglas Kellner (1995: 3) gesagt werden kann – aufgrund ihrer Komplexität ein höchst riskantes Unterfangen, einen allgemeinen Ansatz der Analyse von Medienkulturen zu formulieren. In diesem Sinne wäre es ein Missverständnis, den hier entwickelten Zugang als den in diesem Feld allein möglichen zu begreifen. Andere Ansätze betonen andere relevante Aspekte. Nichtsdestoweniger möchte ich argumentieren, dass der in den letzten Kapiteln entworfene Blick auf Medienkulturen als Kulturen mediatisierter Welten einen höchst produktiven Ausgangspunkt eröffnen kann, um das Verhältnis von Medienkommunikations- und Kulturwandel zu verstehen. Meine Hoffnung ist, dass dieses Buch dazu anregt, Forschung mit dieser Ausrichtung zu betreiben.

Literatur

Adorno, Theodor W. (1977): Résumé über Kulturindustrie. In: Adorno, Theodor W.: Kulturkritik und Gesellschaft 1. Gesammelte Schriften Bd. 10.1. Frankfurt a. M.: Suhrkamp, S. 337–345.
Aksoy, Asu/Robins, Kevin (2000): Thinking across spaces. Transnational television from Turkey. In: European Journal of Cultural Studies, 3 (3), S. 343–365.
Altheide, David L. (2004): Media logic and political communication. In: Political Communication, 21 (3), S. 293–296.
Altheide, David L. (2013): Media logic, social control and fear. In: Communication Theory, 23 (3), S. 223–238.
Altheide, David L./Snow, Robert P. (1979): Media logic. Beverly Hills: Sage.
Altheide, David L./Snow, Robert P. (1988): Toward a theory of mediation. In: Anderson, James A. (Hrsg.): Communication Yearbook 11. Newbury Park: Sage, S. 194–223.
Altheide, David L./Snow, Robert P. (1991): Media worlds in the postjournalism era. New York: Aldine.
Anderson, Benedict (1996): Die Erfindung der Nation. Zur Karriere eines folgenreichen Konzepts [orig. 1983]. Berlin: Ullstein.
Anderson, Benedict (2007): „Es gibt einen Diaspora-Nationalismus" (Interview). In: taz, vom 05.08.2007.
Ang, Ien (1996): Living room wars. Rethinking media audiences for a postmodern world. London/New York: Routledge.
Asp, Kent (1990): Medialization, media logic and mediarchy. In: Nordicom Review, 11 (2), S. 47–50.
Atton, Chris (2002): Alternative media. London/Thousand Oaks/New Delhi: Sage.
Atton, Chris (2004): An alternative internet. Radical media, politics and creativity. Edinburgh: Edinburgh UP.
Averbeck-Lietz, Stefanie (2014): Soziologie der Kommunikation: Die Mediatisierung der Gesellschaft und die Theoriebildung der Klassiker. München: Oldenbourg Wissenschaftsverlag, in Vorbereitung.
Baacke, Dieter/Sander, Uwe/Vollbrecht, Ralf (1991): Medienwelten Jugendlicher. Opladen: Leske + Budrich.
Bailey, Olga G./Cammaerts, Bart/Carpentier, Nico (2008): Understanding alternative media. Berkshire: Open UP.
Bailey, Olga G./Georgiou, Myria/Harindranth, Ramaswami (Hrsg.) (2007): Transnational lives and the media: Re-imagining diasporas. New York: Palgrave Macmillan.

Barker, Chris (2003): Kaleidoskopische Cultural Studies. Fragen von Politik und Methode. In: Hepp, Andreas/Winter, Carsten (Hrsg.): Die Cultural Studies Kontroverse. Lüneburg: zu Klampen, S. 181–201.

Bauman, Zygmunt (2007): Leben als Konsum. Hamburg: Hamburger Edition.

Bauman, Zygmunt (2009): Gemeinschaften. Auf der Suche nach Sicherheit in einer bedrohlichen Welt. Frankfurt a. M.: Suhrkamp.

Baym, Nancy K. (2000): Tune in, log on. Soaps, fandom, and on-line community. London/Thousand Oaks/New Delhi: Sage.

Beck, Klaus (2006): Computervermittelte Kommunikation im Internet. München u. a.: Oldenbourg.

Beck, Ulrich (1993): Die Erfindung des Politischen. Zu einer Theorie reflexiver Modernisierung. Frankfurt a. M.: Suhrkamp.

Beck, Ulrich (1994): Jenseits von Stand und Klasse. In: Beck, Ulrich/Beck-Gernsheim, Elisabeth (Hrsg.): Riskante Freiheiten. Frankfurt a. M.: Suhrkamp, S. 43–60.

Beck, Ulrich/Beck-Gernsheim, Elisabeth (2001): Individualization: Institutionalized individualism and its social and political consequences. London/New Delhi: Sage.

Bemerburg, Ivonne/Niederbacher, Arne (Hrsg.) (2007): Die Globalisierung und ihre Kritik(er). Zum Stand der aktuellen Globalisierungsdebatte. Wiesbaden: VS.

Beniger, James R. (1986): The control revolution. Technological and economic origins of the information society. Cambridge/London: Harvard UP.

Berg, Matthias (2010): Communicative mobility and mobile work: The management of everyday life and communication networks in a mediatized world. In: Höflich, Joachim R./Kircher, Georg F./Linke, Christine/Schlote, Isabel (Hrsg.): Mobile media and the change of everyday life. Berlin: Peter Lang, S. 193–212.

Berg, Matthias (2013): Mediatisierung, Mobilisierung und Individualisierung als Theorieansätze kommunikativer Mobilität. In: Wimmer, Jeffrey/Hartmann, Maren (Hrsg.): Medienkommunikation in Bewegung. Mobilisierung – Mobile Medien – Kommunikative Mobilität. Wiesbaden: VS, im Druck.

Berger, Peter L./Luckmann, Thomas (1977): Die gesellschaftliche Konstruktion der Wirklichkeit. Eine Theorie der Wissenssoziologie. Frankfurt a. M.: Fischer.

Berger, Peter L./Pullberg, Stanley (1965): Verdinglichung und die soziologische Kritik des Bewusstseins. In: Soziale Welt, 16 (2), S. 97–112.

Berker, Thomas/Hartmann, Maren/Punie, Yves/Ward, Katie (Hrsg.) (2006): Domestication of media and technology. London: Open UP.

Beth, Hanno/Pross, Harry (1976): Einführung in die Kommunikationswissenschaft. Stuttgart u. a.: Kohlhammer.

Bird, S. Elizabeth (2003): The audience in everyday life. Living in a media world. New York/London: Routledge.

Bösch, Frank (2011): Mediengeschichte. Vom asiatischen Buchdruck zum Fernsehen. Frankfurt a. M.: Campus.

Brecht, Bertolt (1932): Der Rundfunk als Kommunikationsapparat. Rede über die Funktion des Rundfunks. In: Brecht, Bertolt (Hrsg.): Schriften zur Literatur und Kunst I. Gesammelte Werke Bd. 18. Frankfurt a. M.: Suhrkamp, S. 127–134.

Bromley, Roger (2002): Stets im Aufbau: Das Aushandeln von diasporischen Identitäten. In: Hepp, Andreas/Löffelholz, Martin (Hrsg.): Grundlagentexte zur transkulturellen Kommunikation. Konstanz: UVK (UTB), S. 795–818.

Bühl, Walter L. (1986): Kultur als System. In: Neidhart, Friedhelm/Lepsius, M. Rainer/ Weiß, Johannes (Hrsg.): Kultur und Gesellschaft. In: Kölner Zeitschrift für Soziologie und Sozialpsychologie, Sonderheft 27. Opladen: Westdeutscher, S. 118–144.

Castells, Manuel (2001): Der Aufstieg der Netzwerkgesellschaft. Teil 1 der Trilogie: Das Informationszeitalter. Opladen: Leske + Budrich.

Castells, Manuel (2002): Die Macht der Identität. Teil 2 der Trilogie: Das Informationszeitalter. Opladen: Leske + Budrich.

Castells, Manuel (2005): Die Internet-Galaxie. Internet, Wirtschaft und Gesellschaft. Wiesbaden: VS.

Castells, Manuel (2012): Networks of outrage and hope: Social movements in the internet age. Cambridge/Oxford: Polity Press.

Clifford, James (1994): Diaspora. In: Cultural Anthropology, 9 (3), S. 302–338.

Cohen, Robin (2008): Global diasporas: An introduction. 2. Auflage. London: Routledge.

Couldry, Nick (2003): Media rituals. A critical approach. London u. a.: Routledge.

Couldry, Nick (2006): Transvaluing media studies: Or, beyond the myth of the mediated centre. In: Curran, James/Morley, David (Hrsg.): Media and cultural theory. London u. a.: Routledge, S. 177–194.

Couldry, Nick (2008): Mediatization or mediation? Alternative understandings of the emergent space of digital storytelling. In: New Media & Society, 10 (3), S. 373–391.

Couldry, Nick (2009): Does „the media" have a future? In: European Journal of Communication, 24 (4), S. 437–450.

Couldry, Nick (2012): Media, society, world: Social theory and digital media practice. Cambridge/Oxford: Polity Press.

Couldry, Nick (2013): When mediatization hits the ground. In: Hepp, Andreas/Krotz, Friedrich (Hrsg.): Mediatized worlds. Culture and society in a media age. London: Palgrave, im Druck.

Couldry, Nick/Curran, James (Hrsg.) (2003): Contesting media power: Alternative media in a networked world. London u. a.: Rowman & Littlefield.

Couldry, Nick/Hepp, Andreas (2013): Conceptualising mediatization: Contexts, traditions, arguments. In: Communication Theory, 23 (3), S. 191–202.

Curran, James/Park, Myung-Jin (Hrsg.) (2000): De-westernizing media studies. London/ New York: Routledge.

Dayan, Daniel (1999): Media and diasporas. In: Gripsrud, Jostein (Hrsg.): Television and common knowledge. London/New York: Routledge, S. 18–33.

Deterding, Sebastian (2008): Virtual Communities. In: Hitzler, Ronald/Honer, Anne/Pfadenhauer, Michaela (Hrsg.): Posttraditionale Gemeinschaften. Theoretische und ethnografische Erkundungen. Wiesbaden: VS, S. 115–131.

Dörner, Andreas (2006): Political culture and media culture: Constructing political identities in the US and Germany. In: Uricchio, William/Kinnebrock, Susanne (Hrsg.): Media cultures. Heidelberg: Winter, S. 41–48.

du Gay, Paul/Hall, Stuart/Janes, Linda/Mackay, Hugh/Negus, Keith (1997): Doing cultural studies. The story of the Sony Walkman. London: Sage.

Elias, Norbert (1993): Was ist Soziologie? 7. Auflage. Weinheim: Juventa.

Elias, Norbert (1997a): Über den Prozeß der Zivilisation. Bd. 1, Wandlungen des Verhaltens in den weltlichen Oberschichten des Abendlandes [orig. 1939]. Frankfurt a. M.: Suhrkamp.

Elias, Norbert (1997b): Über den Prozeß der Zivilisation. Bd. 2, Wandlungen der Gesellschaft, Entwurf zu einer Theorie der Zivilisation [orig. 1939]. Frankfurt a. M.: Suhrkamp.
Elias, Norbert (2001): Symboltheorie [orig. 1989]. Frankfurt a. M.: Suhrkamp.
Everitt, Dave/Mills, Simon (2009): Cultural anxiety 2.0. In: Media, Culture & Society, 31 (5), S. 749–768.
Faulstich, Werner (1982): Was ist Medienkultur? Antworten auf eine alte Frage. In: Medium, 12 (5), S. 3–6.
Faulstich, Werner (1998): Medienkultur. In: Faulstich, Werner (Hrsg.): Grundwissen Medien. 3. Auflage. München: Wilhelm Fink (UTB), S. 99–105.
Favell, Adrian (2008): Eurostars and Eurocities: Free movement and mobility in an integrating Europe. Malden: Blackwell.
Featherstone, Mike (2000): Postmodernismus und Konsumkultur: Die Globalisierung der Komplexität. In: Robertson, Caroline/Winter, Carsten (Hrsg.): Kulturwandel und Globalisierung. Baden-Baden: Nomos, S. 77–106.
Fiske, John (1987): Television culture. London/New York: Routledge.
Fornäs, Johan (2000): The crucial in between. The centrality of mediation in cultural studies. In: European Journal of Cultural Studies, 3 (1), S. 45–65.
Fornäs, Johan (2013): Culturalizing mediatization. In: Hepp, Andreas/Krotz, Friedrich (Hrsg.): Mediatized worlds. Culture and society in a media age. London: Palgrave, im Druck.
Forschungskonsortium-WJT (2007): Weltjugendtag 2005: Megaparty Glaubensfest. Erlebnis, Medien, Organisation. Wiesbaden: VS.
Foucault, Michel (1977): Überwachen und Strafen. Die Geburt des Gefängnisses. Frankfurt a. M.: Suhrkamp.
Foucault, Michel (1992): Archäologie des Wissens. Frankfurt a. M.: Suhrkamp.
García Canclini, Néstor (1995): Hybrid cultures. Strategies for entering and leaving modernity. Minneapolis: University of Minnesota.
Gauntlett, David (2000): Web.Studies. Rewiring media studies for the digital age. London: Arnold.
Gauntlett, David (2007): Media studies 2.0. In: Theory.org.uk, http://www.theory.org.uk/mediastudies2.htm [12.10.2009].
Gauntlett, David (2011): Making is connecting. The social meaning of creativity, from DIY and knitting to YouTube and Web 2.0. Cambridge: Polity.
Georgiou, Myria (2006): Diaspora, identity and the media: Diasporic transnationalism and mediated spatialities. Cresskill: Hampton.
Giddens, Anthony (1995): Die Konstitution der Gesellschaft. Grundzüge einer Theorie der Strukturierung. Frankfurt a. M./New York: Campus.
Giddens, Anthony (1996): Konsequenzen der Moderne. Frankfurt a. M.: Suhrkamp.
Gillespie, Marie (1995): Television, ethnicity and cultural change. London/New York: Routledge.
Gillespie, Marie (2002): Transnationale Kommunikation und die Kulturpolitik in der südasiatischen Diaspora. In: Hepp, Andreas/Löffelholz, Martin (Hrsg.): Grundlagentexte zur transkulturellen Kommunikation. Konstanz: UVK (UTB), S. 617–643.
Ginsburg, Faye D./Abu-Lughod, Lila/Larkin, Brian (Hrsg.) (2002): Media worlds: Anthropology on new terrain. Berkeley: California UP.

Glaser, Barney G. (2007): Doing formal theory. In: Bryant, Antony/Charmaz, Kathy (Hrsg.): Grounded theory. Los Angeles u. a.: Sage, S. 97-113.
Glaser, Barney G./Strauss, Anselm L. (1998): Grounded Theory. Strategien qualitativer Forschung. Bern: Huber.
Grossberg, Lawrence/Wartella, Ellen/Withney, D. Charles (1998): MediaMaking. Mass media in a popular culture. London: Sage.
Groth, Otto (1948): Die Geschichte der deutschen Zeitungswissenschaft. Probleme und Methoden. München: Weinmayer.
Groth, Otto (1960): Die unerkannte Kulturmacht. Grundlegung der Zeitungswissenschaft (Periodik). Band 1: Das Wesen des Werkes. Berlin: de Gruyter.
Gurak, Laura J. (2004): Internet studies in the 21st century. In: Gauntlett, David (Hrsg.): Web.Studies. 2. Auflage. London: Arnold, S. 24-33.
Hall, Stuart (1980): Encoding/decoding. In: Hall, Stuart/Hobson, Dorothy/Lowe, Andrew/Willis, Paul (Hrsg.): Culture, media, language. Working papers in cultural studies 1972-79. London/New York: Routledge, S. 128-138.
Hall, Stuart (1994): Rassismus und kulturelle Identität. Ausgewählte Schriften 2. Hamburg: Argument.
Hall, Stuart (2002): Die Zentralität von Kultur: Anmerkungen zu den kulturellen Revolutionen unserer Zeit. In: Hepp, Andreas/Löffelholz, Martin (Hrsg.): Grundlagentexte zur transkulturellen Kommunikation. Konstanz: UVK (UTB), S. 95-117.
Hallenberger, Gerd (2005): Vergleichende Fernsehprodukt- und Programmforschung. In: Hepp, Andreas/Krotz, Friedrich/Winter, Carsten (Hrsg.): Globalisierung der Medien. Eine Einführung. Wiesbaden: VS, S. 165-186.
Hannerz, Ulf (1992): Cultural complexity. Studies on the social organization of meaning. New York: Columbia University.
Harbord, Janet (2002): Film cultures. London u. a.: Sage.
Hartmann, Maren (2008): Domestizierung 2.0: Grenzen und Chancen eines Medienaneignungskonzeptes. In: Winter, Carsten/Hepp, Andreas/Krotz, Friedrich (Hrsg.): Theorien der Kommunikationswissenschaft. Wiesbaden: VS, S. 402-416.
Hartmann, Maren (2009): The changing urban landscapes of media consumption and production. In: European Journal of Communication, 24 (4), S. 421-436.
Hasebrink, Uwe (2003): Nutzungsforschung. In: Bentele, Günter/Brosius, Hans-Bernd/Jarren, Otfried (Hrsg.): Öffentliche Kommunikation. Handbuch Kommunikations- und Medienwissenschaft, S. 101-127.
Hasebrink, Uwe/Domeyer, Hanna (2010): Zum Wandel von Informationsrepertoires in konvergierenden Medienumgebungen. In: Hartmann, Maren/Hepp, Andreas (Hrsg.): Die Mediatisierung der Alltagswelt. Wiesbaden: VS, S. 49-64.
Hasebrink, Uwe/Domeyer, Hanna (2012): Media repertoires as patterns of behaviour and as meaningful practices: A multimethod approach to media use in converging media environments. In: Participations: Journal of Audience & Reception Studies, 9 (2), S. 757-783.
Hasebrink, Uwe/Popp, Jutta (2006): Media repertoires as a result of selective media use. A conceptual approach to the analysis of patterns of exposure. In: Communications, 31 (2), S. 369-387.
Henscheid, Eckhard (2001): Alle 756 Kulturen: Eine Bilanz. Frankfurt a. M.: Zweitausendeins.

Hepp, Andreas (1998): Fernsehaneignung und Alltagsgespräche. Fernsehnutzung aus der Perspektive der Cultural Studies. Opladen: Westdeutscher.

Hepp, Andreas (2004): Netzwerke der Medien. Medienkulturen und Globalisierung. Wiesbaden: VS.

Hepp, Andreas (2006): Translokale Medienkulturen. In: Hepp, Andreas/Krotz, Friedrich/Moores, Shaun/Winter, Carsten (Hrsg.): Netzwerk, Konnektivität und Fluss. Konzepte gegenwärtiger Medien-, Kommunikations- und Kulturtheorie (Reihe Medien – Kultur – Kommunikation). Wiesbaden: VS, S. 43–68.

Hepp, Andreas (2010): Mediatisierung und Kulturwandel: Kulturelle Kontextfelder und die Prägkräfte der Medien. In: Hartmann, Maren/Hepp, Andreas (Hrsg.): Die Mediatisierung der Alltagswelt. Festschrift zu Ehren von Friedrich Krotz. Wiesbaden: VS, S. 65–84.

Hepp, Andreas (2013): Transkulturelle Kommunikation. 2. überarbeitete Auflage. Konstanz: UVK (UTB).

Hepp, Andreas (2014): The communicative figurations of mediatized worlds: Mediatization research in times of the ‚mediation of everything'. In: European Journal of Communication, 29 (1), im Druck.

Hepp, Andreas/Bozdag, Cigdem/Suna, Laura (2011): Mediale Migranten: Mediatisierung und die kommunikative Vernetzung der Diaspora. Wiesbaden: VS.

Hepp, Andreas/Couldry, Nick (2010): Media events in globalized media cultures. In: Couldry, Nick/Hepp, Andreas/Krotz, Friedrich (Hrsg.): Media events in a global age. London u. a.: Routledge, S. 1–20.

Hepp, Andreas/Hasebrink, Uwe (2013): Translocal communicative figurations. In: Communicative Figurations Working Papers No 2, http://www.kommunikative-figuratio nen.de/fileadmin/redak_kofi/Arbeitspapiere/CoFi_EWP_No-2_Hepp_Hasebrink.pdf [16.5.2013].

Hepp, Andreas/Krönert, Veronika (2009): Medien – Event – Religion: Die Mediatisierung des Religiösen. Wiesbaden: VS.

Hepp, Andreas/Krotz, Friedrich (2012): Mediatisierte Welten. Forschungsfelder und Beschreibungsansätze – Zur Einleitung. In: Krotz, Friedrich/Hepp, Andreas (Hrsg.): Mediatisierte Welten. Forschungsfelder und Beschreibungsansätze. Wiesbaden: VS, S. 7–23.

Hepp, Andreas/Krotz, Friedrich (Hrsg.) (2013): Mediatized worlds: Culture and society in a media age. London: Palgrave.

Hepp, Andreas/Vogelgesang, Waldemar (2005): Medienkritik der Globalisierung. Die kommunikative Vernetzung der globalisierungskritischen Bewegung. In: Hepp, Andreas/Krotz, Friedrich/Winter, Carsten (Hrsg.): Globalisierung der Medien. Wiesbaden: VS, S. 229–260.

Hepp, Andreas/Wessler, Hartmut (2009): Politische Diskurskulturen: Überlegungen zur empirischen Erklärung segmentierter europäischer Öffentlichkeit. In: Medien & Kommunikationswissenschaft, 57 (2), S. 174–197.

Hickethier, Knut (2003): Medienkultur. In: Bentele, Günter/Brosius, Hans-Bernd/Jarren, Otfried (Hrsg.): Öffentliche Kommunikation. Handbuch Kommunikations- und Medienwissenschaft. Wiesbaden: Westdeutscher, S. 435–457.

Hitzler, Ronald (1998): Posttraditionale Vergemeinschaftung. Über neue Formen der Sozialbindung. In: Berliner Debatte INITIAL, 9 (1), S. 81–89.

Hitzler, Ronald (2000): „Ein bisschen Spaß muss sein!" Zur Konstruktion kultureller Erlebniswelten. In: Gebhardt, Winfried/Hitzler, Ronald/Pfadenhauer, Michaela (Hrsg.): Events. Soziologie des Außergewöhnlichen. Opladen: Leske + Budrich, S. 401-412.

Hitzler, Ronald (2002): „Globalisierungsgegner": Eine „bewegte Szene"? Dortmund: Unveröffentlichtes Manuskript.

Hitzler, Ronald (2007): Phänomenologie. In: Buber, Renate/Holzmüller, Hartmut H. (Hrsg.): Qualitative Marktforschung. Konzepte - Methoden - Analysen. Wiesbaden: Gabler, S. 81-92.

Hitzler, Ronald (2008a): Brutstätten posttraditionaler Vergemeinschaftung. In: Hitzler, Ronald/Honer, Anne/Pfadenhauer, Michaela (Hrsg.): Posttraditionale Gemeinschaften. Theoretische und ethnographische Erkundungen. Wiesbaden: VS, S. 55-72.

Hitzler, Ronald (2008b): Von der Lebenswelt zu den Erlebniswelten. Ein phänomenologischer Weg in soziologische Gegenwartsfragen. In: Raab, Jürgen/Pfadenhauer, Michaela/Stegmaier, Peter/Dreher, Jochen/Schnettler, Bernt (Hrsg.): Phänomenologie und Soziologie. Theoretische Positionen, aktuelle Problemfelder und empirische Umsetzungen. Wiesbaden: VS, S. 131-140.

Hitzler, Ronald (2010): Eventisierung. Wiesbaden: VS.

Hitzler, Ronald/Eberle, Thomas S. (2003): Phänomenologische Lebensweltanalyse. In: Flick, Uwe/Kardorff, Ernst von/Steinke, Ines (Hrsg.): Qualitative Forschung. Ein Handbuch. 2. Auflage. Reinbeck b. Hamburg: Rowohlt, S. 109-118.

Hitzler, Ronald/Honer, Anne (1984): Lebenswelt - Milieu - Situation. Terminologische Vorschläge zur theoretischen Verständigung. In: Kölner Zeitschrift für Soziologie und Sozialpsychologie, 36 (1), S. 56-74.

Hitzler, Ronald/Honer, Anne (1994): Bastelexistenz. Über subjektive Konsequenzen der Individualisierung. In: Beck, Ulrich/Beck-Gernsheim, Elisabeth (Hrsg.): Riskante Freiheiten. Frankfurt a. M.: Suhrkamp, S. 307-315.

Hitzler, Ronald/Möll, Gerd (2012): Eingespielte Transzendenzen. Zur Mediatisierung des Welterlebens am Beispiel des Pokerns. In: Krotz, Friedrich/Hepp, Andreas (Hrsg.): Mediatisierte Welten. Forschungsfelder und Beschreibungsansätze. Wiesbaden: VS, S. 257-280.

Hitzler, Ronald/Niederbacher, Arne (2010): Leben in Szenen. Formen juveniler Vergemeinschaftung heute. 3., vollständig überarbeitete Auflage. Wiesbaden: VS.

Hjarvard, Stig (2004): From bricks to bytes: The mediatization of a global toy industry. In: Bondebjerg, Ib/Golding, Peter (Hrsg.): European culture and the media. Bristol: Intellect, S. 43-63.

Hjarvard, Stig (2008): The mediatization of society. A theory of the media as agents of social and cultural change. In: Nordicom Review, 29 (2), S. 105-134.

Hjarvard, Stig (2009): Soft individualism: Media and the changing social character. In: Lundby, Knut (Hrsg.): Mediatization: Concept, changes, consequences. New York: Peter Lang, S. 159-177.

Hjarvard, Stig (2013): The mediatization of culture and society. London: Routledge.

Höflich, Joachim R. (2005): An mehreren Orten zugleich: Mobile Kommunikation und soziale Arrangements. In: Höflich, Joachim R./Gebhardt, Julian (Hrsg.): Mobile Kommunikation: Perspektiven und Forschungsfelder. Frankfurt a. M.: Peter Lang, S. 19-42.

Holly, Werner/Kühn, Peter/Püschel, Ulrich (1984): Für einen „sinnvollen" Handlungsbegriff in der linguistischen Pragmatik. In: Zeitschrift für Germanistische Linguistik, 12, S. 275-312.

Holzer, Boris (2006): Netzwerke. Münster: Transcript.
Hoover, Stewart (2006): Religion in the media age. London/New York: Routledge.
Horkheimer, Max/Adorno, Theodor W. (1988): Dialektik der Aufklärung. Philosophische Fragmente [orig. 1944]. Frankfurt a. M.: Fischer.
Hug, Theo/Friesen, Norm (2009): The mediatic turn: Exploring concepts for media pedagogy. In: Lundby, Knut (Hrsg.): Mediatization: Concept, changes, consequences. New York: Peter Lang, S. 63–83.
Illich, Ivan (1998): Selbstbegrenzung: Eine politische Kritik der Technik. München: Beck.
Illich, Ivan (2010): Im Weinberg des Textes: Als das Schriftbild der Moderne entstand [orig. 1991]. München: Beck.
Innis, Harold A. (1950): Empire and communications. Oxford: Clarendon.
Innis, Harold A. (1951): The bias of communication. Toronto: Toronto UP.
Jenkins, Henry (2006a): Convergence culture: Where old and new media collide. New York: New York UP.
Jenkins, Henry (2006b): Fans, bloggers and gamers: Essays on participatory culture. New York: New York UP.
Johnson, Richard (1986): What is cultural studies anyway? In: Social Text, 16, S. 38–80.
Jones, Steven G. (1997): Introduction. In: Jones, Steven G. (Hrsg.): Virtual culture. Identity and communication in cybersociety. London: Sage, S. 1–6.
Jong, Wilma de/Shaw, Martin/Stammers, Neil (2005): Introduction. In: Jong, Wilma de/Shaw, Martin/Stammers, Neil (Hrsg.): Global activism, global media. London: Pluto, S. 1–14.
Karmasin, Matthias (2003): Was ist neu an der neuen Kommunikationswissenschaft? In: Löffelholz, Martin/Quandt, Thorsten (Hrsg.): Die neue Kommunikationswissenschaft. Opladen: Westdeutscher, S. 49–57.
Katz, Elihu/Lazarsfeld, Paul F. (1955): Personal influence. The part played by people in mass communication. New York: Free Press.
Keller, Reiner (2008): Welcome to the Pleasuredome? Konstanzen und Flüchtigkeiten der gefühlten Vergemeinschaftung. In: Hitzler, Ronald/Honer, Anne/Pfadenhauer, Michaela (Hrsg.): Posttraditionale Gemeinschaften. Theoretische und ethnographische Erkundungen. Wiesbaden: VS, S. 89–111.
Keller, Reiner/Knoblauch, Hubert/Reichertz, Jo (Hrsg.) (2012): Kommunikativer Konstruktivismus. Theoretische und empirische Konturen eines neuen wissenssoziologischen Ansatzes. Wiesbaden: VS.
Kellner, Douglas (1995): Media culture. Cultural studies, identity and politics between the modern and the postmodern. London/New York: Routledge.
Kellner, Douglas (1999): Medien- und Kommunikationsforschung vs. Cultural Studies. Wider ihre Trennung. In: Bromley, Roger/Göttlich, Udo/Winter, Carsten (Hrsg.): Cultural Studies. Grundlagentexte zur Einführung. Lüneburg: zu Klampen, S. 341–363.
Keppler, Angela (1994): Tischgespräche. Über Formen kommunikativer Vergemeinschaftung am Beispiel der Konversation in Familien. Frankfurt a. M.: Suhrkamp.
Kepplinger, Hans Matthias (2002): Mediatization of politics. Theory and data. In: Journal of Communication, 52 (4), S. 972–986.
Knoblauch, Hubert (1989): Das unsichtbare neue Zeitalter. „New Age", privatisierte Religion und kultische Milieus. In: Kölner Zeitschrift für Soziologie und Sozialpsychologie, 41 (3), S. 504–525.

Knoblauch, Hubert (2008): Kommunikationsgemeinschaften. Überlegungen zur kommunikativen Konstruktion einer Sozialform. In: Hitzler, Ronald/Honer, Anne/Pfadenhauer, Michaela (Hrsg.): Posttraditionale Gemeinschaften. Theoretische und ethnographische Erkundungen. Wiesbaden: VS, S. 73–88.

Knoblauch, Hubert (2009): Populäre Religion. Auf dem Weg in eine spirituelle Gesellschaft. Frankfurt a. M.: Campus Wissenschaft.

Knoblauch, Hubert (2013): Communicative constructivism and mediatization. In: Communication Theory, 23 (3), S. 297–315.

Krotz, Friedrich (2001): Die Mediatisierung kommunikativen Handelns. Der Wandel von Alltag und sozialen Beziehungen, Kultur und Gesellschaft durch die Medien. Opladen: Westdeutscher Verlag.

Krotz, Friedrich (2005): Neue Theorien entwickeln. Eine Einführung in die Grounded Theory, die Heuristische Sozialforschung und die Ethnographie anhand von Beispielen aus der Kommunikationsforschung. Köln: Halem.

Krotz, Friedrich (2007): Mediatisierung: Fallstudien zum Wandel von Kommunikation. Wiesbaden: VS.

Krotz, Friedrich (2008): Handlungstheorien und Symbolischer Interaktionismus als Grundlage kommunikationswissenschaftlicher Forschung. In: Winter, Carsten/Hepp, Andreas/Krotz, Friedrich (Hrsg.): Theorien der Kommunikations- und Medienwissenschaft. Grundlegende Diskussionen, Forschungsfelder und Theorieentwicklungen. Wiesbaden: VS, S. 29–47.

Krotz, Friedrich (2009): Stuart Hall: Encoding/Decoding und Identität. In: Hepp, Andreas/Krotz, Friedrich/Thomas, Tanja (Hrsg.): Schlüsselwerke der Cultural Studies. Wiesbaden: VS, S. 210–223.

Krotz, Friedrich/Hepp, Andreas (Hrsg.) (2012): Mediatisierte Welten. Forschungsfelder und Beschreibungsansätze. Wiesbaden: VS.

Krotz, Friedrich/Hepp, Andreas/Winter, Carsten (2008): Einleitung: Theorien der Kommunikations- und Medienwissenschaft. In: Winter, Carsten/Hepp, Andreas/Krotz, Friedrich (Hrsg.): Theorien der Kommunikations- und Medienwissenschaft. Grundlegende Diskussionen, Forschungsfelder und Theorieentwicklungen. Wiesbaden: VS, S. 9–27.

Kubicek, Herbert (1997): Das Internet auf dem Weg zum Massenmedium? Ein Versuch, Lehren aus der Geschichte alter und neuer Medien zu ziehen. In: Werle, Raymund/Lang, Christa (Hrsg.): Modell Internet? Entwicklungsperspektiven neuer Kommunikationsnetze. Frankfurt a. M./New York: Campus, S. 213–239.

Langenbucher, Wolfgang R. (1998): Einführung: Zu Person und Werk. In: Groth, Otto: Vermittelte Mitteilung. Ein journalistisches Modell der Massenkommunikation. München: Fischer, S. 151–186.

Lasswell, Harold D. (1961): The structure and function of communication in society. In: Schramm, Wilbur (Hrsg.): Mass communication. Urbana/Chicago/London: Illinois UP, S. 117–130.

Latour, Bruno (1991): Technology is society made durable. In: Law, John (Hrsg.): A sociology of monsters. Essays on power, technology and domination. London: Routledge, S. 103–131.

Latour, Bruno (1998): Wir sind nie modern gewesen. Frankfurt a. M.: Fischer.

Latour, Bruno (2007): Eine neue Soziologie für eine neue Gesellschaft. Frankfurt a. M.: Suhrkamp.

Leavitt, Harold J. (1951): Some effects of certain communication patterns in group performance. In: Journal of Abnormal and Social Psychology, 46 (1), S. 38-50.

Lenk, Hans (1978): Handlung als Interpretationskonstrukt. Entwurf einer konstituenten- und beschreibungstheoretischen Handlungsphilosophie. In: Lenk, Hans (Hrsg.): Handlungstheorien interdisziplinär II. Erster Halbband. München: Fink, S. 279-351.

Lerner, Daniel (1977): Towards a communication theory of modernization: A set of considerations. In: Schramm, Wilbur/Roberts, Donald F. (Hrsg.): The process and effects of mass communication. 4., überarbeitete Aufl. Urbana u. a.: University of Illinois, S. 861-889.

Lievrouw, Leah A. (2001): New media and the „pluralization of life-worlds". A role for information in social differentiation. In: New Media & Society, 3 (1), S. 7-18.

Linke, Christine (2010): Medien im Alltag von Paaren. Eine qualitative Studie zur Mediatisierung der Kommunikation in Paarbeziehungen. Wiesbaden: VS.

Lister, Martin/Kelly, Kieran/Dovey, Jon/Giddings, Seth/Grant, Iain (2009): New media: A critical introduction. 2. Auflage. London/New York: Routledge.

Livingstone, Sonia M. (2009): On the mediation of everything. In: Journal of Communication, 59 (1), S. 1-18.

Löfgren, Orvar (2001): The nation as home or motel? Metaphors of media and belonging. In: Sosiologisk Årbok, 14 (1), S. 1-34.

Loon, Joost van (2008): Media technology. Critical perspectives. Maidenhead: Open UP.

Luckmann, Benita (1970): The small life-worlds of modern man. In: Social Research, 37 (4), S. 580-596.

Luckmann, Thomas (1992): Theorie des sozialen Handelns. Berlin/New York: de Gruyter.

Luhmann, Niklas (1996): Die Realität der Massenmedien. 2., erweiterte Auflage. Opladen: Westdeutscher.

Luhmann, Niklas (1997): Die Gesellschaft der Gesellschaft. 2 Bde. Frankfurt a. M.: Suhrkamp.

Lull, James (1987): Audience, texts, and contexts. In: Critical Studies in Mass Communication, 4, S. 318-322.

Lundby, Knut (2009): Media logic: Looking for social interaction. In: Lundby, Knut (Hrsg.): Mediatization: Concept, changes, consequences. New York: Peter Lang, S. 101-119.

Madianou, Mirca/Miller, Daniel (2012): Migration and new media: Transnational families and polymedia. London: Routledge.

Maffesoli, Michel (1996): The time of the tribes. The decline of individualism in mass society. London/Thousand Oaks/New Delhi: Sage.

Manheim, Ernest (1933): Die Träger der öffentlichen Meinung. Studien zur Soziologie der Öffentlichkeit. Brünn, Prag, Leipzig, Wien: Verlag Rudolf M. Rohrer.

Mann, Leon (1999): Sozialpsychologie. Weinheim: Beltz.

Martín-Barbero, Jesús (1993): Communication, culture, and hegemony: From the media to mediations. London/Thousand Oaks/New Delhi: Sage.

Martín-Barbero, Jesús (2006): A Latin American perspective on communication/cultural mediation. In: Global Media and Communication, 2 (3), S. 279-297.

Massey, Doreen (1994): Space, place and gender. Cambridge: Polity.

Mazzoleni, Gianpietro (2008a): Mediatization of politics. In: Donsbach, Wolfgang (Hrsg.): The international encyclopedia of communication, vol. VII, S. 3047-3051.

Mazzoleni, Gianpietro (2008b): Mediatization of society. In: Donsbach, Wolfgang (Hrsg.): The international encyclopedia of communication, vol. VII, S. 3052-3055.
Mazzoleni, Gianpietro/Schulz, Winfried (1999): „Mediatization" of politics: A challange for democracy? In: Political Communication, 16, S. 247-261.
McLuhan, Marshall (1995): Die Gutenberg-Galaxis. Das Ende des Buchzeitalters. Bonn u. a.: Addison-Wesley.
McLuhan, Marshall/Fiore, Quentin (1967): The medium is the massage: An inventory of effects. New York: Random House.
McLuhan, Marshall/Lapham, Lewis H. (1994): Understanding media: The extensions of man. Cambridge/London: MIT.
McLuhan, Marshall/Powers, Bruce B. (1995): The Global Village. Der Weg der Mediengesellschaft ins 21. Jahrhundert. Paderborn: Junfermann.
Merten, Klaus (1994): Evolution der Kommunikation. In: Merten, Klaus/Schmidt, Siegfried J./Weischenberg, Siegfried (Hrsg.): Die Wirklichkeit der Medien. Eine Einführung in die Kommunikationswissenschaft. Opladen: Westdeutscher, S. 141-162.
Merten, Klaus/Schmidt, Siegfried J./Weischenberg, Siegfried (Hrsg.) (1994): Die Wirklichkeit der Medien. Eine Einführung in die Kommunikationswissenschaft. Opladen: Westdeutscher.
Meyen, Michael (2009): Medialisierung. In: Medien & Kommunikationswissenschaft, 57 (1), S. 23-38.
Meyrowitz, Joshua (1987): Die Fernsehgesellschaft. Wirklichkeit und Identität im Medienzeitalter. Weinheim/Basel: Beltz.
Meyrowitz, Joshua (1995): Medium theory. In: Crowley, David J./Mitchell, David (Hrsg.): Communication theory today. Cambridge: Polity, S. 50-77.
Meyrowitz, Joshua (2009): Medium theory: An alternative to the dominant paradigm of media effects. In: Nabi, Robin L./Oliver, Mary Beth (Hrsg.): The Sage handbook of media processes and effects. Thousand Oaks, CA: Sage, S. 517-530.
Miller, Daniel/Slater, Don (2000): The internet. An ethnographic approach. Oxford: Berg.
Monaco, James (1978): Media culture. New York: Dell.
Moores, Shaun (2000): Media and everyday life in modern society. Edinburgh: Edinburgh UP.
Moores, Shaun (2006): Ortskonzepte in einer Welt der Ströme. In: Hepp, Andreas/Krotz, Friedrich/Moores, Shaun/Winter, Carsten (Hrsg.): Netzwerk, Konnektivität und Fluss. Analysen gegenwärtiger Kommunikationsprozesse. Wiesbaden: VS, S. 189-206.
Moores, Shaun (2012): Media, place and mobility. Houndmills: Palgrave.
Moran, Albert (2009): New flows in global TV. Bristol: Intellect.
Morley, David (2000): Home territories. Media, mobility and identity. London/New York: Routledge.
Morley, David (2001): Belongings: Place, space and identity as mediated world. In: European Journal of Cultural Studies, 4 (4), S. 425-448.
Morley, David (2003): Die „sogenannten Cultural Studies". In: Hepp, Andreas/Winter, Carsten (Hrsg.): Die Cultural Studies Kontroverse. Lüneburg: zu Klampen, S. 111-136.
Morley, David (2007): Media, modernity and technology. The geography of the new. London/New York: Routledge.
Morley, David (2009): For a materialist, non-media-centric media studies. In: Television & New Media, 10 (1), S. 114-116.

Morley, David/Silverstone, Roger (1991): Communication and context: Ethnographic perspectives on the media audience. In: Jensen, Klaus Bruhn/Jankowski, Nicholas W. (Hrsg.): Qualitative methodologies for mass communication research. London/New York: Routledge, S. 149–162.

Morris, Merrill/Ogan, Christine (1996): The internet as mass medium. In: Journal of Communication, 46 (1), S. 39–50.

Müller-Doohm, Stefan (1997): Medienkultur im Zeitalter des Globalismus. In: Hradil, Stefan (Hrsg.): Differenz und Integration. Die Zukunft moderner Gesellschaften. Frankfurt a. M.: Campus, S. 710–722.

Müller-Doohm, Stefan (2008): Von der Kulturindustrieanalyse zur Idee partizipativer Öffentlichkeit. Reflexionsstufen kritischer Medientheorie. In: Winter, Carsten/Hepp, Andreas/Krotz, Friedrich (Hrsg.): Theorien der Kommunikations- und Medienwissenschaft. Wiesbaden: VS, S. 49–63.

Naficy, Hamid (1993): The making of an exile culture. London: University of Minnesota.

Nederveen Pieterse, Jan (1998): Der Melange-Effekt. In: Beck, Ulrich (Hrsg.): Perspektiven der Weltgesellschaft. Frankfurt a. M.: Suhrkamp, S. 87–124.

Negus, Keith (2002): Produktionskulturen und die soziale Vermittlung von symbolischen Formen. In: Hepp, Andreas/Löffelholz, Martin (Hrsg.): Grundlagentexte zur transkulturellen Kommunikation. Konstanz: UVK (UTB), S. 249–271.

Negus, Keith (2006): Rethinking creative production away from the cultural industries. In: Curran, James/Morley, David (Hrsg.): Media and cultural theory. London/New York: Routledge, S. 197–208.

Ong, Walter J. (1987): Oralität und Literalität. Die Technologisierung des Wortes. Opladen: Westdeutscher.

Pfadenhauer, Michaela (2008a): Organisieren. Eine Fallstudie zum Erhandeln von Events. Wiesbaden: VS.

Pfadenhauer, Michaela (2008b): Markengemeinschaften. Das Brand als „Totem" einer posttraditionalen Gemeinschaft. In: Hitzler, Ronald/Honer, Anne/Pfadenhauer, Michaela (Hrsg.): Posttraditionale Gemeinschaften. Theoretische und ethnographische Erkundungen. Wiesbaden: VS, S. 214–227.

Pias, Claus (Hrsg.) (1999): Dreizehn Vorträge zur Medienkultur. Weimar: Verlag und Datenbank für Geisteswissenschaften.

Pias, Claus/Vogl, Joseph/Engell, Lorenz/Fahle, Oliver/Neitzel, Britta (Hrsg.) (1999): Kursbuch Medienkultur. Die maßgeblichen Theorien von Brecht bis Baudrillard. Stuttgart: Deutsche Verlags-Anstalt.

Popper, Karl R. (2001): Logik der Forschung. Tübingen: Mohr Siebeck.

Pries, Ludger (2001): New transnational social spaces: International migration and transnational companies in the early twenty-first century. London: Routledge.

Quandt, Thorsten/Grüninger, Helmut/Wimmer, Jeffrey (2009): The gray haired gaming generation: Findings from an explorative interview study on older computer gamers. In: Games and Culture, 4 (1), S. 27–46.

Quandt, Thorsten/Wimmer, Jeffrey/Wolling, Jens (Hrsg.) (2007): Die Computerspieler. Studien zur Nutzung von Computer- und Videogames. Wiesbaden: VS.

Reckwitz, Andreas (2005): Kulturelle Differenzen aus praxeologischer Perspektive. Kulturelle Globalisierung jenseits von Modernisierungstheorie und Kulturessentialismus. In: Srubar, Ilja/Renn, Joachim/Wenzel, Ulrich (Hrsg.): Kulturen vergleichen. Sozial- und kulturwissenschaftliche Grundlagen und Kontroverse. Wiesbaden: VS, S. 92–111.

Reichertz, Jo (2008): Die Macht der Worte und der Medien. 2. Auflage. Wiesbaden: VS.
Reichertz, Jo (2009): Kommunikationsmacht: Was ist Kommunikation und was vermag sie? Und weshalb vermag sie das? Wiesbaden: VS.
Rheingold, Howard (1993): A slice of life in my virtual community. In: Harasim, Linda M. (Hrsg.): Global networks. Computers and international communication. Cambridge: Cambridge UP, S. 57–80.
Rheingold, Howard (1994): Virtuelle Gemeinschaft. Soziale Gemeinschaften im Zeitalter des Computers. Bonn/Paris/Reading: Addison-Wesley.
Robins, Kevin/Aksoy, Asu (2006): Thinking experience: Transnational media and migrants' minds. In: Curran, James/Morley, David (Hrsg.): Media and cultural theory. London/New York: Routledge, S. 86–99.
Röser, Jutta (Hrsg.) (2007): MedienAlltag. Domestizierungsprozesse alter und neuer Medien. Wiesbaden: VS.
Röser, Jutta/Thomas, Tanja/Peil, Corinna (Hrsg.) (2009): Alltag in den Medien – Medien im Alltag. Wiesbaden: VS.
Rucht, Dieter (1994): Modernisierung und neue soziale Bewegungen. Deutschland, Frankreich und USA im Vergleich. Frankfurt a. M.: Campus.
Rusch, Gebhard (2008): Mediendynamik. Explorationen zur Theorie des Medienwandels. In: Navigationen, 7 (1), S. 13–94.
Sander, Uwe/Vollbrecht, Ralf (1987): Aufwachsen und Leben in medialen Umwelten. Ein sozialökologischer Ansatz der Medienforschung. In: Communications, 13 (2), S. 121–134.
Saxer, Ulrich (Hrsg.) (1998): Medien-Kulturkommunikation. Publizistik Sonderheft 2/1998. Opladen: Westdeutscher Verlag.
Schipper, Bernd (2005): Invisible Religion. Religion im öffentlichen Raum. In: Ästhetik & Kommunikation, 36 (131), S. 27–32.
Schmidt, Siegfried J. (1992): Medien, Kultur: Medienkultur. Ein konstruktivistisches Gesprächsangebot. In: Schmidt, Siegfried J. (Hrsg.): Kognition und Gesellschaft. Der Diskurs des Radikalen Konstruktivismus 2. Frankfurt a. M.: Suhrkamp, S. 425–450.
Schmidt, Siegfried J. (1994a): Die Wirklichkeit des Beobachters. In: Merten, Klaus/Schmidt, Siegfried J./Weischenberg, Siegfried (Hrsg.): Die Wirklichkeit der Medien. Eine Einführung in die Kommunikationswissenschaft. Opladen: Westdeutscher, S. 3–19.
Schmidt, Siegfried J. (1994b): Kognitive Autonomie und soziale Orientierung. Konstruktivistische Bemerkungen zum Zusammenhang von Kognition, Kommunikation, Medien und Kultur. Frankfurt a. M.: Suhrkamp.
Schmidt, Siegfried J. (2000): Kalte Faszination. Medien, Kultur, Wissenschaft in der Mediengesellschaft. Weilerswist: Velbrück.
Schmidt, Siegfried J. (2003): Geschichten & Diskurse. Abschied vom Konstruktivismus. Reinbek b. Hamburg: Rowohlt.
Schmidt, Siegfried J. (2008): Systemflirts. Ausflüge in die Medienkulturgesellschaft. Weilerswist: Velbrück.
Schmidt, Siegfried J. (2010): Die Endgültigkeit der Vorläufigkeit. Prozessualität als Argumentationsstrategie. Weilerswist: Velbrück.
Schofield Clark, Lynn (2009): Theories: Mediatization and media ecology. In: Lundby, Knut (Hrsg.): Mediatization: Concept, changes, consequences. New York: Peter Lang, S. 83–98.
Schröder, Kim Christian (1994): Audience semiotics, interpretive communities and the „ethnographic turn" in media research. In: Media, Culture and Society, 16 (2), S. 337–347.

Schrott, Andrea (2009): Dimensions: Catch-all label or technical term. In: Lundby, Knut (Hrsg.): Mediatization: Concept, changes, consequences. New York: Peter Lang, S. 41-61.
Schulz, Winfried (2004): Reconstructing mediatization as an analytical concept. In: European Journal of Communication, 19 (1), S. 87-101.
Schütz, Alfred (1974): Der sinnhafte Aufbau der sozialen Welt. Eine Einleitung in die verstehende Soziologie. Frankfurt a. M.: Suhrkamp.
Schütz, Alfred/Luckmann, Thomas (1979): Strukturen der Lebenswelt. Band 1. Frankfurt a. M.: Suhrkamp.
Shibutani, Tomatsu (1955): Reference groups as perspectives. In: American Journal of Sociology, 60, S. 562-569.
Silver, David (2000): Looking backwards, looking forwards: Cyberculture studies 1990-2000. In: Gauntlett, David (Hrsg.): Web.Studies. Rewiring media studies for the digital age. London: Arnold, S. 19-30.
Silverstone, Roger (2002): Eine Stimme finden: Minderheiten, Medien und die globale Allmende. In: Hepp, Andreas/Löffelholz, Martin (Hrsg.): Grundlagentexte zur transkulturellen Kommunikation. Konstanz: UVK (UTB), S. 725-749.
Silverstone, Roger (2005): The sociology of mediation and communication. In: Calhoun, Craig/Rojek, Chris/Turner, Bruce (Hrsg.): Sage handbook of sociology. London: Sage, S. 188-207.
Silverstone, Roger (2007): Anatomie der Massenmedien. Ein Manifest [orig. 1999]. Frankfurt a. M.: Suhrkamp.
Silverstone, Roger/Hirsch, Eric (Hrsg.) (1992): Consuming technologies. Media and information in domestic spaces. London/New York: Routledge.
Stöber, Rudolf (2003a): Mediengeschichte: Die Evolution „neuer" Medien von Gutenberg bis Gates. Eine Einführung. Band 1: Presse – Telekommunikation. Wiesbaden: Westdeutscher.
Stöber, Rudolf (2003b): Mediengeschichte: Die Evolution „neuer" Medien von Gutenberg bis Gates. Eine Einführung. Band 2: Film – Rundfunk – Multimedia. Wiesbaden: Westdeutscher.
Strauss, Anselm (1978): A social world perspective. In: Studies in Symbolic Interactionism, 1 (1), S. 119-128.
Strauss, Anselm (1993): Continual permutations of action. New York: de Gruyter.
Strömbäck, Jesper (2008): Four phases of mediatization: An analysis of the mediatization of politics. In: The International Journal of Press/Politics, 13 (3), S. 228-246.
Strömbäck, Jesper/Esser, Frank (2009): Shaping politics: Mediatization and media environmentalism. In: Lundby, Knut (Hrsg.): Mediatization: Concept, changes, consequences. New York: Peter Lang, S. 205-223.
Strübing, Jörg (2007): Anselm Strauss. Konstanz: UVK.
Tenbruck, Friedrich H. (1972): Gesellschaft und Gesellschaften: Gesellschaftstypen. In: Bellebaum, A. (Hrsg.): Die moderne Gesellschaft. Freiburg: Herder, S. 54-71.
Tepe, Daniel/Hepp, Andreas (2007): Digitale Produktionsgemeinschaften: Die Open-Source-Bewegung zwischen kooperativer Softwareherstellung und deterritorialer politischer Vergemeinschaftung. In: Stegbauer, Christian/Jäckel, Michael (Hrsg.): Social Software. Formen der Kooperation in computerbasierten Netzwerken. Wiesbaden: VS, S. 27-48.
Thomas, Tanja (Hrsg.) (2008): Medienkultur und soziales Handeln. Wiesbaden: VS.
Thomas, Tanja (2009): Michael Foucault: Diskurs, Macht und Subjekt. In: Hepp, Andreas/Krotz, Friedrich/Thomas, Tanja (Hrsg.): Schlüsselwerke der Cultural Studies. Wiesbaden: VS, S. 58-71.

Thompson, John B. (1995): The media and modernity. A social theory of the media. Cambridge: Cambridge UP.
Thussu, Daya K. (1998): Localising the global: Zee TV in India. In: Thussu, Daya Kishan (Hrsg.): Electronic empires. Global media and local resistance. London: Arnold, S. 273-294.
Thussu, Daya K. (Hrsg.) (2010): Internationalizing media studies: Impediments and imperatives. London: Routledge.
Tölölyan, Khachig (1991): The nation-state and its others: In lieu of a preface. In: Diaspora, 1 (1), S. 3-7.
Tomlinson, John (1999): Globalization and culture. Cambridge/Oxford: Polity.
Tönnies, Ferdinand (1979): Gemeinschaft und Gesellschaft. Grundbegriffe der reinen Soziologie. Neudruck der 8. Auflage von 1935. Darmstadt: Wissenschaftliche Buchgesellschaft.
Traub, Hans (1933): Grundbegriffe des Zeitungswesens. Stuttgart: Poeschel.
Turkle, Sherry (1998): Leben im Netz: Identität in Zeiten des Internet. Reinbek b. Hamburg: Rowohlt.
Ulmer, Bernd/Bergmann, Jörg R. (1993): Medienrekonstruktionen als kommunikative Gattungen. In: Holly, Werner/Püschel, Ulrich (Hrsg.): Medienrezeption als Aneignung. Opladen: Westdeutscher, S. 81-102.
Urry, John (1995): Consuming places. London: Routledge.
Urry, John (2007): Mobilities. Malden: Polity.
Vowe, Gerhard (2006): Mediatisierung der Politik? Ein theoretischer Ansatz auf dem Prüfstand. In: Publizistik, 51 (4), S. 437-455.
Wagner, Hans (1998): Das Fachstichwort Massenkommunikation. In: Groth, Otto (Hrsg.): Vermittelte Mitteilung. Ein journalistisches Modell der Massenkommunikation. München: Fischer, S. 187-240.
Weber, Max (1972): Wirtschaft und Gesellschaft. Grundriss der verstehenden Soziologie. Tübingen: Mohr.
Weber, Max (2009): Wirtschaft und Gesellschaft. Gemeinschaften. Studienausgabe der Max Weber Gesamtausgabe Band I/22-1. Tübingen: Mohr.
Welsch, Wolfgang (1999): Transculturality – the changing forms of cultures today. In: Bundesminister für Wissenschaft und Verkehr & Internationales Forschungszentrum für Kulturwissenschaften (Hrsg.): The contemporary study of culture. Wien: Turia & Kant, S. 217-244.
Williams, Raymond (1990): Television: Technology and cultural form. London/New York: Routledge.
Winter, Carsten (1996): Predigen unter freiem Himmel. Die medienkulturellen Funktionen der Bettelmönche und ihr geschichtlicher Hintergrund. Bardowick: Wissenschaftler.
Wittel, Andreas (2006): Auf dem Weg zu einer Netzwerk-Sozialität. In: Hepp, Andreas/Krotz, Friedrich/Moores, Shaun/Winter, Carsten (Hrsg.): Konnektivität, Netzwerk und Fluss. Konzepte gegenwärtiger Medien-, Kommunikations- und Kulturtheorie. Wiesbaden: VS, S. 163-188.
Woodward, Kathryn (1997): Concepts of identity and difference. In: Woodward, Kathryn (Hrsg.): Identity and difference. London: Sage, S. 7-50.

Stichwortregister

A
Aktant, 52
Akteur, 31
Akteur-Netzwerk-Theorie, 45, 51, 52, 126
Alltag, 1
Alltagsgespräch, 82
Alltagsleben, 3, 9, 22, 33, 44, 70, 92, 122
Alltagspraktik, 66, 95, 101, 109
Alltagssprache, 45
Alltagswelt, 4, 24, 32, 37, 54, 67, 69, 70, 75, 91, 95, 113, 115, 122, 125, 132
Alphabetisierung, 12
Aneignung, 24, 25, 32, 48, 50, 53, 55, 62, 64–66, 89, 102, 106, 114, 115, 123
Aneignungstyp, 88
Anonymisierung, 97
Anpassung, 37, 38, 40
Ansatz, transkultureller, 129
Apparatur, 3, 53, 54
Arbeit, 49, 69, 71
Arbeitsteilung, 14
Arbeitszeit, 49
Arena, 74–76, 79
Artikulation, 45, 64, 66, 68, 71, 75, 81, 85, 96, 99, 100, 104, 105, 107, 112, 116, 124–126, 130, 131, 133
Aspekte der Mediatisierung, qualitativ, 48
Aspekte der Mediatisierung, quantitativ, 48
Assoziation, 52
Aufklärung, 9
Authentizität, 65, 96
Autorschaft, 12
Avatar, 81

B
Bedeutung, 18, 25, 32, 34, 51, 58, 64, 95, 108, 109, 122
Bedeutungsartikulation, 20, 66
Bedeutungsproduktion, 4, 64, 66, 91, 125
Bedeutungsressource, 5, 64
Berufsalltag, 75
Bewegung, globalisierungskritische, 104
Bewegung, soziale, 67, 75, 77, 91, 104, 105, 108
Bewegung, spirituelle, 110, 111
Bewusstsein, diskursives, 125
Beziehung, 127
Beziehung, soziale, 49, 57, 73, 93–95, 97
Beziehungsstruktur, 53, 80, 81
Bezugsgruppe, 73
Bollywood, 101
Brand community, 78
Brief, 86
Buch, 1, 2, 4, 7, 12, 15, 54, 71, 118
Buchdruck, 12–13

C
Celebrity, 64
Chat, 13, 71, 86, 105, 114
Clique, 77
Computer, 49
Computersoftware, 81
Computerspiel, 37, 54, 60–61, 71, 81, 86, 114
Container, nationaler, 128
Cultural Studies, 9, 34, 120

Cyberkultur, 7, 21–27, 91
Cyberpunk, 7, 22
Cyberspace, 22–23, 92
Cyborg, 7

D
Datenbank, 83, 86
Datenjournalismus, 80
Determinismus, sozialer, 51
Determinismus, technologischer, 51
Deterritorialisierung, 68, 100, 128
Deterritorialisierung, kommunikative, 100, 101, 106
Deterritorialisierung, physische, 101, 106
De-Zentrieren, 117, 121–124
Dialektik, 8, 41, 62
Diaspora, 77, 85–88, 96, 101, 103–106, 112, 116
Diasporakultur, 131
Differenzierung, 14, 19, 62, 97, 126
Differenzierungsmodell, 42
Ding, 26, 45, 52
Diskurs, 125, 126
Diskursmuster, 64
Diskursuniversum, 73
Dominanz, 24, 133
Dorf, 85, 98
Druck, 16
Druckpresse, 12

E
E-Mail, 3, 13, 15, 71, 76, 80, 81, 83, 86, 88, 99
Empfänger, 82
Encoding-Decoding-Modell, 33
Entkontextualisierung, 97
Entwickeln neuer Theorien, 119
Entwicklung, 47
Erforschung, empirische, 5, 15
Erlebniswelt, 71
Essentialismus, territorialer, 128
Essenzialismus, 128
Ethnizität, 106
Ethnografie, 120

Ethnomethodologie, 36
Ethnoorientierung, 87
Europa, 87, 106
Event, 71, 93, 108–111, 114
Event-Kino, 15
Event, populäres, 110
Evolution, 17, 47, 48, 63
Extension, 37, 40

F
Facebook, 58, 124
Face-to-Face-Interaktion, 58
Familie, 32, 53, 71, 75, 84, 86, 88, 98, 99
Fan, 78
Fangruppe, 97
Fankultur, 67, 107
Fanzine, 99, 105
Fernsehen, 1, 7, 12, 15, 28, 32, 35, 38, 40, 48–50, 54, 55, 58, 60, 61, 64, 69, 71, 76, 80, 86, 97, 101, 102, 114, 115, 122–124
Fernsehgottesdienst, 109
Fernsehkultur, 10, 66
Feudalismus, 27
Figuration, 84, 85, 91
Figuration, kommunikative, 5, 63, 84–89, 100, 112, 117, 122, 127, 132
Film, 8, 10, 22, 55, 64, 71, 88, 101
Filmkultur, 10, 66
Flüchtigkeit, 74, 92, 101, 102
Fluss, 77, 82, 101, 102
Flyer, 86
Form, 28, 41, 67, 126
Form, symbolische, 29
Formation, diskursive, 4, 66, 125
Forschung, empirische, 117
Forschung, qualitative, 44
Forschung, quantitative, 44
Forschung, vergleichende, 127
Fortschritt, 47, 48
Fotoalbum, 86
Frankfurter Schule, 7, 9, 11
Freizeit, 49, 71, 107
Freizeitkultur, 107
Frühe Neuzeit, 28

Stichwortregister

Fundamentalismus, 111
Funkkolleg, 16, 17
Funktionssystem, 42
Funktionssysteme, 19

G

Gemeinschaft, 91–93
Gemeinschaft, ästhetische, 94, 107
Gemeinschaft, virtuelle, 91, 92
Gemeinschaft, vorgestellte, 96, 102
Gen, 47
Gesamtartikulation, 126
Geschwindigkeit, 101
Gesellschaft, 7, 9, 14, 15, 18–20, 25, 31, 38, 39, 42, 45–47, 64, 84, 109, 116
Gesellschaft, moderne, 14
Gesellschaft, orale, 14
Glaubensgemeinschaft, 67
Global village, 13
Globale elektronische Kultur, 12
Globalisierung, 43, 45, 63, 67, 68, 100–102, 104, 106, 108, 109, 111, 112
Globalisierungskritiker, 108
Großstadt, 85
Grounded Theory, 118–120
Gruppe, 14, 77, 105, 107, 108, 113, 127
Gruppenidentitäten, 13

H

Habitualisierung, 2, 53, 56–57, 123
Hacker, 25
Hacker-Kultur, 25
Handeln, 2, 4, 12, 16–17, 22, 24, 36–37, 39, 42, 43, 46, 50, 52–57, 75, 82–83, 85, 93, 97, 107, 109, 111, 113, 126–127, 131, 133
Handelnder, 97
Handlung, 52, 53, 56, 84, 125
Handlungen, 18
Handlungsfähigkeit, 133
Handlungskette, 83
Handlungsraum, virtueller, 61
Handlungstheorie, 56
Hegemonie, 133

Herkunftsorientierung, 87
Herkunftsvernetzung, 87
Herrschaft, 12, 52
Hochkultur, 14
Hochkulturen, 14
Homogenisierung, 68
Hören, 88
Horizont, 113, 116
Hybride, transkulturelle, 110
Hybridevent, 111
Hybridform, 98, 112
Hybridisierung, 126
Hybridität, 65

I

Ich, 84, 116
Identifikation, 14, 65, 66, 116
Identität, 1, 8, 9, 23, 65, 87, 106, 108, 116
Identität, kulturelle, 116
Identitätsartikulation, 22, 108
Identitätspolitik, 108
Identitätsspiel, 22
Ideologie, 32
Imagination, 93
Individualisierung, 43, 45, 63, 70, 107
Individualität, 8
Individuum, 84, 107
Informationalität, 92
Informationsnetzwerk, 13
Institution, 27, 35–39, 41, 42, 49, 52, 53, 64, 77, 107, 109, 118, 120
Institutionalisierung, 4, 12, 39, 53, 54, 58, 62, 74, 131, 133
Integration, 14
Integrationsprogramm, 16, 21
Intention, 51, 56, 57
Intentionalität, 56
Interaktion, 2, 13, 14, 23, 28, 32, 39, 41, 56, 76, 77, 82, 84, 97, 116
Interaktion, medienvermittelt, 58
Interaktionismus, symbolischer, 36, 56, 72, 116
Interlog, 61
Internationalität, 129

Internet, 1–3, 12, 13, 15, 22–26, 40, 48, 55, 58, 61, 64, 71, 80, 91, 106, 108, 110, 122
Internetcafé, 115
Internetfernsehen, 88
Internetkultur, 21, 25
Internetportal, 86
Internetradio, 86, 88
Internettelefonie, 80, 81
Interpretationskonstrukt, 56
Intersektionalität, 74

J
Jugendkultur, 104, 107

K
Kamera, 110
Kino, 15, 72, 122
Kirche, 109
Klassifikation, 4, 125
Klassifikationssystem, 66, 125
Knoten, 76, 77, 79
Koartikulation, 87
Kognition, 17
Kommerzialisierung, 32, 39, 44, 45, 63
Kommunikation, 1–3, 5, 10–13, 15–18, 20, 22, 25, 27–33, 36, 37, 41, 42, 47–49, 52, 55–63, 65, 72–76, 79, 82, 83, 85, 86, 88, 89, 91, 95, 97–99, 105, 106, 109, 113, 116, 122, 125–128
Kommunikation, computervermittelte, 80, 83, 92
Kommunikation, direkte, 31, 59, 60, 75, 78, 95
Kommunikation, personale, 62
Kommunikation, visuelle, 40
Kommunikations- und Medienwissenschaft, 23, 30, 34, 56, 57, 82, 117, 118, 122, 123, 127
Kommunikations- und Medienwissenschaft 2.0, 23
Kommunikationsbegriff, 55, 56, 74

Kommunikationsbeziehung, 53, 65, 76, 82, 87, 115, 127
Kommunikationsfluss, 76
Kommunikationsgemeinschaft, 96–98
Kommunikationsmacht, 33, 42, 57, 58, 62, 80, 82, 133
Kommunikationsmedien, 3
Kommunikationsmedium, 64
Kommunikationsnetzwerk, 5, 72, 76–87, 89, 99, 105–107, 109, 112, 114, 126, 127
Kommunikationspraxis, 77
Kommunikationsprozess, 52, 77
Kommunikationsstruktur, 77, 78, 132
Kommunikationssystem, 73
Komplexität, 11, 21, 48, 67, 71, 75, 112, 118, 128, 129, 133
Konnektivität, 14, 43, 50, 52, 59–62, 65, 67, 68, 76–78, 80, 87, 95, 101, 103, 106, 127, 129
Konstruktion, 3, 20, 32, 42, 49, 52, 53, 62, 64, 91, 102, 106, 123, 128
Konstruktionsprozess, 132
Konstruktivismus, 16, 53
Konstruktivismus, radikaler, 16, 19–21
Kontrollierbarkeit, 56
Konvergenz, 24
Konvergenzkultur, 24
Kreativität, 18, 23, 24
Kreislauf der Kultur, 33
Kreisstruktur, 78
Kritik, 24
Kritik, multiperspektivische, 132, 133
Kritische Theorie, 7, 10, 21
Kultur, 1–5, 7–11, 14–19, 21, 22, 25–29, 34, 36, 38, 42, 43, 46, 63–69, 72, 91, 93, 94, 97, 100, 121, 123, 125, 129, 131
Kultur, elektronische, 13
Kultur, globale, 15
Kultur, hybride, 32
Kultur, mediatisierte, 63
Kultur, orale, 12, 13
Kultur, politische, 131
Kultur, traditionale orale, 11

Stichwortregister

Kulturbegriff, 5, 17, 65
Kulturgeschichte, 13
Kulturindustrie, 8, 9, 132
Kultrukonsum, 8
Kulturmacht, 30
Kulturmarkt, 8
Kulturpessimismus, 10
Kulturprogramm, 18, 20, 27
Kultursemiotik, 17
Kultursoziologie, 14, 17
Kulturwaren, 8
Kulturwissenschaft, 30
Kurzlebigkeit, 92

L
Laptop, 114
Lebensort, 87
Lebenswelt, 69–71, 113
Lebens-Welt, kleine, 70, 71
Leitkultur, 4
Leitmedienkultur, 11, 15, 27
Leitmedium, 1, 7, 11, 14–16, 21
Lernen, 71
Lesen, 88
Linearität, 34, 41, 48
Literarität, 12
Logik, 29, 32, 33, 36, 38, 39, 41, 42, 68, 125
Lokale, 60, 65, 95, 114
Lokalität, 14, 48, 49, 60, 65, 72, 87, 94, 95, 102

M
Macht, 3, 4, 9, 13, 23, 52, 54, 57, 109, 119, 132
Machtbegriff, 57
Mail, 49, 54
Mailaustausch, 113
Marke, 107
Massen, 8, 9
Massenkommunikation, 28, 35–39, 60, 62, 72, 86, 118
Massenkommunikationsforschung, 35
Massenkultur, 1, 7–10, 16, 72
Massenmedialität, 19

Massenmedium, 19, 58, 61, 77, 80, 82, 96, 97, 108–110, 123, 124
Materialisierung, 32, 52, 54, 55
Materialität, 45, 47, 95
Mediatisierung, 5, 27–30, 34, 35, 37–49, 53, 58, 61–65, 67, 68, 71, 72, 74, 86, 88, 89, 91, 94, 96–98, 100, 102, 104–106, 109, 112, 114, 117, 118, 120, 121, 123–125, 131
Mediatisierung, qualitative Aspekte von, 49
Mediatisierung, quantitative Aspekte von, 49
Mediatisierungsforschung, 35
Medien- und Kommunikationsforschung, 16
Medien- und Kommunikationsforschung, nicht-medienzentrierte, 125
Medien- und Kulturwandel, 13
Medien, elektronische, 13
Medien, soziale, 124
Medienberühmtheit, 110
Medienbezug, 99
Medienensemble, 122
Medienereignis, 74
Medienevent, 109, 113, 123
Medienformat, 36
Medienforschung, transkulturell vergleichende, 128
Medienforschung, vergleichende, 128
Mediengeschichtlich, 16
Medienglaube, 109
Medienidentität, 116
Medienkommunikation, 1, 9, 27, 28, 31–36, 40, 42, 50, 60–62, 64, 67, 68, 74, 86, 95–97, 100, 102, 104, 106, 110, 114, 116, 118, 122, 124, 125, 128
Medienkommunikation, standardisierte, 59–63, 72, 79, 86, 88, 105, 113, 115, 122–124
Medienkommunikation, virtualisierte, 59–63, 81, 86
Medienkommunikation, wechselseitige, 59–63, 77, 78, 105, 113, 115, 123, 124
Medienkommunikationswandel, 41, 43

Medienkultur, 1, 2, 4, 5, 7, 9–11, 13–16, 18–21, 24, 26, 27, 35, 36, 63–69, 71, 72, 75, 76, 84, 88, 89, 91–96, 98–105, 110–112, 114–118, 121–133
Medienkultur als Konzept, 64
Medienkulturforschung, empirische, 5, 72, 117, 125, 126
Medienkulturwandel, 11
Medienlogik, 35–42, 50, 63, 69, 89, 131
Medienmarkt, 128
Medienort, 95
Medienrepertoire, 123
Medienritual, 123
Mediensystem, 128
Medientechnologie, 26, 49, 51, 54, 55, 60, 88
Medienvermittlung, 98, 99
Medienwandel, 13, 29, 38, 47, 48
Medienwelt, 69
Medienwirkung, 11, 15
Medienzentrismus, 124
Medium, 2, 3, 5, 11, 15, 31, 39, 50, 55, 69, 82, 85, 123
Mediumstheorie, 11–16, 21, 37, 50, 55, 68, 69, 98
Meinungsführer, 33, 82
Metaprozess, 5, 29, 42–46, 48, 63, 68, 120
Metatheorie, 44, 46, 121
Methodologie, 117
Migrant, medialer, 88
Migration, 106
Migrationsgemeinschaft, 86
Mittelalter, 83
Mobil- und Internetkommunikation, 39
Mobilität, 100, 102, 115, 119
Mobilität, kommunikative, 114, 115
Mobilität, lokale, 114, 115
Mobilkommunikation, 12, 53, 99
Mobiltelefon, 38, 49, 50, 61, 69, 71, 106, 110, 114, 124
Modell, kulturelles, 33
Moderne, 1, 9, 12, 14, 27, 28, 73, 96
Modernisierung, 41
Modernität, 70
MP3-Player, 115
Musik, 8, 99, 101, 107

Musikkonzert, 93
Musikvideo, 101
Muster, 4, 8, 28, 41, 57, 66, 67, 84, 85, 91, 109, 125–127, 129, 130, 132, 133
Muster-Bestimmen, 117

N
Nachbarschaft, 71
Nation, 67, 85, 87, 94, 96, 99, 102, 116, 129
Nationalgesellschaft, 21
Nationalisierung, 105
Nationalität, 87, 102
Nationalkultur, 4, 65, 66, 100, 102, 128, 131
Nationalstaat, 13, 28, 66, 106
Neostamm, 107
Netzwerk, 14, 25, 45, 51, 52, 63, 75–79, 82–84, 87, 92, 97, 99, 105, 108, 110, 127
Netzwerk, kommunikatives, 76, 82
Netzwerk, soziales, 76, 77, 82
Netzwerken, 83
Netzwerkforschung, strukturanalytische, 85
Netzwerkgesellschaft, 92
Netzwerk-Sozialität, 83, 92
Neuzeit, 48
New Economy, 83
non-human, 51

O
Objektivation, 53, 54
Objektivierung, 97
Öffentliche, 49
Öffentlichkeit, 19, 34, 85, 86
Omnipräsenz, 10, 20, 27
Online, 40
Online-Angebot, 80
Online-Spiel, 81
Online-Zeitung, 3, 61, 80, 81, 88, 123
Open-Source, 25, 112
Oralität, 12
Oralität, sekundäre, 12
Organisation, 3, 10, 18, 39, 58, 71, 74, 75, 77, 80, 83, 88, 108–110, 119
Organisationselite, 107

Organität, 65
Ort, 12, 14, 37, 49, 60, 65, 67, 74, 78, 86, 88, 94, 95

P
Paarbeziehung, 75, 99, 114, 121
Panorama, 5, 29, 42, 43, 45–48, 62, 63, 120
Partizipation, 71, 107, 110
Party, 93
PDA, 115
Phänomenologie, 36
Poker, 40
Politik, 19, 36, 38–40, 63, 71, 109, 112, 121
Populärkultur, 21, 24, 68, 88, 101, 104, 111, 112, 131
Postkarte, 86
Posttraditionalität, 93, 107
PR, 86
Prägkraft, 29, 49, 50, 53–55, 58, 62, 63, 81, 88, 99, 117, 124, 132
Prägung, 27, 64, 71
Praktik, 4, 51, 53, 55, 57, 74, 124–126
Praxis, 4, 50, 56, 83, 127
Printkultur, 12, 13
Printmedium, 50, 102
Private, 49
Privatisierung, mobile, 115
Produktion, 8, 9, 27, 28, 32, 35, 49, 62, 66
Produktionskultur, 25
Programm, 7, 18, 19
Programmierung, kulturelle, 18
Projektidentität, 109
Pseudo-Individualität, 8
Public viewing, 49

Q
Quasi-Interaktion, medienvermittelt, 58
Quiz-Show, 101

R
Radio, 8, 12, 58, 60, 61, 71, 80, 82, 102, 122
Radstruktur, 78
Raum, 95

Reformation, 12, 16
Regeln, 56
Region, 67, 100, 102, 108
Regulation, 66
Reichweite, 101
Reihenstruktur, 78
Relevanz, 71, 75
Religion, 14, 36, 63, 109–111, 113
Religionsgemeinschaft, 75, 110
Religionskultur, 131
Religiosität, 110
Repertoire, 81, 114
Repräsentation, 66, 88, 108
Ritual, 123, 124
Roboter, 60, 61
Rollenbeziehungen, 13
Roman, 96

S
Satellitenfernsehen, 86, 88
Satellitenkommunikation, 106
Schrift, 13–15
Schriftkultur, 11–13
Schriftlichkeit, 11, 12
Schule, 16, 75
Selbstreferenzialität, 28
Sender, 82
Serialisierung, 8
Show, 111
Sinnhorizont, 53, 77, 99, 105, 113, 114, 116
Sinnhorizont, translokaler, 113
Situativität, 82, 93
Skalierbarkeit, 74, 85, 94, 120
Skalierung, 73, 74
Soap Opera, 101
Social Web, 15, 58, 64, 69, 71, 86, 88, 99
Software, 80, 81, 112
Soziale-Welt-Medium, 74
Sozialisation, 2, 18, 56, 119
Sozialkonstruktivismus, 17, 53, 54, 125
Sozialphänomenologie, 69, 72, 113, 126
Sozialwelt, 71
Spätmittelalter, 27, 28
Spiel, 28, 38, 40, 84, 121
Spielen, 49, 121

Spieler, 81
Spielkonsole, 115
Spiritualität, 110
Sport, 36
Sprache, 3, 4, 13, 15, 46, 53, 54, 86, 106
Sprachfähigkeit, 47
Staat, 42, 84, 95, 128, 129
Staatenbund, 95
Stadtteil, 98
Standardisierung, 8, 10
Star, 8
Subjekt, 70, 116
Subpolitik, 107
Substitution, 37, 40, 41
Surfen, 49
Symbol, 2, 39, 47, 56
Symbolische Interaktion, 2
Symboltheorie, 47
Synchronität, 106
System, 17–19, 27
Systemtheorie, 3, 13, 17, 131
Szene, 75, 85, 104, 107, 108, 120
Szenemagazin, 107
Szenemedium, 107

T
Tageszeitung, 123
Talkshow, 67
Tanz, 84
Technik, 24
Technikdeterminismus, 50
Techniksymptomismus, 50
Technisierung, 21, 27
Technologie, 22, 24, 25, 29, 50–54, 74, 75, 80, 81
Technologisierung, 27
Telefon, 12, 49, 60, 76, 86, 88, 114
Telefonat, 113
Telegraf, 12
Territorialisierung, 68, 100, 128
Territorialität, 68, 94, 95, 100, 102–104, 106, 112, 128
Territorium, 68, 72, 93, 100, 101, 105, 128, 129
Text, 64
Theorie, 44, 118

Theorie, formale, 119–121
Theorie, materialbasierte, 120
Theorie, materiale, 44, 119, 120
Theorie, mathematisch fassbare, 44
Theorie, neue, 118–120
Theoriebegriff, 44
Theorieentwicklung, 120, 121
Theorien entwickeln, 117, 118
Tradition, 7, 23, 28, 93, 98, 106, 107, 111, 125
Transkulturalität, 127–129
Transkulturell vergleichen, 117
Translokalität, 14, 60, 61, 65, 68, 81, 86–88, 93–96, 98, 100, 102, 103, 105, 106, 108, 113, 116
Transmedialität, 75, 78, 81, 85, 99, 105
Transmissionsmodell, 30
Transportmöglichkeit, 72
Typisierung, 67
Typus, 67

U
Übersetzung, 65, 67, 96
Ungleichheit, 52
Universität, 12, 16
Unmittelbarkeit, 88, 95
Unternehmertum, 25
Utopismus, 23–25, 91, 92

V
Variable, 36, 43
Verbreitungsmedien, 13
Verdichtung, 5, 66–68, 91, 102, 103, 105, 125, 126, 129, 130
Verdinglichung, 53–55, 58, 62, 65, 74, 80, 131, 133
Verflechtungsmodell, 84
Vergegenständlichung, 53
Vergemeinschaftung, 5, 14, 23, 46, 91–100, 102–109, 111–116, 126, 132
Vergemeinschaftung, deterritoriale, 102–107, 109, 112
Vergemeinschaftung, lokale, 95–98
Vergemeinschaftung, mediatisierte, 112
Vergemeinschaftung, nationale, 96

Stichwortregister

Vergemeinschaftung, politische, 108, 109
Vergemeinschaftung, populärkulturelle, 104, 107, 112
Vergemeinschaftung, posttraditionale, 94, 107
Vergemeinschaftung, religiöse, 104, 105, 109–112, 114
Vergemeinschaftung, territoriale, 102
Vergemeinschaftung, translokale, 95–100, 103, 104, 113, 114, 116
Vergemeinschaftung, virtuelle, 22
Vergemeinschaftung, vorgestellte, 96
Vergemeinschaftungsform, translokale, 104
Vergemeinschaftungshorizont, subjektiver, 112–117
Vergemeinschaftungsprozess, translokaler, 104
Vergemeinschaftungswandel, 105
Vergesellschaftung, 46, 94
Vergleich, nationaler, 129
Vergleich, transkultureller, 129
Vergleichssemantik, 128, 129
Vergnügen, 8
Verhalten, 56, 93, 119
Vermittlung, 3, 5, 28–36, 40, 53, 63, 65, 67, 70, 72, 73, 79, 94, 99, 105, 118, 127
Vernetzung, 14, 52, 78, 81, 83, 86, 87, 92, 95, 105, 108, 109, 127, 132
Vernetzung, bikulturelle, 87
Vernetzung, transkulturelle, 87
Vernetzungsstruktur, 78
Verschachtelung, 73, 75
Verschmelzung, 37, 40
Verstehen, 56
Videokamera, 115
Videoleinwand, 110
Vollstruktur, 78, 79, 81

W
Wandel, 48
Wandel von Kommunikation, 50
Wandel, kultureller, 28, 43, 47, 68
Wandel, sozialer, 47, 50, 51

Wearable computing, 115
Web 2.0, 23, 124
Webseite, 64
Website, 107, 110
Wechselbeziehung, 76, 126
Wechselseitigkeit, 30
Wechselverhältnis, 29, 34, 35, 43, 49, 74, 78
Wechselwirkung, 74
Welt, häusliche, 49, 95
Welt, mediatisierte, 5, 63, 68–76, 78, 79, 81, 82, 84–89, 94, 99, 101, 102, 117, 121, 122, 131–133
Welt, soziale, 72–74
Weltjugendtag, 109–113, 123
Weltorientierung, 87
Werbekommunikation, 77
Werbung, 15, 102, 124
Wetterbericht, 66
WikiLeaks, 25, 40, 80, 86
Wikipedia, 2, 124
Wirklichkeit, 3, 20, 46, 48, 53, 54, 56, 62, 70–72, 120, 131
Wirklichkeitskonstitution, 27, 56
Wirklichkeitskonstruktion, 3, 10, 17, 19–21
Wirklichkeitsmodell, 18
Wirkmacht, 55
Wirkmächtigkeit, 15
Wirkung, 15, 34, 53, 57, 118
Wissen, 47, 48, 96–98
Wissen, praktisches, 57
Wissensgemeinschaft, 97, 98
Wissensvorrat, 71
WLAN, 65
WWW, 7, 76, 80, 123

Y
Y-Struktur, 78, 79

Z
ZeeTV, 101
Zeichen, 2, 4, 56
Zeichensystem, 4
Zeitlichkeit, 32, 80, 81

Zeitschrift, 1, 2, 124
Zeitung, 1, 28, 30, 60, 61, 71, 80, 86, 96, 122–124
Zeitungswissenschaft, 30
Zentralisierung, 124
Zentralität, 64, 121, 123, 125
Zentrierung, 62, 78, 132
Zentrum, 1, 8, 64, 69, 116, 123, 124, 127, 129, 132, 133
Zentrum, medienvermitteltes, 122–124
Zivilisation, 47
Zugehörigkeit, 69, 87, 91–94, 98, 99, 107, 111, 112, 116
Zusammengehörigkeit, 93, 94, 97
Zwei-Stufen-Fluss, 82
Zwei-Stufen-Prozess, 33, 93

Personenregister

A
Abu-Lughod, Lila, 69
Adorno, Theodor W., 8–10, 124, 132
Aksen, Bora, XVII
Aksoy, Asu, 106
Altheide, David L., 35–38, 41, 69
Anderson, Benedict, 96, 102, 106
Ang, Ien, 125
Asp, Kent, 38
Atton, Chris, 108
Averbeck-Lietz, Stefanie, 30

B
Baacke, Dieter, 69
Bailey, Olga G., 106, 108
Barker, Chris, 108
Bauman, Zygmunt, 44, 94, 107
Baym, Nancy, 92
Beck, Klaus, 4
Beck, Ulrich, 43, 46, 107
Beck-Gernsheim, Elisabeth, 43
Bemerburg, Ivonne, 108
Beninger, James R., 18
Berg, Matthias, 115
Berger, Peter L., 3, 42, 53, 54
Bergmann, Bernd, 99
Berker, Thomas, 50
Beth, Hanno, 3
Bird, Elizabeth, 69
Bösch, Frank, 16
Bourdieu, Pierre, 46
Bozdag, Cigdem, XVII

Brecht, Bertolt, 82
Breiter, Andreas, XVI
Bromley, Roger, 106
Brüggemann, Michel,
Bühl, Walter L., 18

C
Cadigan, Pat, 22
Castells, Manuel, 25, 26, 76, 92, 109, 111
Clark, Schofield, 15
Clifford, James, 106
Cohen, Robin, 106
Couldry, Nick, 29, 34, 40, 41, 64, 108, 122–124
Curran, James, 108, 128

D
Dayan, Daniel, 106
Deterding, Sebastian, 92
Domeyer, Hanna, 123
Dörner, Andreas, 15
Dovey, Jon, 22
du Gay, Paul, 33, 66
Durkheim, Emile, 46

E
Eberle, Thomas S., 69
Elias, Norbert, 47, 48, 84, 85
Elsler, Monika, XVII
Emig-Roller, Barbara, XVII

A. Hepp, *Medienkultur*, Medien - Kultur - Kommunikation,
DOI: 10.1007/978-3-531-19933-7, © Springer Fachmedien Wiesbaden 2013

Esser, Frank, 37
Everitt, Dave, 23, 37

F
Faulstich, Werner, 19
Favell, Adrian, 100
Featherstone, Mike, 44
Fiore, Quentin, 55
Fiske, John, 66
Fornäs, Johan, 34
Forschungskonsortium-WJT, 109
Foucault, Michel, 70, 126
Friesen, Norm, 15
Funken, Christiane, XV

G
Gantenberg, Julia, XVII
García Canclini, Néstor, 32, 68
Gauntlett, David, 22-24
Georgiou, Myria, 106
Gibson, William, 21
Giddens, Anthony, 43, 56, 60, 125
Giddings, Seth, 22
Gillespie, Marie, 106
Ginsburg, Faye D., 69
Glaser, Barney G., 118-121
Goffman, Erving, 36
Gore, Al, 15
Grant, Iain, 22
Gripsrud, Jostein, XVI
Grossberg, Lawrence, 30, 33
Groth, Otto, 30, 31
Gurak, Laura J., 23
Gus, Keith, 25

H
Hall, Stuart, 4, 33, 65, 101, 106, 116
Hallenberger, Gerd, 101
Hartmann, Maren, 50, 95
Hasebrink, Uwe, 55, 123, 124
Henscheid, Eckhard, 4
Hepp, Andreas, 30, 41, 43, 49, 55, 66, 67, 76, 82, 86, 99, 105, 106, 108, 109, 112, 123, 128

Hickethier, Knut, 66
Hitzler, Roland, 40, 43, 69-72, 93, 94, 99, 107, 108, 120
Hjarvard, Stig, 37-41, 53, 62
Höflich, Joachim R., 53
Höhn, Marco, XVI
Holly, Werner, 56
Holzer, Boris, 77
Honer, Anne, 70
Hoover, Stewart, 111
Horkheimer, Max, 8-10, 132
Hug, Theo, 15

I
Illich, Ivan, 2, 24, 54, 55
Innis, Harold, 11

J
Jäckel, Michael, XV
Jenkins, Henry, 24
Johnson, Richard, 33, 66
Jones, Steven G., 22
Jong, Wilma de, 108

K
Kannengießer, Sigrid, XVII
Katz, Elihu, 33, 82
Keller, Reiner, 107
Kellner, Douglas, 9, 10, 133
Kelly, Kieran, 22
Keppler, Angela, 82, 99
Kepplinger, Hans Matthias, 39
Kleinen-von Königslöw, Katharina, XVI
Knoblauch, Hubert, 53, 78, 96-99, 110, 111
Köhler, Beate, XVII
Krönert, Veronika, 109
Krotz, Friedrich, 43-46, 48, 56, 58-60, 116, 120
Kubicek, Herbert, 3

L
Langenbucher, Wolfgang R., 30
Larkin, Brian, 69

Personenregister

Lasswell, Harold D., 31
Latour, Bruno, 45, 46, 48, 51–53, 126
Lazarsfeld, Paul F., 33, 82
Leavitt, Harold J., 78, 79
Lenk, Hans, 56
Lerner, Daniel, 41
Lievrouw, Leah A., 69
Lingenberg, Swantje, XVII
Linke, Christine, 99, 114
Lister, Martin, 22
Livingstone, Sonia, 29, 118
Löfgren, Orvar, 66
Loon, Joost van, 52
Lott, Jürgen, XVI
Luckmann, Thomas, 3, 42, 53, 54, 56, 69, 70, 72, 113
Luhmann, Niklas, 3, 13, 17, 19, 46
Lull, James, 125
Lundby, Knut, 40, 41
Luther, Martin, 16

M
Maffesoli, Michel, 107
Manheim, Ernest, 30
Mann, Leon, 78, 79
Martín-Barbero, Jesús, 31–36
Massey, Doreen, 95
Mazzoleni, Gianpietro, 37, 39
McLuhan, Marshall, 11, 13, 37, 55, 68
Merten, Klaus, 16, 47
Meyen, Michael, 37
Meyrowitz, Joshua, 11, 12, 15
Miller, Daniel, 106
Mills, Simon, 23
Mollen, Anne, XVII
Möller, Johanna, XVI
Monaco, James, 36
Moores, Shaun, 61, 65
Moran, Albert, 101
Morley, David, 69, 102, 120–122, 125
Morris, Merrill, 80, 81

N
Naficy, Hamid, 106
Niederbacher, Arne, 99, 100, 107, 108, 120

Niesel, Judith, XVII

O
Oeffner Ferreira, Annalena, XVII
Offerhaus, Anke, XVI
Ogan, Christine, 80, 81
Ong, Walter J., 11, 12

P
Park, Myung-Jin, 128
Pawlik, Heide, XVI–XVII
Peil, Corinna, 69
Pfadenhauer, Michaela, 78
Pias, Claus, 66
Pieterse, Jan Nederveen, 65
Popp, Jutta, 123
Popper, Karl R., 44
Powers, Bruce, 11
Pries, Ludger, 100
Pross, Harry, 3

Q
Quandt, Thorsten, 81

R
Reckwitz, Andreas, 125
Reichertz, Jo, 20, 56–58, 64, 70
Rheingold, Howard, 22, 91, 92
Robins, Kevin, 106
Roitsch, Cindy, XVI, XVII
Röser, Jutta, 50, 69
Roth, Gerhard, 17
Rucht, Dieter, 108
Rusch, Gebhard, 48

S
Sander, Uwe, 69
Saxer, Ulrich, 66
Schipper, Bernd, 111
Schmidt, Siegfried J., 16–20
Schröder, Kim Christian, 125
Schrott, Andrea, 37

Schulz, Winfried, 37, 38, 40, 41
Schütz, Alfred, 56, 69, 70, 113, 126
Shibutani, Tomatsu, 72–74
Silver, David, 22, 23
Silverstone, Roger, 33, 34, 50, 106, 125
Simmel, Georg, 36, 41
Slater, Don, 106
Snow, Robert P., 35–38, 41, 69
Stöber, Rudolf, 47
Strauss, Anselm L., 73, 74, 118–121
Strömbäck, Jesper, 37
Strübing, Jörg, 73
Suna, Laura, 107

T
Tenbruck, Friedrich, 14, 96, 97
Tepe, Daniel, 112
Thomas, Tanja, 69
Thompson, John B., 27–29, 35, 58, 59, 62, 76, 96
Thussu, Daya Kishan, 101
Tölölyan, Khaching, 101
Tomlinson, John, 67, 76
Tönnies, Ferdinand, 93
Traub, Hans, 30
Turkle, Sherry, 22

U
Ulmer, Bernd, 99
Urry, John, 44, 100, 115

V
Vogel, Anke, XVII
Vogelgesang, Waldemar, 108
Vollrecht, Ralf, 69
Vowe, Gerhard, 40

W
Wagner, Hans, 30
Wartella, Ellen, 33
Weber, Max, 56, 57, 93, 94, 98
Welsch, Wolfgang, 129
Wessler, Hartmut, 128
Williams, Raymond, 50, 51, 53, 115
Wimmer, Jeffrey, 115
Winter, Carsten, 109
Withney, Charles D., 33
Wittel, Andreas, 82–84, 92, 93
Woodward, Kathryn, 108

If you have any concerns about our products,
you can contact us on
ProductSafety@springernature.com

In case Publisher is established outside the EU,
the EU authorized representative is:
**Springer Nature Customer Service Center GmbH
Europaplatz 3, 69115 Heidelberg, Germany**

Printed by Libri Plureos GmbH
in Hamburg, Germany